江苏省高校哲学社会科学研究重大项目“‘四史’教育融入高职思政课的创新路径研究”（编号：2021SJZDA082）
江苏省社会科学基金项目“江苏红色基因全程融入高职教育的路径研究”（编号：22MLD006）
2020年度江苏高校“青蓝工程”项目资助
江苏省高职院校大思政研究协同创新基地项目研究成果
扬州工业职业技术学院教改研究重点课题：以社会主义核心价值观统领高职思想政治理论课教学改革与实践（编号：2019XJJG02）
江苏省高校思想政治理论课“名师工作室”系列研究成果

引航铸魂

高职思政课融合发展研究

武智　著

江苏大学出版社
JIANGSU UNIVERSITY PRESS
镇　江

图书在版编目(CIP)数据

引航铸魂 ：高职思政课融合发展研究 / 武智著. --
镇江 ：江苏大学出版社，2023.12
ISBN 978-7-5684-2033-4

Ⅰ. ①引… Ⅱ. ①武… Ⅲ. ①高等职业教育—思想政治教育—教学研究—中国 Ⅳ. ①G711

中国国家版本馆 CIP 数据核字(2023)第 204668 号

引航铸魂——高职思政课融合发展研究
Yinhang Zhuhun——Gaozhi Sizhengke Ronghe Fazhan Yanjiu

著　　者/武　智
责任编辑/夏　冰
出版发行/江苏大学出版社
地　　址/江苏省镇江市京口区学府路 301 号(邮编：212013)
电　　话/0511-84446464(传真)
网　　址/http://press.ujs.edu.cn
排　　版/镇江市江东印刷有限责任公司
印　　刷/江苏凤凰数码印务有限公司
开　　本/718 mm×1 000 mm　1/16
印　　张/18.00
字　　数/302 千字
版　　次/2023 年 12 月第 1 版
印　　次/2023 年 12 月第 1 次印刷
书　　号/ISBN 978-7-5684-2033-4
定　　价/60.00 元

序

中共党史、新中国史、改革开放史和社会主义发展史（以下简称“四史”）与高职院校思政课融合发展是一项实现全员育人、全过程育人、全方位育人的复杂系统工程，是思想政治教育因事而化、因时而进、因势而新的一项重大改革举措。本书作者武智博士曾是我的一名学生，他无论是在攻读硕博士学位期间，还是在工作期间，都曾多次与我探讨高校思政课的教学改革问题，其给我的总体印象是，为人诚恳好学，笔耕不辍，学术研究一步一个脚印。长期以来，他一直关注和潜心研究高职思政课与“四史”融合发展的重要理论与实践问题，并将研究心得撰成《引航铸魂——高职思政课融合发展研究》，在书稿即将付梓之际，邀我写序，我深感荣幸。通观全书，具有以下特色：

特色之一，本书以问题为导向，紧扣高职思政课融合发展这一核心命题展开论述，贯穿引航铸魂这一主线，尝试对当前高职思政课融合发展进行系统梳理和整体建构。高职思政课与“四史”融合发展的前提是育人原理和机制的贯通，本书深入阐述了高职思政课融合发展的认识根源、实践根源、价值根源和生成逻辑，认为在教学实践中“四史”内容是思政课的有益补充，是“史”与“理”的有机结合：一方面，“四史”育人与思政课立德树人具有深度融合的可行性，实现“四史”教育与高职思政课的深度融合是时势所趋；另一方面，立足历史核心素养培养，对标“四史”教育的要求、内容和方法，将其有机融入高职思政课教育教学全过程，这为中国式思政话语体系下的“四史”教育和思政课建设的双向融合与双向提质提供了一种新的学术理路。

特色之二，本书从目标和内容等维度揭示“四史”教育与思政课教学的高度契合性，提出打造高职院校思政课程群既符合思政学科和教学发展规律，也有助于巩固“四史”教育的根基，进而提出了许多有独到见解的学术观点。如，指出“四史”教育的长远发展必须解决教育载体问题，其中的关键在于解决好思政课程群建设问题，努力探索高职思政课与“四史”教育融合发展对加深学生在学、思、践、悟中对当代中国马克思主义、二十一世纪马克思主义理解的有效路径；提出要坚持宏观视野与微观实践相结合，从融合课程的目标旨向、主要内容、具体措施、主要特征及实际影响等方面进行系统梳理和合理安排；认为在高职院校思政课程体系建设过程中既要做好“四史”教育的有效衔接，也要避免因不必要的重复造成历史学习碎片化、思想道德单纯说教问题；强调要从大历史观视野出发推进“四史”教育与思政课程的深度融合，既要做到突出重点，也要实现整体推进，通过下大力气优化思政课程群融合的内容，阐释各要素之间的相互关系。这些有益见地，为我们解决“四史”教育与高职思政课融合问题拓展了学术视野，提供了可供操作的实践路径。

特色之三，本书从高职大思政课实践出发，结合“四史”具体课程，就其融入高职大思政课的内容逻辑、教学体系、社会实践等展开论述，达到基于理论与实践相结合的研究结论。“四史”教育与思政课融合是一项系统工程，加之高职院校众多，地区之间、学校之间差异明显，这些都表明，将“四史”教育与思政课融合需要深入思政课教育教学的具体实践场域进行系统分析，以揭示“四史”教育与高职思政课融合发展的一般性规律。本书在深入分析高职大思政课内涵与特征的基础上，就“四史”融入高职大思政课的具体实践路径展开讨论，以强化高职学生的理想信念教育、初心使命教育、实践发展教育，形成立体化的育人新格局，实现了政治性与学理性、理论性与实践性的有机统一。

特色之四，本书在研究方法上坚持史论结合和多学科视野，以马克思主义唯物史观为指导，坚持“论从史出”的学术精神，聚焦“四史”教育与高职思政课的有机互动，聚力历史教育与思政教育双向融合的分析视野，以深刻阐释高职思政课融合发展的多元样貌。如，作者运用宏阔的历史视野深入分析“四史”教育融入高职思政课的基本路径，提出应明确高职思政课融合发展的功能定位，加强校、企、政、社协同育人，向网络思政育人领域延伸，强化红色基因全程育人，建立健全管理制度等措施。同时，本书运用多学科的理论和方法，建构了理论教学、实践体悟和文化熏陶相结合的“三位一体”的大思政课实施范式，真正做到了因“势”而新、学用结合。本书还对高职思政课融合发展载体创新和保障条件进行研究，提出了一种多要素相互支撑、多视角相互补充、多元化深度保障的行走式的高职思政课融合发展路径。这样，通过多学科融合比较阐释，确保研究结论的客观性和解决路径的有效性。

总之，本书逻辑清晰，观点鲜明，资料翔实，写作方法规范得当。作者将理论研究和实践探索、史与论集于一体，既是对高职思政课教育教学改革研究的一个有效探索，也是其对高职院校引航铸魂、立德树人工作充满深情的学术旅程，是一部难得的研究高职思政课融合发展的倾力之作。当然，本书的优劣得失，相信读者自有评判。作为高校思政课教学的同行，以我对作者的了解，相信他一定能够坚守学术初衷，再接再厉，继续耕耘，以为探索高职思政课融合发展的学理性有效性路径做出新的学术贡献。

周建超

2023 年 11 月 28 日

目 录

引言

在党的二十大报告中，“融合”是一个高频词、关键词。高等职业（简称高职）院校思想政治理论课（简称思政课）与“四史”即中共党史、新中国史、改革开放史和社会主义发展史融合发展是一项全员育人、全程育人、全方位育人的极其复杂的系统工程，是思想政治教育因事而化、因时而进、因势而新的一项重大改革措施，体现了新时代高职院校以引航铸魂为目标，落实思政课立德树人使命的大视野、大情怀、大智慧，具有清晰的使命定位和明确的行动指向，将有力提升高职院校的人才培养质量，有助于培养一批堪当大任的新时代高素质技术技能人才。2021 年 3 月，习近平总书记在看望参加全国政协十三届四次会议的医药卫生界、教育界委员时提出：“‘大思政课’我们要善用之，一定要跟现实结合起来。”这为高职思政课融合发展指明了方向。2021 年 11 月，教育部印发《高等学校思想政治理论课建设标准（2021 年本）》，将建设“大思政课”列为思政课课程评价的重要指标之一，强调高校开展“大思政课”建设的主体责任。2022 年 7 月，教育部等十部门印发《全面推进“大思政课”建设的工作方案》，要求要开门办思政课，强化问题意识，突出实践导向，充分调动全社会力量和资源，建设“大课堂”、搭建“大平台”、建好“大师资”，推动思政小课堂与社会大课堂相结合，教育引导学生坚定“四个自信”。2022 年 4 月 25 日，习近平总书记在中国人民大学考察时强调：“思想政治理论课能否在立德树人中发挥应有作用，关键看重视不重视、适应不适应、做得好不好。”① 高职思政课要发挥立德树人的作用，“重视”是前提条件，“适应”是核心和关键，“做得好”是目标指向。党的二十大提出：“实施科教兴国战略，强化现代化建设人才支撑”“坚持教育优先发展”“统筹职业教育、高等教育、继续教育协同创新，推进职普融通、产教融合、科教融汇，优化职业教育类型定位”②。为提升高职思政课教学的适应性和协同性，需考虑新时代思政教育和职业教育的双重因素，即要为实现中华民族伟大复兴培育高素质技术技能人才，培育更多的能工巧匠、大国工匠。

鉴于思政课本身的复杂性、外部环境的多变性，高职思政课的高质量发展必须探索出一条融合发展的路径。“历史是最好的教科书，也是最好的清醒剂”③，知史爱党，知史爱国，新时代的高职院校学生要积极主动学习“四史”。“四史”作为中国共产党革命、建设、改革的历史发展足迹的忠实记录，所呈现出的中国共产党人不畏生死、舍生取义的大无畏精神，坚守初心、砥砺奋进的战斗精神，坚定理想信念、百折不挠、永葆忠诚不变色的坚贞不屈精神，正是国家大德、社会大德、民族大德最生动的注脚，从而为我们开展思政课教育，以及创新、探索思政课融合发展途径提供了不二法门。高职思政课的融合发展即以“四史”教育有机融合为核心，将思政课与专业教育、客观优势条件融合，共同为促进高职院校培养全面发展的新时代人才发挥积极作用。

“四史”是思政课教学的重要内容和有效载体，与高职院校思政课在思想内容和价值导向上高度契合。2020 年，党的十九届五中全会提出“推动理想信念教育常态化制度化”。同年，《教育部等八部门关于加快构建高校思想政治工作体系的意见》中提出，把“四史”教育

---

① 习近平. 坚持党的领导传承红色基因扎根中国大地 走出一条建设中国特色世界一流大学新路［N］. 光明日报，2022-04-26（1）.

② 习近平. 高举中国特色社会主义伟大旗帜 为全面建设社会主义现代化国家而团结奋斗——在中国共产党第二十次全国代表大会上的报告［R］. 2022-10-16.

③ 习近平. 在纪念全民族抗战爆发七十七周年仪式上的讲话［N］. 人民日报，2014-07-08（2）.

融入高校思政课，发挥“四史”教育与思政课的融合效应，突出思政课教学主渠道作用，实现新时代思想政治教育工作立德树人的根本任务。

高职思政课融合发展要发挥“四史”教育与高校思政课的融合效应主要包括三层含义：一是将“四史”教育融入现有思政课内容体系，用鲜活历史引证原理、思想、观点，增强思政课程的说服力；二是将“四史”教育等实践育人方法与思政课理论教学相融合，促进理论与实践的有机衔接，增加行为养成活动，增进学生对“四史”的理解；三是将“四史”教育与思政课融会贯通。“四史”中蕴含世界物质性与发展规律、实践与认识的关系及规律、社会主义发展规律，其与思政课目标相同，内容相连，二者的融汇有助于实现教育成效的最优化。高职思政课融合发展研究符合教育高质量发展的要求，符合高职教育人才培养的要求，具有重要的理论意义和实践意义。思政课是落实立德树人根本任务的关键课程，将“四史”教育融入高职思政课教学是时代所需。新时代的思政课教师更要理直气壮地讲政治、讲“四史”，引导学生知党情、报党恩、跟党走，引领学生把个人理想和民族复兴紧密联系起来，自觉肩负起中华民族伟大复兴的时代重任。

在理论之维，从发生根源、内容体系、课程建设、基本范式、载体建设、保障条件等方面进行论述，充分发挥“四史”教育的“求真”功能，利用史料的解释力，对虚无主义等错误思潮给予坚决抵制。将中共党史融入高校思政课，帮助学生厘清历史基本脉络，理解历史方位，扩展历史视野，培养爱国主义情感和历史情怀，树立正确的历史观。可见，“四史”不仅能以历史故事、红色印记等史料丰富思政课内容，而且能以史论结合、实地考察、潜移默化等教育方式丰富思政教育方法论，用生动的历史事实、历史故事、历史成就和党的百年奋斗中蕴含的伟大精神，增强思想理论的可信度、说服力，提升思政课的亲和力与针对性。讲“四史”有助于增强高职思政课融合发展研究的系统性、全面性，为高职思政课融合发展提供理论指导和行动指南。

在实践之维，高职思政课融合发展研究有助于促进其立德树人目标的实现，通过结合日常学习工作，践行初心使命。挖掘“四史”重要事件和重要人物的支撑资料，把丰富的案例融入思政课教学内容，用摆事实、讲道理的方法，以及鲜活的案例和背景资料，增强思政课的说服力。通过生动活泼的历史故事，找准教材内容的切入点，增强思政课的亲和力和感染力，提升思政课教学实效性。加强“四史”成就和经验的阐释，帮助学生理解“中国共产党为什么能”“中国特色社会主义为什么好”“马克思主义为什么行”，有助于增强高职思政课教育实效，有助于促进高职学生全面发展。思政课融合发展研究源于现实，具有必要性和可行性，也具有鲜明的优势，尤其是“四史”教育与思政课的融入、融合、融汇，二者相得益彰，共同推进高职教育迈向新阶段。

第一章　高职思政课融合发展的发生根源

高职思政课融合发展的首要条件，是寻找到诸融合要素间的逻辑交叉点。“四史”教育融入高职思政课，源于“四史”教育与思政教育的内在一致性；在实践中，“四史”内容能够作为思政课教学内容的有益补充，实现“史”与“理”的结合，因而具有现实必要性；价值取向上，“四史”教育为高职办学、学生思想政治教育、理想信念教育及全面发展提供了丰厚“滋养”，具有鲜明的导向性；与此同时，“四史”资政育人与思政课立德树人具有深度融合的可行性。

一、认识根源：思政课融合内容的内在一致性

教育部办公厅2021年在《关于在思政课中加强以党史教育为重点的“四史”教育的通知》中指出，要进一步明确“四史”教育在思政课程体系中的地位，充分发挥思政课程在“四史”教育中的主渠道作用，提升“四史”教育的针对性、系统性。作为意识形态建设的前沿阵地，学校承担着筑牢广大青少年思想防线、开展思政课程建设的重要任务。依循上述要求，完整、准确达成工作目标，需首先明确“四史”教育因何能融入高职思政课程。

（一）“四史”教育的概念、内容及特征

学习历史不仅是为了总结历史经验，更是为了坚定前行的信念。从党的百年奋斗历程来看，中国共产党始终高度重视理论学习和历史

学习，并自觉将理论与实践相结合，注重从历史中汲取经验和力量，在实践中实现理论的运用和升华。2020 年 1 月 8 日，习近平总书记在“不忘初心、牢记使命”主题教育总结大会上指出，“要把学习贯彻党的创新理论作为思想武装的重中之重，同学习马克思主义基本原理贯通起来，同学习党史、新中国史、改革开放史、社会主义发展史结合起来”①。按照这一要求，开展“四史”教育成为一项重要命题。

1. “四史”教育的概念

中共党史、新中国史、改革开放史、社会主义发展史统称为“四史”。从马克思主义到毛泽东思想、邓小平理论、“三个代表”重要思想、科学发展观，再到习近平新时代中国特色社会主义思想，这些思想正是“四史”发展至今的理论升华和思想结晶②。“四史”多角度、全方位地展示了中国共产党带领全国各族人民不断奋勇前进、砥砺前行的过程，为新时代加强党的领导、坚持走中国特色社会主义道路提供了思想源泉。“四史”教育，顾名思义，是指依托中共党史、新中国史、改革开放史、社会主义发展史的一系列教育教学活动。“四史”教育是一种融合教育，实施“四史”教育可以引导学生更全面、深入理解中国道路的选择、中国共产党的抉择及中国人民的决心。从历史的细微处，可以看到中国共产党从年轻走向成熟，领悟中国共产党在不同历史时期真心实意为人民服务的政治品格，体会中国共产党从一个胜利走向另一个胜利的辉煌过程。“四史”教育融入高职思政课，是指发挥“四史”对思政课的有益补充和延伸功能，借助中共党史教育、新中国史教育、改革开放史教育、社会主义发展史教育，为思政教学赋能增益，最终为高职院校立德树人这一根本任务服务。

具体而言，“四史”中的中共党史是指中国共产党自 1921 年成立至今的 100 多年的历史，新中国史是指自新中国成立至今的 70 多年的历史，改革开放史是指从 1978 年党的十一届三中全会至今的 40 多

---

① 习近平. 在“不忘初心、牢记使命”主题教育总结大会上的讲话［J］. 求是，2020（13）：4-15.

② 王广义，胡靖. 以党史为重点的“四史”教育融入高校思想政治理论课路径探析［J］. 思想教育研究，2021（7）：111-116.

年的奋斗历史，社会主义发展史涵盖了自社会主义理想出现以来的500多年的发展历史。依循上述时间范畴可知，“四史”之间并非简单的时空衔接，而是大时间段与小时间段的相互交织，同时又各有侧重，形成了连贯且严密的整体。从宏观层面来讲，“四史”是中国共产党人与全国人民一道为中华民族伟大复兴，为实现社会主义现代化不断奋斗的实践史。在教育实践层面，“四史”学习以中国共产党领导为主线，以社会主义发展为主要脉络，“四史”体现的是以人民为中心的历史观和逻辑观。“四史”教育是以历史为依据，用客观事实说话的教育。

2. “四史”教育的内容

近年来，国家加大力度推进高职院校改革进程，高职院校作为复合型人才培养的摇篮，其承担的任务更重、更繁。“立德树人”是高等院校育人的根本遵循，高职院校也不例外。注重专业知识和技术能力培养的一个重要前提，是厘清“为谁培养人”这一核心问题。当前，中国特色社会主义事业发展已进入攻坚克难阶段，国家更加需要建设型人才。发挥“四史”教育资源优势，其宗旨在于为高职院校“立德树人”提供素材和佐证。

综合运用中共党史、新中国史、改革开放史和社会主义发展史，让高职院校学生了解党和国家事业的历史征程，以便理解百年来中国共产党全心全意为人民服务所做出的巨大努力；并从历史中汲取养分，正确看待在党和国家历史上的重大事件，理性评判影响历史走势的重要人物。“四史”教育能够引导学生树立正确的历史观、世界观、人生观、价值观，自觉团结在党的周围，拥护中国共产党的领导，支持社会主义现代化建设。同时，“四史”教育也能够让青年学生更加清晰地了解“四史”故事和精神，了解百年奋斗征程的不易，知晓中国发展的来龙去脉。因而，加强高职学生“四史”教育具有其必要性和必然性。“四史”教育旨在增强高职院校学生爱党爱国情感，帮助高职院校学生更好地理解“中国共产党为什么能”“中国特色社会主义为什么好”“马克思主义为什么行”的价值意蕴，自觉投身到中华民族伟大复兴的事业之中，为社会主义现代化建设添砖加瓦。高职院校在“四史”教育开展过程中既要明确“四史”教育的科学内涵，也要充分认识到“四史”在时间轴上的交叉和内在逻辑关系，弄清楚“四史”的具体内容及相关关联。

开展“中共党史”教育，能够增进高职学生对中国共产党、中国特色社会主义和马克思主义的认同。大学生作为实现中华民族伟大复兴的主力军，必须明白中国共产党之所以能够带领全国各族人民实现伟大的历史飞跃，离不开人民群众的努力，更离不开中国共产党坚强正确的领导。可以说，没有党的领导，就没有当今中国的成就①。当前，实现中华民族伟大复兴中国梦，关键就是要始终坚定不移地坚持中国共产党的领导。学习“四史”能够让高职院校学生明白，没有共产党就没有新中国，没有共产党的领导，中国就难以取得如今的巨大辉煌。“中共党史”的内容是千千万万个共产党员用鲜血和生命换来的，今天的幸福生活来之不易，只有不忘本、不忘历史，才能够开辟未来。党史突出“复兴”的主题。在庆祝中国共产党成立 100 周年大会上，习近平总书记强调：“一百年来，中国共产党团结带领中国人民进行的一切奋斗、一切牺牲、一切创造，归结起来就是一个主题：实现中华民族伟大复兴。”② 而要想实现中华民族伟大复兴中国梦这一宏伟目标，就需要广大青年的投入和努力。同时，习近平总书记的这段讲话也是对中国共产党的百年奋斗史的高度概括，充分展现了中国共产党人实现中华民族伟大复兴的初心和使命。中国共产党之所以能够成为执政党，归根结底是人民的选择。中国共产党在百年奋斗历程中初心不改，矢志不渝，无论是在新民主主义革命时期，还是在社会主义革命和建设时期，都始终将人民和民族的利益放在首位，通过改革开放和社会主义现代化建设为实现中华民族伟大复兴奠定了坚实基础。此外，中共党史也深刻揭示了中国共产党的百年奋斗历史与中华民族的荣辱与共的关系，体现了中国共产党人的大历史观和人民

---

① 王公龙. 构建人类命运共同体思想研究［M］. 北京：人民出版社，2019：43.

② 习近平. 在庆祝中国共产党成立 100 周年大会上的讲话［J］. 求是，2021（14）：4-14.

观。这也要求高职院校在思政教育开展过程中紧密结合“中共党史”教育实际，抓住“复兴”这一主题，阐释好“没有中国共产党，就没有新中国，就没有中华民族伟大复兴”的道理。

开展“新中国史”教育，能够增强高职院校学生对国家历史的认同，厚植爱国主义情怀。作为国家的一分子，只有对自己的祖国有正确的历史认同，才能够主动投身到国家建设之中。对国家的认同既属于历史范畴，也属于文化范畴。从历史范畴看，国家认同是全国各族人民在世代繁衍生息的过程中产生的共同历史记忆，是民族共同体意识的情感基础。从文化范畴看，只有持续增强国家认同感，才能够保持文化自信。因此，学习“新中国史”就是要让学生了解中国的发展历史，了解新中国成立以来中国共产党所做出的巨大努力。只有增强对国家的认同感，才能够增强民族的凝聚力和向心力，才能够使高职院校学生有成就感和自豪感。新中国史讲述了中国从积贫积弱、任人宰割，走向民族独立、快速发展的历史。近代以来，随着西方列强的入侵，以及中国封建统治者的愚昧腐朽，严重影响了中国的进步。在帝国主义的威逼利诱下，中华民族饱受欺凌，各方面发展落后于时代，被迫签订了很多丧权辱国的条约。“落后就要挨打，发展才能自强”，这不仅是近代中华民族的真实写照，也是中国人民从历史中汲取的深刻教训。中华民族在中国共产党的领导下真正实现了民族独立，真正扭转了近代中国被动挨打的局面，重新获得了世界其他民族的尊重，为实现中华民族伟大复兴奠定了坚实基础。特别是改革开放以来，新中国取得的巨大成就为实现中华民族伟大复兴营造了光明的前景。在加快复兴的探索中，新中国也经历了很多磨难，但这些宝贵的经验为新时期中国改革开放创造了有利条件。在讲述新中国史时，高职院校思政课要以“中华民族站起来、富起来、强起来”作为时间脉络，既要讲到中华民族独立富强，也要讲到新中国成立以来的伟大成就，避免新中国史和中共党史讲授过程中的重复问题。

开展“改革开放史”教育，能够增进高职院校学生对改革开放的理解，提升对当今时代特征的把握能力。通过“四史”教育学习，特别是对改革开放史的学习，高职院校学生能够知道当前中国所取得的成就是改革开放这条必由之路的结果。改革开放既符合我国国情，也是党和人民的历史选择。中国的改革开放是中国共产党根据时代发展变化总结社会主义发展经验所开辟出来的发展道路，是符合中国发展利益的道路。增强高职院校学生对中国特色社会主义的认同感，有助于提升高职院校学生“四个自信”，让高职院校学生自觉投身到中国特色社会主义建设之中。创新是一个民族进步的灵魂，是改革开放的鲜明特征，是实现中华民族伟大复兴中国梦的动力源泉。解放思想、开拓创新为中国共产党乃至中华民族的发展带来了巨大变化，没有解放思想就没有改革开放，没有改革开放就难以取得当前辉煌的成就。习近平总书记指出：“我们党的历史，就是一部不断推进马克思主义中国化的历史，就是一部不断推进理论创新、进行理论创造的历史。”① 之所以要强调理论创新，就是要突出理论的原创性，创新包含原始创新、集成创新和继承创新三个层面。中国共产党在发展过程中提出了很多重大的理论创新，比如在改革开放中提出的社会主义市场经济理论就是具有原创性的，是有中国共产党属性的理论创新。邓小平很中肯地说：“农村改革中的好多东西，都是基层创造出来的。”② 理论创新带领着制度创新、科技创新和文化创新。高职院校思政课在改革开放史教学过程中要深刻把握“创新”关键词，让学生围绕“创新”思考中国改革开放成功的“秘诀”。

开展“社会主义发展史”教育，能够激励高职院校学生掌握历史主动，增强历史自觉，坚定社会主义信仰。“封建社会代替奴隶社会，资本主义代替封建主义，社会主义经历一个长过程发展后必然代替资本主义”③，这是人类社会发展进程的必然趋势，但这一过程很漫长，不是一蹴而就的，而是写满了曲折。当前，资本主义和社会主义并

---

① 习近平．在党史学习教育动员大会上的讲话［J］．求是，2021（7）：4-17.

② 中共中央文献编辑委员会．邓小平文选（第三卷）［M］．北京：人民出版社，1993：382.

③ 中共中央文献编辑委员会．邓小平文选（第三卷）［M］．北京：人民出版社，1993：382.

存，二者的斗争是不断发展着的，“从一定意义上说，某种暂时复辟也是难以完全避免的规律性现象”①。历史大势不可逆转。邓小平说得好：“一些国家出现严重曲折，社会主义好像被削弱了，但人民经受锻炼，从中吸取教训，将促使社会主义向着更加健康的方向发展。因此，不要惊慌失措，不要认为马克思主义就消失了，没用了，失败了。哪有这回事！”② 要想坚定马克思主义、社会主义信仰，首先就要运用唯物史观，对历史有清醒的认知，对理论有清醒的认知。如果对历史缺少清醒的认知，我们就可能迷失方向。高职院校思政课在教学过程中要深刻把握“社会主义发展史”教育的重要性，将社会主义发展史中的“信仰”主题作为核心和重点，引导学生对历史形成深刻的认知，理解社会主义战胜资本主义的历史必然性。学习社会主义发展史，能够让高职院校学生更好地了解社会主义发展的前因后果和历史脉络，了解中国共产党领导中国人民之所以选择社会主义背后的历史逻辑和必然性，了解中国共产党自成立以来就始终以维护最广大人民根本利益为出发点，了解中国当前发展的不易，从而进一步坚定理想信念，主动投身到中国特色社会主义现代化建设之中，为实现中华民族伟大复兴而接续奋斗。

概言之，“四史”植根于中国共产党的革命、建设、改革、探索和实践，是一个不可分割的有机整体，这也决定了“四史”教育是一项复杂的系统性工程。学透、弄懂、悟深“四史”的前提，是必须弄清楚“四史”之间的逻辑关系。空想社会主义为科学社会主义思想体系的形成奠定了基础，马克思主义和中国工人运动的结合诞生了中国共产党。新中国的成立是中国共产党带领全国各族人民经过 28 年奋战所取得的结果。我国推行的改革开放既是历史的选择，也为社会主义

---

① 中共中央文献编辑委员会．邓小平文选（第 3 卷）［M］．北京：人民出版社，1993：383.

② 中共中央文献编辑委员会．邓小平文选（第 3 卷）［M］．北京：人民出版社，1993：383.

革命与建设创造了有利条件①。从世界历史看，社会主义的出现具有其历史必然性；从本质上看，新中国史和改革开放史都是社会主义发展史，而社会主义和共产主义应成为“四史”教育的主线②。中国共产党人始终将共产主义理想作为奋斗目标，也铸就了中共党史。中国共产党在全面执政过程中，从中国实际出发，科学地运用了马克思主义，形成了新中国史，并带领全国各族人民向着中华民族伟大复兴中国梦不断前进。改革开放史是改革开放在中国特色社会主义阶段的重要历史。在“四史”学习过程中，既要正确地分辨中共党史、新中国史、改革开放史和社会主义发展史，也要将“四史”的内在关系进行合理统筹。从价值旨归上看，学习“四史”，不仅要清晰指明中国共产党为新中国成立和人民谋幸福所做出的巨大牺牲和贡献，也要深刻认识到中共党史是社会主义发展史的一部分，反映的是人类社会未来发展的必然趋势③。因此，从中共党史、新中国史、改革开放史到社会主义发展史的巨大跃迁，也彰显着中国梦到世界梦的升华。

3. “四史”教育的特征

鉴于“四史”教育内容十分丰富且复杂，将其融入思政课需要系统设计、分层推进，要充分认识到“四史”学习教育的阶段性和持久性，既要结合当前“四史”学习的具体情况，明确现阶段目标，又要将其作为一项长期任务加以落实。

“四史”教育应是全员、全过程、全方位教育。在推动“四史”教育与高职院校思想政治教育融合的过程中，要始终坚持全员、全过程、全方位教育，将“四史”教育融入立德树人全过程，融入“三全育人”体系的各个环节。要将高职院校党员干部、中层领导、基层教师和广大学生都纳入“四史”学习教育范围之内，特别是要将高职院

① 李星．新时期高职院校加强党史教育的意义及对策［J］．职教论坛，2013（35）：82-84.

② 王玉．高校思想政治理论课“四史”教学的整体性及其实践路径［J］．思想教育研究，2021（1）：123-127.

③ 金卓，邢二涛．新时代思想政治教育的新使命和新要求［J］．重庆理工大学学报（社会科学），2019，33（9）：127-133.

校学生作为重点。逐步将思想政治教育与“四史”教育深度融合，将其作为一门必修课加以落实，既要根据不同群体特点提出不同的学习方式，也要不断丰富内容和形式；既要做到统一要求，也要注意个性化教学。要满足不同面向的“四史”学习教育需求，使高职院校广大师生在思想上有提升，从“四史”学习过程中悟出真理，并将其运用到实践之中。高职院校在“四史”教育开展过程中要按照教育行政部门的具体要求。加强思政教师教学培训，提升思政教师的业务能力和专业水平，始终坚持以习近平新时代中国特色社会主义思想为指导。在思政课程中要向广大高职院校学生宣传“四史”教育内容，使广大高职院校学生将“四史”教育看作中国共产党与全国各族人民一道创造出来的实践史、奋斗史和革命史。在教育教学开展过程中，要充分挖掘“四史”潜在教育资源，以红色故事、榜样故事为切入点，通过鲜活的案例吸引广大高职学生，进一步坚定高职学生的政治立场和价值立场。

“四史”教育应是客观、辩证、规范的教育。在高职院校思想政治教育过程中，要善于发挥“四史”教育的特殊优势，将“四史”教育作为高职思政课的重要内容和形式，引导广大高职学生树立正确的历史意识。历史意识是在特定的历史背景下从历史经验中汲取养分的思维范式和逻辑取向，历史意识与历史整体感之间成正比，历史意识越强，历史整体感也会越强。习近平总书记指出，要树立正确的历史意识，不能以碎片化的方式来对待和分析历史，而是要运用联系的观点来看待历史，采取历时性与共识性有机结合的方式来看待国家和世界发展的历史。习近平总书记指出，“革命领袖是人不是神”，“不能因为他们伟大就把他们像神那样顶礼膜拜，不容许提出并纠正他们的失误和错误；也不能因为他们有失误和错误就全盘否定，抹杀他们的历史功绩”①。人民群众是推动历史的主体，在历史发展的车轮中扮演着决定性力量。“四史”教育始终遵循“以人民为中心”的理

① 习近平. 在纪念毛泽东同志诞辰120周年座谈会上的讲话［N］. 中国青年报，2013-12-27（6）.

念，高职院校在思政课程开展过程中要客观、辩证、规范地看待“四史”教育，充分发挥“四史”教育的育人作用，确保“四史”教育与思想政治教育同步部署、同步落实，进而达到事半功倍的效果。

“四史”教育与一般历史教育的最大差异，在于其政治教育属性。可以说，“四史”教育是以历史为载体的思想政治教育。“四史”教育在时间维度上并不是孤立存在的，而是深度融合、具有传承关系的系统工程。从内容维度看，“四史”自身拥有不同的主线和脉络，各段历史之间既存在着逻辑交叉，又存在着不同主题。从研究目的的维度看，高职院校通过开展“四史”教育学习和研究，能够让高职院校学生更加深刻地理解中国特色社会主义的逻辑、背景及发展脉络，更加坚定高职院校学生对中国特色社会主义的理想信念，在这一过程中厚植爱国主义情怀。因此，在高职院校开展“四史”教育能够让高职院校学生准确把握“四史”之间的关系，厘清历史脉络，坚定理想信念，增强历史担当和时代担当。将“四史”教育融入思政课，是贯彻国家关于开展“四史”教育相关政策的具体要求，能够培养高职院校学生对中国特色社会主义制度机制的价值认同，帮助高职院校学生树立正确的历史观。

（二）高职思想政治教育的目标、原则与任务

针对高职院校学生开展思想政治教育是落实立德树人根本任务的重要手段和方式，是运用马克思主义理论针对高职院校学生开展系统教育的重要方式。自改革开放以来，思想政治教育学科经过复杂演变至今已经形成了多层次、专业化的学科体系①。高职院校承担着为国家和社会培养应用型和技能型人才的历史重任。高职院校学生的思想素质、政治认同、职业素养在很大程度上关乎着国家的兴盛和繁荣，因此必须将高职院校的思想政治教育作为一项系统性大工程加以落实，培养高职院校学生的社会责任感、历史使命感和民族认同感。结

① 古宇飞．中国共产党党史学习教育的百年历程与基本经验［J］．思想战线，2022，48（3）：22-31.

合习近平新时代中国特色社会主义思想和高校思想政治教育课程的主要目标，对高职思想政治教育的目标、原则和任务进行总结梳理。

1. 高职思想政治教育的目标

高职院校是最高层次的职业教育院校，是主要针对中等职业技术学校毕业生、具有相应文化和实践经验的中级技工，以及普通高中毕业生开展职业教育的院校。高职院校主要为国家和社会培养高级技术应用型人才。改革开放以来，为了更好地适应经济社会发展的需求，高职院校也经历了一系列的改革，通过对中等职业院校资源的整合，对高等专科学校、成人高校、职业大学进行了统筹优化。当前，高职院校主要包含高级技工学校、成人高校、职业大学、高等技术专科学校、职业技术学院及普通高校设置的二级学院—职业技术学校等。

从高职院校学生主体属性上看。“培养什么人、如何培养人，是我国社会主义教育事业发展中必须解决好的一个根本问题。”① 高职院校作为社会主义教育事业的重要组成部分，身处最好的发展时代，理应主动承担起民族复兴的伟大重任。欲知大道，必先为史。高职院校开展“四史”教育就是要让高职院校学生了解中国共产党历史，了解新中国历史，在此基础之上将个人发展与国家发展紧密地结合在一起，成为中华民族伟大复兴中国梦的脊梁。从教育学的逻辑起点上讲，高职院校在开展思想政治教育过程中应将“四史”教育作为重要内容，让学生从历史知识开始学习，培养学生正确的历史观和价值观，让高职院校学生树立远大的理想抱负，自觉地投身到实现中华民族伟大复兴中国梦的事业之中。“四史”教育虽然是关于历史知识的传授，但并非简单的历史教育，而是要引导高职院校学生从历史中汲取经验，为现实服务。

从思政教育功能指向上看。思想政治教育是社会或社会群体用一定的思想观念、政治观点、道德规范，对其成员施加有目的、有计划、有组织的影响，使他们形成符合一定社会所要求的思想品德的社

---

① 陈占安. 新中国60年大学生思想政治教育的历史经验［J］. 北京教育（高教版），2010（1）：27-31.

会实践活动①。高职院校开展思想政治教育是以党的思想政治教育根本任务作为指导，针对高职院校学生进行有组织、有目的、有计划的思想教育，使高职院校学生树立正确的马克思主义世界观。高职教育虽然以培养应用型、技能型人才为最终目的，但也要注重品德培养。高职院校开展思想政治教育面对的主要群体是广大高职院校学生，这些学生也具备群体性特点，这就要求高职院校在开展学生思想政治教育过程中要有所侧重。

从社会现实需要看。近年来，国家给予高职院校改革足够的重视，一大批高职院校在改革的春风中获得了巨大成功，成了推动市场经济发展的重要力量。但同时，高职院校的发展也面临着前所未有的挑战，特别是社会公众对高职院校的认可度不高，成了制约高职院校发展的重要因素。究其原因，就在于高职院校在人才培养方面缺乏创新，高职院校毕业生在就业层次和就业质量方面还处于劣势地位。要想解决这一问题，就必须积极推进高职院校人才培养模式创新，体现出高职院校人才培养的独特优势。一方面，要重视高职院校学生的宣传作用。将高职院校学生培养成一名动手实践能力强、具有较高思想政治素养的毕业生。通过高职院校学生毕业之后所展现出来的成果，宣传高职院校教育宗旨、取得的成绩及社会效益，引导社会公众树立对高职教育的正确认知。要想完成这一目标，就要凸显高职院校思想政治教育的价值，将思想政治素质作为高职院校学生的基本素养之一。另一方面，高职院校要将培养学生思想政治素质作为提升自身软实力的重要因素，将其作为推动高职院校快速发展的重要动力之一。

高职院校学生思想政治教育是一项复杂的系统工程，需要将高职院校思想道德教育、职业技能教育和实践创新教育有机结合。因此，有学者提出“思想道德文化工程、职业技能文化工程、实践创新文化

---

① 张耀灿，陈万柏．思想政治教育学原理［M］．北京：高等教育出版社，2001：4.

工程”①，高职院校思想政治教育作为高职院校软实力建设的三大工程之一，对高职院校的发展起着至关重要的作用。

高职院校加强学生思想政治教育有利于培养可持续发展的人。可持续发展的人是指有共产主义信仰和中国特色社会主义信念，具有较高的思想觉悟和智力水平，能够肩负起社会主义建设重任的栋梁之材②。高职院校要将提升学生的可持续发展能力作为人才培养的重要目标，要培养学生良好的学习习惯，不断增强学生的岗位适应能力，也要促进学生自身发展，要求学生有明确的职业规划。只有这样，高职院校学生毕业之后才能够更好地适应社会，适应不断变化的市场需求。高职院校归根到底还是要为社会输送可持续发展的人才，因此要将高职院校学生培养成为集知识、能力和素质于一身的优秀人才。从这一层面看，加强高职院校学生思想政治教育就显得尤为重要。开展“四史”教育，能够培养学生的良好素质，培养学生的爱党爱国情怀，使其主动地践行社会主义核心价值观。

高职院校加强学生思想政治教育是提升学生职业道德素养的关键所在。高职院校学生思想政治教育不仅包含系统的思想政治教育理论课程，还包含社会实践、校园文化等诸多方面。从思政课教学看，高职院校思政课应重视职业性、专业性和社会性，结合高校学生的成长特点和心理特点，对具体的教学目标进行调整和完善，帮助高职院校学生树立正确的职业理想，培养学生的职业道德。从校园文化建设看，高职院校应始终坚持为高职院校学生身心健康发展营造良好的校园文化。“校园文化建设作为高职院校思想政治教育工作的有效载体，应将重点工作放在对在校大学生的职业教育上，发挥引导人、熏陶人、充实人的重要教育作用。”③ 高职院校在人才培养方面凸显了职业性特征，在校园文化建设方面也囊括了企业文化，并将校园文化渗

---

① 邓志良，宋建军．提升高职院校软实力的思考与探索［J］．高等教育研究，2009，30（11）：67.

② 周建松．高职院校素质教育研究［M］．北京：中国人民大学出版社，2015：17.

③ 胡芝．校园文化视域下高职院校大学生思想政治教育工作实效性研究［J］．学校党建与思想教育，2013（8）：84-85.

透到高职院校职业道德培养全过程，进一步增强了高职院校校园文化建设的专业性和职业性。从社会实践层面看，高职院校学生思想政治教育具有非常强的实践性，学生除了要参加校外实践、顶岗学习之外，还要通过“四史”教育学习与校外实践相结合，提升自己的职业素养，从而树立正确的历史观、职业观和家国情怀。

2. 高职思想政治教育的原则

系统全面审视历史的原则。唯物史观是马克思主义科学思想体系的重要方法论原则，是马克思主义科学思想体系的核心内容。在全面推进“四史”教育过程中，高职院校必须始终坚持马克思主义唯物史观的方法场域，引导高职院校学生树立正确的大历史观，准确地把握历史逻辑，这样高职院校学生在思想政治教育过程中才能够接受系统的“四史”教育。正如习近平总书记所强调的那样：“树立大历史观，从历史长河、时代大潮、全球风云中分析演变机理、探究历史规律……”习近平总书记提出的大历史观是对马克思主义唯物史观的重大创新，高职院校在“四史”教育开展过程中也要以大历史观作为重要的方法指引，充分认识到“四史”教育之间是相互联系、相互贯通的①。从宏大的视角出发，对中国共产党重大历史事件和重要历史人物进行观察和分析，正确把握历史前进的内在脉络，正确看待中国共产党和社会主义。没有空想社会主义作为源泉，就不可能诞生科学社会主义；没有科学社会主义作为指导，俄国十月革命实践就很难取得成功，也就没有后续马克思主义在中国的广泛传播。换言之，如果没有改革开放前的曲折摸索，就难以有改革开放之后翻天覆地的变化。因此，高职院校在思想政治教育开展过程中要引导学生从不同的历史视角看待“四史”之间的历史联系，不能片面模糊地理解重大历史问题。必须坚持马克思主义唯物史观，这样才能够让学生树立大历史观，自觉地抵制历史虚无主义。

政治性和学理性相统一原则。习近平总书记指出，思想政治理论课要做到政治性和学理性相统一。这不仅是对思想政治课提出的新要

---

① 翁铁慧. 加强历史学习 坚定理想信念［N］. 人民日报，2020-09-18（9）.

求，同样也适用于高职院校开展“四史”教育。高职院校在开展“四史”教育过程中既要注重“四史”教育与思政课的深度融合，也要始终坚持政治性，始终坚持正确的政治观点、政治立场、政治方向，体现出鲜明的政治导向，只有这样，学生在接受“四史”教育过程中才会有正确的政治观点和政治立场。而学理性就是要深刻把握“四史”教育蕴含的内在理论逻辑。高职院校在开展“四史”教育过程中要始终坚持政治性与学理性相统一，如果没有政治性作为保障，“四史”教育就失去了方向，如果没有学理性作为支撑，“四史”教育就缺乏说服力，难以让高职院校学生真信、真用。高职院校在“四史”教育开展过程中必须牢牢把握政治性这一灵魂，在坚持正确的政治立场和政治方向的基础之上，阐明“四史”的内在逻辑，让学生在对待历史人物、历史事件、历史过程、历史大势时形成正确的政治观和历史观①。这样学生在接受“四史”教育的过程中才会激发出主动性和积极性。习近平总书记指出，只有从人类发展的历史长河视角出发，才能够找到历史运动的本质和规律。从这一层面看，高职院校学生只有接受系统的“四史”教育，才能够更加深刻地认识到中国所处的历史方位，才能够坚定不移地坚持社会主义奋斗方向。

理论联系实际原则。理论联系实际，不仅是中国共产党一以贯之的优良作风，也是中国共产党之所以能够取得重大革命胜利的坚强保障。高职院校“四史”教育开展过程中必须坚持理论联系实际原则，自觉运用“四史”教育理论来指导教学实践。习近平总书记指出，我们要始终坚持一切从实际出发、理论联系实际的原则。按照习近平总书记的要求，高职院校需要在思想政治教育开展过程中充分发挥“四史”教育的优势和特点，坚持理论联系实际，引导学生学习“四史”内容。学生要深刻地理解“四史”之间的内在规律和联系，不断提升自身的理论水平。在回望历史的同时，高职院校学生还要主动运用历史经验来分析未来发展趋势，将所获得的理论知识用于解决当前实际

① 王利军. 推进“四史”教育与思政课深度融合［J］. 思想政治课教学，2022（6）：22-25.

问题，在实践中检验理论成效。坚持理论联系实际原则，就必须以史为鉴、以史为训、以史鉴今①，善于从“四史”详细的史料中汲取经验和教训，反思历史，进而掌握历史发展规律和发展脉络，总结历史经验和历史智慧，用于解决当前实际问题。“四史”教育本身就是良好的思想政治教育素材，具有资政育人作用。高职院校学生学习“四史”就要全面贯彻习近平总书记关于“四史”教育的重要论述，将学到的理论知识转化成实践动力。

3. 高职思想政治教育的任务

在高职院校思政课开展“四史”教育具有其必要性，也有其可行性。引导高职院校学生学习中共党史、新中国史、改革开放史和社会主义发展史，能够让高职院校学生透过历史深刻地认识中国共产党为什么能成为领导中国事业的核心，中国为什么选择走社会主义道路，马克思主义思想为何能够成为指导思想。

增强政治认同。政治认同，是指人们在社会政治生活中产生的对政治对象的一种感情和意识上的归属感，与人们的心理活动有密切的关系，即对国家、政党、政治思想在情感和意识上认可和接纳的一种心理倾向②。政治认同包含文化认同、制度认同、政党认同、道路认同等多个层面。高职院校学生是新时代中国特色社会主义的接班人，增强高职院校学生的政治认同是当前党和国家必须完成的重要任务，也是培养未来政治发展的主体力量所需要完成的必要准备。当前，世界正经历百年未有之大变局，特别是新一轮技术革命对全球治理格局产生了深刻影响，国际环境日趋复杂，不稳定因素增加，国内国外两个大局相互激荡，对国家治理体系和治理能力都产生着巨大影响。改革开放以来，我国在经济、社会、文化等诸多领域取得了巨大成就，社会进程也影响着教育环境发展。学校作为人才培养的“象牙塔”，教育环境同样受到国内外大环境的影响，在外部环境影响下，部分消

---

① 教育部课题组. 深入学习习近平关于教育的重要论述［M］. 北京：人民出版社，2019：96.

② CROWSON H M, DEBACKER T K. Political identification and the defining issues test: reevaluating an old hypothesis［J］. The Journal of Social Psychology, 2008, 148 (1): 43-60.

极不良的价值理念也在渗透着学生的思想意识。高职院校在思政工作开展过程中如何深入学习好、领会好习近平总书记关于立德树人根本任务的重要论述，成为当前学校亟待解决的现实问题。思政课是提升高职院校学生政治认同的主阵地和主渠道，其重要任务就是培养学生“对马克思主义、对中国特色社会主义、对中国共产党的认同”①，“构建社会主义理想信念体系或马克思主义信仰体系”②。思政课教学开展的重要思想目标之一就是增进大学生的政治认同，这直接影响着思政课教学实施的策略和路径。因此，大学生的政治认同与思政课教学之间存在着辩证统一的关系③。思政课在开展过程中，必须围绕“培养什么样的人，如何培养人”这一根本问题，通过“四史”教育，引导高校学生拥护中国共产党，听党话、跟党走，增强高职院校学生的政治认同感。

培育“四个自信”。在中国共产党的领导下，中华民族经过自己的双手创造性地开辟出了符合中国实际的中国特色社会主义道路，并在理论层面创造了中国特色社会主义理论体系，指导了中国特色社会主义实践。习近平总书记强调，“坚持不忘初心、继续前进，就要坚持中国特色社会主义道路自信、理论自信、制度自信、文化自信，坚持党的基本路线不动摇，不断把中国特色社会主义伟大事业推向前进”④。“四个自信”的提出既是对中国共产党领导广大人民群众进行革命、建设和改革的理论与实践层面的系统总结，也是对中国特色社会主义道路、理论、制度、文化发展规律的深刻认识。高职院校开展思想政治教育就是要让高职院校学生明白为什么只有中国共产党才能够救中国，明白为什么中国特色社会主义是中国的必然选择。中国共产党始终将国家命运与党的发展紧密结合，经过 28 年艰苦卓绝的斗

① 孙蚌珠．思想政治理论课要着力培养学生“三个认同”［J］．思想理论教育导刊，2019（5）：19-22.

② 刘建军．论马克思主义信仰体系［J］．求索，2020（4）：5-13.

③ 殷海鸿，丁秋玲．政治认同视域下高校思政课有效教学路径探析［J］．理论观察，2018（9）：123-125.

④ 习近平．在庆祝中国共产党成立 95 周年大会上的讲话［J］．求是，2021（8）：4-20.

争建立了新中国，之后又进行了大刀阔斧的社会制度建设，走上了人民支持的社会主义道路，发展了具有中国特色的社会主义文化，这为中华民族伟大复兴中国梦的实现奠定了坚实的政治前提和制度保障。改革开放之后，中国共产党又以巨大的勇气和强大的历史责任感带领全国各族人民摸着石头过河，形成了中国特色社会主义道路、中国特色社会主义理论体系、中国特色社会主义制度和具有中国特色的社会主义文化。历史已经证明，这些选择都是人民做出的选择，都是正确的选择。高职院校在思政课开展过程中要引导高职院校学生坚定“四个自信”，自觉抵制非主流意识形态对自身价值理念的渗透和影响。

高职院校需要思政课来肩负为国育人、为党育才的时代重任。开展“四史”教育，能够使高职院校学生正确认识近代以来波澜壮阔的社会主义发展历程，能够让高职院校学生看到在中国共产党奋斗历程中涌现出的革命先辈和光荣事迹，看到中国共产党人带领全国各族人民在艰苦的环境中展现出的英雄气概和不畏艰难的勇气，这些宝贵的精神财富完全可以成为高职院校思政课程的重要素材。通过学习“四史”，感受中国共产党人百折不挠的高贵品质和崇高精神境界，理解中国共产党人全心全意为人民服务的本质属性。“四史”学习教育要充分利用思政课的课堂优势，厚植爱国、爱党、爱人民的情怀，使高职院校学生加深对家国的认同感，将“四史”中蕴含的情感、信仰、精神和价值追求转化为自身不断成长、报效祖国的精神动力。

高职院校在落实立德树人根本任务的过程中，应将思政课作为关键课程，充分认识到思政课的思想性和理论性。新时期高职院校思政课的内部环境发生了深刻变化，为进一步提升高职院校思政课教学效果，必须主动拥抱时代发展，善于挖掘在时代浪潮中鲜活的历史素材，否则在具体教学过程中难以与高职院校学生需求相契合。从目前看，部分高职院校学生在互联网环境下出现了理想信念模糊、政治信仰迷失、历史虚无主义等问题，而这些问题都需要通过高职院校思想政治教育加以解决。此外，部分高职院校的思想政治教学活动过于娱乐化，虽然课堂氛围活跃，但实际上却空洞、缺乏内容，脱离了思想政治课程的理论性和思想性，影响了思政课程的教学质量，也难以满足高职院校学生的主体诉求。因此，必须明确高校思想政治教育的根本任务，利用好“四史”教育的鲜活素材，培养高职院校学生的历史观、人生观、价值观，帮助高职院校学生加深对社会主义核心价值观的理解。高职院校学生正处于人生成长的特殊时期，高职院校思想政治教育会全方位影响学生成长，因此要想让高职院校学生有正确的人生理念和较高层次的价值追求，应善于运用“四史”教育的鲜活性、教育性，持续提升高职院校思想政治教学效果。

高职院校在思想政治教育课程改革过程中要始终坚持与党的创新理论相结合，充分发挥习近平新时代中国特色社会主义思想的育人价值，在思政课教学过程中将习近平新时代中国特色社会主义思想融入学生内心深处①。一方面，要重视价值引领作用。在高校思想政治教育课程开展过程中要以社会主义核心价值观作为载体，坚持实践性、问题性和现实性相结合的原则，将“四史”教育中的优秀因子融入思政课教学之中。另一方面，要坚持思想性与学理性相统一、历史性和政治性相统一，找到“四史”教育与思政课教学相融合的切入点，构建符合高职院校学生需求的思政课程体系和教学体系，要不断探索思政课新模式，将“第一课堂”的理论阐释与“第二课堂”的社会实践有机结合，形成更为完善的思政课协同育人体系和教学体系。

（三）高职思政课融合教育体系构建

高职院校开展思想政治课就是为了完成立德树人目标，就是为了培养社会主义接班人。虽然“四史”的主题和重点有所差异，但整体上都是中国共产党为实现中华民族伟大复兴，为中国人民谋幸福，为世界谋大同所进行的一系列实践活动的真实客观记录。因此，从某种意义上讲，思政教育源自“四史”教育，“四史”教育是思政教育的内容和内涵的拓展、延伸。高职思政课融合教育体系的构建，自然要以“四史”教育为契机，对“四史”发展脉络和历史进程进行系统

① 龚旗煌. 深化“四史”教育 培养有志气、有骨气、有底气的时代新人［J］. 中国高等教育，2022（8）：10-11，34.

梳理，将“四史”教育与思政教育贯通起来，融入高职院校教学体系，使高职院校学生真正做到知史爱党、知史爱国。在目前的高职院校思政课程教育体系中，虽未专题开设“四史”教育课程，但是在顶层规划层面，基于“四史”教育的思政课程融合体系基本框架已经呼之欲出。

2020 年 12 月，中共中央宣传部和教育部共同印发的《新时代学校思想政治理论课改革创新实施方案》（以下简称《实施方案》）中，再次强调要将“四史”纳入大学阶段“思想政治理论课”课程体系之中。“四史”教育不是单纯的历史教育，而是“以历史学为基础的特殊的马克思主义理论教育”①。“四史”教育以马克思主义作为指导思想，其核心是马克思主义中国化的历史过程。因此，从这一层面看，思想政治教育与“四史”教育具有理论基础上的一致性，二者都是以马克思主义作为指导思想所形成的理论教育。

中共中央办公厅、国务院办公厅在《关于深化新时代学校思想政治理论课改革创新的若干意见》中指出，高校要结合“四史”教育设定课程模块，将“四史”教育与习近平新时代中国特色社会主义思想进行有机结合，提升学校思想政治教育的系统性和理论性。中共中央宣传部、教育部在《实施方案》中提出，要切实保障学生能够从“四史”中选一门课程作为选修课程。《教育部等八部门关于加快构建高校思想政治工作体系的意见》中也明确指出，要将“四史”教育融入思政课程体系之中，将“四史”教育作为思政教育的重要内容，加强顶层设计，根据实际情况实现“四史”教育与思政教育的深度融合。

教育部办公厅 2021 年印发的《关于在思政课中加强以党史教育为重点的“四史”教育的通知》中要求，高校在思政必修课教学过程中要以“四史”教育为重点，各个高校要按照国家关于“四史”教育的相关要求对思政课各门必修课的教学内容进行优化，将“四史”学习的相关内容有机融入思政必修课程之中，在思政课教学过程中要

---

① 虞志坚．“四史”教育融入高校思想政治理论课教学的三重逻辑［J］．江淮论坛，2020（6）：17-21.

讲深讲透“四史”教育的学理和哲理。全国重点马克思主义学院要根据实际情况至少开设一门“四史”类思政课选择性必修课，所在高校本科生至少修读一门该课程。有条件的高校应结合实际情况，将“四史”类思政课程与人文选修课和专题讲座结合，用“四史”教育做好学生的思想教育工作，同时还要用好读本读物教育学生。教育部组织编写的“四史”大学生读本、《习近平新时代中国特色社会主义思想学生读本》，完全可以成为学校开展“四史”学习教育的重要辅助材料。高职院校在“四史”教育开展过程中应严格落实国家相关部门出台的关于“四史”教育与思想政治教育融合的各项政策要求，并结合本学校实际，将“四史”教育内容融入思政课程教学之中，更好地发挥“四史”教育的育人铸魂价值。

1. 宏观层面：“四史”教育与思政课的契合融通

“四史”教育与高职思政课教学目标一致，内容相通。面向高职院校的“四史”教育，主要是让学生对中共党史、新中国史、改革开放史和社会主义发展史有更为清晰的认知，引导学生以史为鉴，以史为师。除了要总结历史经验之外，学生还要自觉运用马克思主义相关理论方法，不断提升思维分析能力和解决问题能力。思政课用马克思主义理论培育人，希望高职院校学生能够成为有责任、有担当的社会主义新青年，因此在教学目标上，“四史”教育与思政课具有一致性。二者都是以立德树人为魂，都是以习近平新时代中国特色社会主义思想进课堂、进学生头脑为根本任务。加之“四史”教育本身能够为思政课提供丰富的素材。因此从宏观层面看，“四史”教育与思政课具有内容的相通性。“广博的历史知识、丰沛的历史思想和民族精神”①，“四史”教育并不是空洞的理论传导，其中涵盖了大量的感人事迹，这些感人事迹完全可以成为高职院校思政课的鲜活素材，能够更好地阐释马克思主义中国化的历史进程，培养学生的社会主义核心价值观，引领学生主动地承担起祖国和人民赋予的历史任务。很多

① 冯霞，刘进龙．“四史”教育融入高校思想政治理论课的三维审视［J］．思想理论教育导刊，2021（2）：118-122.

“四史”教育内容可以直接运用到思政课教学之中，同样，思政课教学也可以为“四史”教育提供更为多元化的载体，无论是从理论层面还是在实践层面看，二者都互为表里。

高职思政课是实施“四史”教育的主渠道。无论是高职思政课，还是“四史”教育，都具有鲜明的实践性观点，实践性观点是马克思主义的根本观点，在推进高职思政课与“四史”教育融合的过程中，必须坚持实践观点。“四史”是中国共产党历史，以及中国共产党领导下的新中国史、改革开放史和社会主义发展史，能够为高职思政课教学活动的开展提供丰富的教学资源，同样，高职思政课也能够为“四史”教育的实施提供多元化渠道。“四史”知识与思政课堂的有机结合，能够让高职学生从历史实践中认识到社会主义本质，认识到中国共产党为什么能够拯救中国，为什么会选择马克思主义道路，而这些都是高职院校学生应该掌握也必须掌握的理论内容，也是思政课立德树人根本任务落实的有力举措。

“四史”教育进校园符合当前教学改革实际，能够为高职思政课的创新和完善提供扎实的依据。我国高职院校经过长期发展，已经形成了与高职院校学生相契合的思政课教学实施体系。加之国家非常注重高职院校思政课建设，一直在积极推进高职院校思政课教学改革，无论是在课程目标、课程评价、课程内容、课程设置方面，还是在教学实施、教学队伍建设方面，都已经形成比较成熟的系统。这使得高职院校思政课成为宣传马克思主义理论的主阵地，成为高职院校学生接受马克思主义系统教育的主渠道，成为当前高职院校落实立德树人根本任务的关键课程，相应地也为“四史”教育与高职院校思政课教学体系融合创造了有利条件。

“四史”教育融入高职院校思政课教学体系，有利于提升“四史”教育教学成效。高职院校开展思政课，既是我国大学社会主义性质的集中体现，也是经过长期摸索形成的科学系统的教学手段，有利于引导高职院校学生树立正确“三观”，有利于培养高职院校学生高尚的道德情操。从目前看，高职院校“四史”教育融入思政课教学体系，主要通过两种方式落实。一是在高职院校教学体系中开设专门的

“四史”教育课程，将“四史”教育作为思政课程体系的重要组成部分。二是在现有的思政课堂中将“四史”教育内容渗透其中。“四史”教育融入思政课教学体系，既可以作为单门课程为学生提供必修课，也可以融入思政课教学内容之中，成为思政课教学的重要组成部分。“四史”教育之所以能够迅速展开，一方面是因为得到了国家的大力支持，另一方面是因为高职院校对其足够重视。这使得“四史”教育做到了方法科学、效果明显、系统得当，实现了“四史”教育与思政育人目标的深度融合。

2. 微观层面：“四史”教育融入思政课的分类实施与内容选择

马克思主义认为，人的本质在其现实性上，它是一切社会关系的总和①。教育教学活动，就是教师和学生借助于学校这一教育“场域”围绕主题内容进行“对话”的过程。我们据此可以将影响教育教学活动质量、成效的变量细化为教育主体、教育客体、教学方式、教学内容四个要素。显然，作为关键的教学内容要素，“四史”教育融入思政课分类实施有助于提升“四史”教育的针对性和实效性。高职院校在“四史”教育融入思政课教学过程中，要深刻把握“四史”教育的核心要义和目标要求。结合教育客体即高职院校学生群体特征，采取不同形式的“四史”教育方式方法，充分认识到高职院校学生与党员干部、人民群众在思想特征中的不同，才能够发挥出“四史”教育融入思政课中的最大效应。

高职院校学生是青年一代，加强高职院校学生群体的“四史”教育符合加强青年教育的现实要求。“青年兴则国家兴，青年强则国家强”。青年是党和人民事业未来发展的主力军，中华民族伟大复兴中国梦的实现，必然需要一代又一代青年的赓续精神、接力奋斗。因此，加强青年学生思想政治教育具有其现实的必要性和紧迫性②。高职院校学生思维活跃，容易受到外部环境因素影响，特别是在网络世

---

① 中共中央马克思恩格斯列宁斯大林著作编译局．马克思恩格斯选集（第一卷）[M]．2版．北京：人民出版社，1995：56.

② 李卓，王永友．新发展阶段加强青年爱国主义教育的逻辑理路［J］．思想政治教育研究，2022，38（1）：141-147.

界中，更容易受到不良社会思潮的冲击。面对错综复杂的现象和问题，高职院校学生难以根据自身经验辨别是非，常常会以主观臆断来代替对现实问题的客观认知，在解决问题时难以抓住事物的内在规律和重点。而青年时期形成的价值观又对未来发展起着定向作用。因此，高职院校必须将引导学生树立正确的历史观作为重要的教学目标，要用严谨的态度来对待历史问题，引导高职院校学生进一步增强对党和人民事业的道路自信、理论自信、制度自信、文化自信，进一步坚定政治方向，在服务党和人民群众中实现自身的人生价值。

在推进社会主义现代化进程中，要充分发挥青年群体的特殊作用，要加强对青年群体的“四史”教育，“四史”教育内涵丰富、博大精深，是新时期广大青年群体可以接受的最有说服力的育人素材。从“四史”教育中，青年群体能够了解中国共产党的初心和使命，了解推进中华民族伟大复兴历史伟业需要广大青年的积极参与，更好地激发自信心、荣誉感，主动地为实现中华民族伟大复兴中国梦凝心聚力。在高职院校，思政课融入“四史”教育能够更好地发挥思政课的学科优势和特点，切实保障“四史”教育与思政课融合效果，确保思政课规范有序、科学系统地顺利开展。

二、实践根源：思政课融合发展具有现实必要性

“四史”涵盖了我们党近百年的革命史、新中国 70 多年的奋斗史、改革开放 40 多年的实践史、社会主义的发展史，是新时期高职院校学生理解新思想的实践逻辑、理论逻辑和历史逻辑的金钥匙。“四史”并不是独立分割的历史，“四史”之间具有紧密的逻辑关系。高职院校学生在学习“四史”时，可以将改革开放 40 多年的发展历史置于新中国成立 70 多年的发展历史大背景下进行学习，将新中国成立 70 多年的发展历史置于中国共产党的百年奋斗史中予以领会，将中国共产党的百年奋斗史置于世界社会主义发展史中加以理解，这样才能够形成大历史观，才能够把握中国历史发展趋势，进而更好地

指导社会实践。

（一）驳斥历史虚无主义的锐利武器

树立正确的历史观有助于引导高职院校学生树立正确的人生观、世界观和价值观。当前，在高职院校学生群体的成长过程中，内外部环境都发生了深刻变化，特别是外部环境，一些别有用心之人对历史片段进行娱乐化和戏剧化曲解，打着“重写历史”“反思改革”的名号，恶意攻击改革开放成果，否定革命，曲解历史，达到否定社会主义道路的目的。国内外敌对势力往往拿中国革命史、新中国历史做文章，竭尽攻击、丑化、污蔑之能事，根本目的就是要搞乱人心，煽动推翻中国共产党的领导和我国社会主义制度①。特别是一些否定中国共产党抗日战争或片面化的数据，歪曲中国共产党在抗日战争中的作用，达到历史虚无主义的目的，对高职院校学生的思想产生影响。无论是否定中国革命还是否定新中国历史，都是历史虚无主义的具体体现。这让我们深刻地认识到高职院校在思政教学过程中要主动地融合“四史”教育内容，让广大高职院校学生了解中国共产党和新中国的发展，看到革命先烈艰苦奋斗的感人事迹，进而消除历史虚无主义对高职院校青年产生的影响，既要让高职院校学生看到伟大祖国今天取得的成就，也要使其珍惜美好生活的来之不易。只有高职院校将“四史”教育与思政课教学有机融合，才能够为学生营造风清气正的良好成长环境。

当前，我国正处于社会转型期，无论是经济全球化，还是国内不断深化改革，我国都面临着不同的挑战和机遇，特别是在意识形态领域的斗争，更加隐蔽、复杂、激烈。历史虚无主义往往通过伪造历史、曲解历史的方式，打着“反思历史”“重新评判历史”的旗号，对中国共产党党史、新中国史、改革开放史乃至社会主义发展史进行曲解，否定中国共产党的成就。高职院校学生正处于人生成长的关键阶段，往往缺少对国家和历史的深入理解，很容易被国外敌对势力和

---

① 习近平．论中国共产党历史［M］．北京：中央文献出版社，2021：4-5.

西方思想所渗透，进而人生观、世界观、价值观受到负面影响，容易在网络环境下迷失自我、迷失方向。中国经过改革开放几十年的发展，取得了巨大成就。高职院校学生没有经历过苦难和战争，也没有经历过国家的巨大变化，容易受到西方历史虚无主义的影响，对历史缺少正确的认知和判断。学习“四史”、接受“四史”教育，就是要让高职院校学生对历史虚无主义有正确的认知，用真实的历史来抵御虚假历史，增强历史真实性的感染力和说服力。从这一层面看，高职院校开展“四史”教育就有其现实的必要性和紧迫性，将“四史”教育与高职院校学生的思政课堂有机结合，引导高职院校学生树立大历史观，认清历史发展规律，运用马克思主义历史辩证法来评判历史，找到历史发展的本质，把握历史发展大势，抵制历史虚无主义的影响。

（二）创新思政教育教学的资源载体

高职院校主要为国家输送高素质的技能型复合人才，高职院校学生在学校期间学习任务重、学制时间短，需要将多数精力放在专业课学习上，相应地就会对思政课学习关注度不够，加之部分思政教师理论素养水平不高，在教学过程中难以对思政课教学内容所蕴含的价值进行深入挖掘，往往讲得不深不透，且在实践教学过程中形式主义严重，教学方法过于单一。此外，高职院校学生自主学习能力和理解能力相对有限，也在一定程度上影响了思政课教学效果。部分高职院校在开展思政课教学过程中，未能从自身优势出发，没有对思政课程教学资源载体进行有效整合，内容重复，侧重点不明确，也在一定程度上影响了高职院校学生学习的积极性和主动性①。鉴于此，“四史”教育与高职院校思政课融合具有重要的现实意义。“四史”教育与高职思政教育教学的深度融合，能够为课堂教学提供充沛的历史资源、育人资源和教育资源，也能够为思政课改革创新提供新的思路，提升

① 韩振峰，张悦．“四史”学习教育融入高校思想政治理论课探析［J］．北京社会科学，2022（1）：4-12.

思政课程的吸引力、号召力和感染力，同时能够让高职院校学生看到中国共产党的奋斗不易，看到新中国成立之后探索的艰辛，深刻体悟中国共产党与全国各族人民为了中华民族的生存和富强所做出的巨大牺牲，通过亲身体验，从历史中汲取智慧和养分，激发对学习的热情，增强“四个意识”，坚定“四个自信”，做到“两个维护”，最终实现立德树人的根本任务。这也正是“四史”教育融入高职思政课的价值所在。

首先，新时期加强高职院校学生“四史”教育，有助于“激发”思政课程教学活力，增强教学实际效果。“四史”内容不仅是思政课的重要材料来源，也是其核心构成。思政课教学离不开“四史”教育的支撑，思政课如果离开了“四史”，整个教学内容就会浮于表面，空洞无力。如果只是一味地讲解原理，而不联系实际，不联系中国共产党带领全国人民的奋斗历程，就会让学生难以体会到中国共产党全心全意为人民服务的本质，难以看到新中国成立之后遭受的苦难，教学就会缺乏活力，效果也会大打折扣。其次，“四史”教育融入思政课程能够进一步增强思政课的实效性和亲和力。“四史”教育本身就是内容丰富的育人教科书，无论是党的光辉历程，还是中国共产党领导全国各族人民实现中华民族伟大复兴中国梦的过程，都蕴含着许多光荣传统和革命先辈的精神，很多感人肺腑的故事背后都展现出磅礴的力量和民族自信，对引导学生树立正确人生观、世界观、价值观起着无法比拟的作用，将其融入思政课教学，使思政课教学兼具知识性、历史性和严肃性，增加教学厚度。在课堂教学过程中借助党涌现出的革命先辈和英雄事迹，能够增强课堂教学的实效性，使理论站在实践的基础上展现其特殊的说服力，使教育内容真正走到高职院校学生心中，特别是令人奋进的革命精神和崇高的理想信念，能够激发高职院校学生主动担负起时代使命的责任感。同时，用历史说话也能够给高职学生强烈的震撼感，让高职学生在思政课堂上看到中国共产党及全国各族人民在不同历史时期的奋斗历程和形成的光荣传统，拉近思政课程与高职院校学生的距离。

（三）拓展思政理论深度的鲜活例证

历史是最好的教科书。通过理论教育与历史教育相结合的方式开展思想理论教育，历来受到我党的高度重视。新中国成立以来，历史教育始终在我党的思想理论教育和高校课程建设中占据着重要位置。以史为鉴，方知未来，高职院校学生是祖国的未来，高职院校学生的国家情怀、民族归属感在很大程度上会影响高职院校学生的责任担当和社会担当。因此，高职院校学生接受历史教育是高职教育的题中之义。此外，高职院校在思政课程中结合历史案例和动人的英雄事迹来引领高职院校学生去分析世情、国情、党情，去了解中国共产党和中华民族的发展历史，去感悟社会主义从无到有的脉络，去领悟中国人民选择马克思主义、选择中国共产党的历史必然，了解中国改革开放之后所取得的伟大成就，也有利于高职院校学生树立正确的历史观、民族观及国家观，坚定理想信念，坚守初心使命。

通过学习党史，高职院校学生能够更加深刻地理解中国共产党的历史征程。从中国共产党的历史脉络看，中国共产党在大革命时期、土地革命时期、抗日战争时期、解放战争时期、社会主义建设时期不断推陈出新，主动适应时代发展趋势，带领全国各族人民在不同时期进行了民族民主革命和社会主义建设。回顾中国共产党百年的风雨征程，可以使高职院校学生更加正确地理解中国共产党所形成的红船精神、井冈山精神、长征精神、延安精神等，使广大高职院校学生在革命精神的感召下自觉学习党的精神，学习党的历史，不断激发爱国情怀，进而将家国情怀转化成实际动力，成为新时期的逐梦人。

通过学习新中国史，高职院校学生能够更加深刻地理解社会主义建设的风雨征程。新中国成立之后，中国共产党人始终不忘初心、牢记使命，始终为中国人民谋幸福，为中华民族伟大复兴谋发展。对新中国史的学习，能够使广大高职院校学生认识到中国人民为什么会选择社会主义，社会主义制度的优越性在哪里；认识到社会主义建设事业的伟大历程；认识到在内忧外困的局面下，中国共产党是如何克服各种艰难险阻，积极带领全国各族人民实现了经济、政治、社会、文化的全面赶超，走出了一条适合中国国情的、具有鲜明中国特色的社会主义发展道路。

通过学习改革开放史，高职院校学生能够更加深刻地理解改革开放的来之不易。在中国共产党的领导下，经过 40 多年的改革开放，我国政治、经济、文化、军事、教育等各个方面都发生了翻天覆地变化。随着岁月的变迁，中国已经从最初的“赶上”到新时代的“引领”，不仅实现了中华民族从站起来到富起来再到强起来的伟大跨越，而且为中华民族伟大复兴中国梦创造了有利条件。对改革开放史的深刻学习，能够让高职院校所有学生更加深刻地理解改革开放所取得的巨大成果，更加全面了解深化改革的顶层设计对中国发展的实际意义。正是在改革开放的巨大成就下，我国综合国力、国际影响力和民族凝聚力得到了提升，使我们有理由、有信心、有底气提出中华民族伟大复兴中国梦的战略构想。中国梦的提出符合当前中华民族奋勇向前的迫切愿望，也进一步提升了广大人民群众的幸福感、获得感。在以习近平新时代中国特色社会主义思想为指导的背景下，相信通过中国共产党与全国各族人民自身的努力奋斗，一定会实现中国梦，而高职院校学生必将在其中扮演着主力军角色。

通过学习社会主义发展史，高职院校学生能够更加深刻地理解社会主义对世界发展的历史贡献。坚持中国共产党的领导是中国特色社会主义制度的最大优势，也是中国特色社会主义最本质特征的展现。对社会主义发展史的学习，能够使高职院校学生更加深刻地理解社会主义的发展特征、发展本质、发展轨迹、发展逻辑①，更好地领会中国特色社会主义的世界意义，更深层次地把握人类社会的发展规律。中国特色社会主义不仅使中国人民走向了富强道路，也开辟了人类文明的新形态。从这一层面看，高职院校学生学习社会主义发展史，能够进一步拓展高职院校学生的世界眼光。

---

① 李辉，林丹萍．新时代中国特色社会主义制度优势教育的经验［J］．北京工业大学学报（社会科学版），2022，22（5）：57-66.

三、价值根源：思政课融合教育具有鲜明时代价值

“四史”教育是高校思政教育的重要任务，在高职院校思政课中融入“四史”教育能够更好地帮助高职学生认清社会主义道路的深刻内涵，更好地落实立德树人根本任务，进一步增强高职院校学生的“四个自信”。历史是最好的“清醒剂”，尤其是“四史”教育，能够帮助高职院校学生深刻认识新中国的来之不易、中国特色社会主义的来之不易①，进而激发学生参与社会主义现代化建设的决心。

（一）坚持正确办学方向的内在要求

教育事业发展是国家的根本大计，高职教育与普通高校相比更加突出其职业特色。党的十八大以来，我国非常重视职业教育体系建设，希望通过打造具有“中国特色、世界水平”的职业教育，为我国经济社会发展输送大量高素质的技术技能型人才。为此，国家先后出台了《国务院关于加快发展现代职业教育的决定》《国家职业教育改革实施方案》《职业教育提质培优行动计划（2020—2023 年）》等系列职业教育发展相关文件，这些文件的出台为我国职业教育改革和职业教育发展指明了方向，提供了制度机制保障。近几年，教育部更是对高职院校改革进行了战略部署，为解决经济社会发展技能型人才短缺问题出谋划策。习近平总书记指出，发展职业教育符合国家需要，未来前景广阔，大有可为。职业教育承担着为经济社会发展培养多样化技能型人才的重任，在职业教育过程中既要注重技术技能传授，也要注重提升学生的职业道德素质，思政课作为高职院校公共课之一，是培养学生职业道德素质、提升学生思想政治素养的有效途径。“四史”教育与高职思政课融合能够充分利用“四史”教育鲜活案例，培

---

① 程美东，刘辰硕．从三个维度理解加强“四史”教育的重大意义［J］．思想教育研究，2020（12）：14-17.

养学生的工匠精神、劳动精神，引导学生刻苦学习，不断提升学生的专业技能、专业水平，最终为党和国家培养一批符合新时代发展要求的高素质人才，进一步彰显高职院校职业教育特色。

（二）做实学生思政教育的重要抓手

“四史”教育既是历史教育，也是思政教育，高职院校在开展“四史”教育过程中应进一步凸显“四史”教育的政治性，坚持正确的政治导向，引导高职院校学生树立正确的历史观和价值观，培养学生历史自觉，让学生学会用马克思主义的辩证唯物论来看待历史，用历史的眼光来认识中国的发展脉络，进一步坚定学生的自信心和自豪感，培养学生开拓进取的精神。习近平总书记指出，广大青少年要认真学习中共党史、新中国史、改革开放史和社会主义发展史，并将其作为学习马克思主义理论的重要组成部分，进一步坚定青年理想信念，在奋发有为中主动地投身到“两个百年”奋斗目标的实现之中，为中华民族伟大复兴贡献力量，在奋斗和努力中践行初心和使命。2020 年，《教育部等八部门关于加快构建高校思想政治工作体系的意见》中指出，将加强党史、新中国史、改革开放史、社会主义发展史教育融入高校思政课程，实现“四史”教育与高校思想政治工作的深度融合。高职院校作为我国高等教育的重要组成部分，在立德树人任务完成过程中，也应该将“四史”教育作为推动高校思政教育的重要方式，通过“四史”教育培养广大高职学生的家国情怀和民族认同感，将高职院校学生发展与国家发展紧密结合起来，深化高职院校学生的担当精神和历史使命。

（三）坚定学生理想信念的有效途径

理想信念教育对高职学生的成长起着至关重要的作用，如果高职院校学生没有理想信念作为支撑，人生就会没有方向，也就不知道自己应该干什么，从事什么工作，甚至陷入迷茫。中国共产党在成立之初就将实现共产主义作为坚定的理想信念，在百年的奋斗征程中始终对远大理想矢志不渝，无论是面对逆境和困难，还是在敌人的围剿中，都始终百折不挠。革命战争时期，无数先烈用鲜血证明了中国共产党人为了理想信念勇于奉献，敢于牺牲。新中国成立之后，共产党人更是为了实现共产主义理想信念不断奋斗。新时期，高职院校在思政工作开展过程中应将学生理想信念教育作为重要内容，通过“四史”教育与思政教育的有机结合，让广大高职院校学生从党的百年奋斗历程中感悟初心和使命，让广大高职院校学生认识到只有坚定理想，主动地承担起社会责任和历史使命，才能够在新的征途中走好、走稳①。同时，将“四史”教育与思想政治教育深度融合还有利于激励高职院校学生弘扬党的优良传统，培养高职院校学生爱国情怀。“四史”内容是学生成长的巨大宝库，其中蕴含着无尽的智慧和力量。高职院校学生接受“四史”教育，能够了解中国共产党的优良作风、优良传统和伟大精神，进一步坚定高职院校学生的理想信念。

历史是民族的根与魂，只有正确地认识历史，善于从历史经验中总结，才能够加深对历史的理解，才能够树立正确的历史观。当前，高职的学生一般都是“00后”，他们没有经历过战争年代和困难时期，出生之后生活比较幸福，对新中国成立之前中国所经历的磨难理解不深，对党的发展历程所形成的奉献精神、奋斗精神、创新精神理解不透。高职院校开展“四史”教育，就是要引导高职院校学生更加清晰地理解中国共产党在奋斗过程中的艰辛，更加清晰地理解中国特色社会主义道路，更加清晰地理解中华民族伟大复兴中国梦实现的艰巨性，进而引导高职院校学生筑牢信仰之基，坚定理想信念，将个人前途与国家命运紧密结合起来，能够主动投身到中华民族伟大复兴中国梦的事业之中。

高职院校思政课程与“四史”教育融合有助于学生对思政课程入脑入心，进一步提升育人效果。当前，高职院校学生接触外部事物和信息的途径更为多元化，但很多都是泛娱乐内容，学生对历史的了解不充分、不全面、不细致，这就需要高职院校加强思想政治教育的针

---

① 宇文利．党的最新历史决议的思想政治教育价值及其实现［J］．思想理论教育导刊，2022（1）：111-116.

对性、系统性、理论性，实现“四史”教育与思政课程教学有机结合，进而弥补当前学生接受信息过于泛化的问题。高职院校在思政课开展过程中要善于利用“四史”教育的优势，分析历史事件背后的原因，总结历史经验，帮助学生形成大局观，解决当前高职院校学生对思想政治教育理解不深不透的问题①。“四史”是中国共产党在奋斗过程中形成的实践史和理论史，是中国共产党人为了实现崇高理想目标的奋斗史。“四史”教育能够帮助高职院校学生树立共产主义远大理想，让高职院校学生在“四史”教育学习过程中能够自觉地运用辩证唯物主义方法论来分析问题、解决问题，在遇到困难时能够坚定理想信念，通过自身的努力奋斗走向成功，帮助高职院校学生补足精神之“钙”，提振信心。

（四）促进学生全面发展的创新尝试

进入 21 世纪，我国经济社会发展取得了巨大成就，而高职院校学生基本就生活在改革开放 20 年之后。随着我国经济实力的不断增强，国际话语权地位也不断提升，高职院校学生不仅体验着优质的物质生活和丰富的精彩世界，而且也接受着相对系统的知识文化教育，但对“四史”教育的理解不深不透，对中国特色社会主义现代化建设的艰辛难以产生共鸣，更难以产生深刻的民族自豪感、归属感、使命感。所以，将“四史”教育“融入高校思政体系”②、融入思政课教学，能够更好地帮助高职院校学生树立正确的历史观，坚定理想信念，使高职院校学生成为全面发展的社会主义新青年。

首先，高职院校开展“四史”教育有助于高职院校学生更加清晰地理解为什么马克思主义能够在中国大地站住脚，为什么中国人民选择了社会主义道路，为什么中国共产党能够成为领导核心，能够更好地理解中国共产党是如何带领全国各族人民实现民族独立、民族富强

① 芮晓华，闫鸿斐．中国共产党伟大建党精神融入高校思政课教学研究［J］．当代教育实践与教学研究，2022（2）：134-136.

② 康安莹．加强“四史”教育，提振大学生精神动力（二）［J］．西部素质教育，2021，7（6）：1-2.

的。这些问题在学习“四史”的过程中都能够获得答案，有助于进一步增强学生的使命感和责任意识，使学生对主流社会价值观和历史观有更深层次的认同。

其次，高职院校开展“四史”教育有助于增强学生对党的高度认同。对于高职院校学生而言，无论未来从事何种专业工作，都应对“四史”有所涉猎，“四史”教育首先能够为学生带来“知性”，使其理解社会主义和中国共产党的重大历史事件和历史知识，为高职院校学生未来思考、处理问题提供历史借鉴，为高职院校学生在工作和生活中加深对党和国家的认知提供理性基础，使其更好地拥护党的领导，支持社会主义现代化建设。另外，学习“四史”还能够为高职院校学生带来“德性”。“四史”教育能够培养高职院校学生社会主义核心价值观，进一步提升高职院校学生的思想道德和政治素养，自觉地引导大学生追求真善美。

当前，高职院校开展“四史”教育已经纳入顶层设计和整体规划之中。新时期，高职院校在开展思政课程改革过程中要将“四史”教育作为重要方面。2019 年，中共中央办公厅、国务院办公厅印发《关于深化新时代学校思想政治理论课改革创新的若干意见》，其中要求“各高校要重点围绕习近平新时代中国特色社会主义思想，党史、国史、改革开放史、社会主义发展史，宪法法律，中华优秀传统文化等设定课程模块，开设系列选择性必修课程”。2020 年，《教育部等八部门关于加快构建高校思想政治工作体系的意见》中明确指出，要将“四史”教育作为思想政治教育改革的重要方面，出台举措，形成更为完善的“四史”教育体系。中央宣传部、教育部共同印发的《新时代学校思想政治理论课改革创新实施方案》中指出，必须将“四史”教育作为选择性必修课程加以落实，确保学生能够选择一门该课程。2020 年，教育部门要求各地要将“四史”教育融入思想政治教学体系之中。可以说，目前无论是国家顶层设计，还是高职院校具体落实，“四史”教育与思政课程教学改革融合，已经具有明确的时间点和相关政策要求。

四、生成逻辑：高职思政课融合发展的双重变奏

“四史”教育与高职院校思政课深度融合实现了建设性与批判性的相统一。当今时代百年未有之大变局下，国际局势风云变幻，不确定性因素显著增多①，国外敌对势力并没有放松对我国的攻击，特别是很多西方“自由理论、个人思想”披着合法的外衣在网络上肆无忌惮地传播。对于高职院校学生而言，只有架起历史望远镜冷静地观察网络的各种思潮，才能够透过现象看本质，深刻把握当前的舆论导向，把握意识形态斗争的严肃性和激烈性，进而在错综复杂的环境下保持定力。在这一背景下，高职院校思政课不仅要理直气壮地将“四史”教育融入其中，坚持宣传主流意识形态，弘扬社会主义核心价值观，发挥“四史”教育的特点和优势，直面各种错误思潮，引导高职院校学生树立正确的世界观、人生观、价值观、历史观，还要通过理论指导、逻辑推理，揭露错误思潮的错误原因、实质和危害，旗帜鲜明地进行批判和打击，帮助学生明辨是非②。

（一）在历史的逻辑中前进

高职院校将“四史”教育与思政课程有机结合，有助于深化高职院校学生对中国共产党执政规律的理性认知。马克思主义唯物史观对人类社会的发展规律进行了深刻总结，指出人类社会经历的由简单到复杂、由低级到高级的发展过程。社会主义作为人类社会发展的重要形态，未来必将取代资本主义成为人类社会新的形态。人类社会发展具有曲折性，呈现出螺旋式上升的状态。同样，中国共产党在带领全国各族人民进行革命、建设和改革过程中，也必然会经历艰难曲折的

---

① 周建伟. 画出新时代统一战线的最大同心圆——学习习近平总书记关于加强和改进统一战线工作的重要思想［J］. 广东省社会主义学院学报，2020（1）：21-24.

② 吴正东. 慕课对我国高校思想政治教育影响的探析［J］. 大学教育，2017（7）：103-104.

斗争。“四史”教育能够让高职院校学生认识到光明前途与道路曲折之间的辩证关系，正确认识我国社会主义建设遇到的各种挫折，把握历史发展规律，领悟“资产阶级的灭亡和无产阶级的胜利是同样不可避免的”①。这是当前高职院校落实立德树人根本任务的必然要求，更是为社会主义现代化建设培养合格接班人的必然选择。

（二）在时代的潮流中发展

习近平总书记明确指出，教育的根本问题是培养什么人、怎样培养人和为谁培养人的问题。高职院校思想政治教育的开展要结合高职院校学生的成长规律和不同特点给予精准培养，需要重差异、重实际、重细节。高职院校传统思想政治教育标准和方法过于单一，难以满足高职院校学生多样化诉求。这就要求高职院校在开展思想政治教育的过程中要坚持多样性，关注高职院校学生多样化诉求，实现思想政治教育与高职院校学生思想需求的有效对接。新时期，国内外形势发生了深刻变化，特别是后疫情时代，对高职院校思想政治教育的开展产生了深刻影响。在这一背景下，一方面，高职院校在开展思想政治教育的过程中要主动地应用现代信息技术，提升高职院校思政教育覆盖面，引导高职院校学生学会用马克思主义辩证法看待身边事物和具体问题，掌握事物的本质规律和事实真相；另一方面，高职院校在开展思想政治教育的过程中要敢于追赶时代，要将思想政治教育融入时代发展的大背景下，对高职院校思想政治教育的内容、形式进行创新，坚持因人而异、因时而新，更好地满足高职院校学生思想政治教育差异化需求。

“四史”教育的有机融入为思政课改革创新提供了新的契机。高职院校思政课的改革创新需要“适时”与“契机”，“四史”教育与高校思政课程改革深度融合，能够构建起以问题为导向、以时代要求为驱动的新的课程体系，更好地完成高校的育人目标。“四史”教育

---

① 中共中央马克思恩格斯列宁斯大林著作编译局. 马克思恩格斯选集（第一卷）[M]. 2版. 北京：人民出版社，1995：284.

为思政课程改革创新提供了新视野、新思路。“四史”教育与思政课程教学改革的深度融合，能够以史育人、史论结合，帮助高职院校学生树立马克思主义历史观，进一步坚定学生自信，巩固学生理想信念。同时，“四史”教育与高校思政课程改革的深度融合，能够进一步丰富思政课程体系。“四史”教育内容可以为思政课程教学的开展提供有效补充，实现“四史”教育与思政课程内容的有机融合。思政课教师在教学过程中根据教学目标适当地调整和充实教学内容，有助于提升思政课教学效果。

“四史”教育延伸了高职思政课的理论深度。习近平总书记指出，思政课要坚持学理性和政治性相统一，在具体教学过程中，只有透彻的学理分析才能够让学生对思政课教学内容有所理解，从而坚定理想信念。“四史”教育与思政课程教学的深度融合，不仅是历史知识的再现，更是通过历史来梳理社会主义和中国共产党发展的历史脉络，探究历史发展所蕴含的内在规律，看到马克思主义在中国的理论创新和实践创新。“四史”教育走进思政课堂，还能够为思政课教学提供鲜活案例。相应地，在马克思主义的理论引导下，“四史”教育能够增强高职院校学生运用马克思主义理论分析问题、解决问题、回应问题的能力，使思政课的教学深度和广度得以升华。

“四史”教育有利于提升高职思政课堂活力。要想提升高职思政课堂教学质量，就需要对教学内容进行优化。“四史”教育与高校思政课堂的融合，能够进一步提升高职院校学生参与思政课堂的积极性和主动性，让高职院校学生在思政课上有更多的获得感。“四史”教育蕴含着丰富的历史素材和教育素材，这些内容完全可以成为高职院校思政课堂的理论补充，能够进一步增强高职思政课堂的趣味性和活力。同时，学生在学习“四史”的过程中还能够参与课堂互动，增强学生体验感，进而改变传统思政课堂的教学“冷场”局面。

为了加强高职院校的思政教育，高职院校要结合本校特点，积极推进“四史”教育进必修课与选修课课程体系。一方面，充分认识到“四史”教育与思政课深度融合的必要性，进一步拓展思政课程设置，完善思政课程体系。当前，高职院校要根据自身实际，围绕经典著作和“四史”开设选择性必修课。按照这一要求，高职院校要确保学生至少从“四史”中选择一门课程。同时，要积极探索以“党史”为重点内容的思政课程选择性必修课，进而不断完善和补充高职院校思政课程体系。另一方面，“四史”教育与高职院校思政课融合能够补充现有的思政课教学内容。当前思政课在开展过程中涉及了很多党史内容，例如“中国近代史”讲述的就是中国近代以来为争取民族独立和人民解放所进行的一系列斗争，“思想道德法治”讲述了中国共产党的精神谱系，但这些内容都相对分散、零散，缺乏系统论述。而将“四史”教育与思政课融合，可以系统讲述党的发展历程，阐述党的精神谱系，还能够结合高职院校各学段学生特点，有针对性地优化教学内容，实现“四史”教育内容与思政课必修内容的相互补充。

（三）“四史”资政育人与思政课立德树人的深度融合

思政课是铸魂育人的重要手段，“四史”教育与思政课的深度融合是高职院校落实立德树人根本任务的现实选择和必然要求。在具体融合过程中，要深刻把握“四史”教育与思政课程融合的内在机理，弄清“四史”教育与思政课堂的内在联系，充分认识到“四史”教育与思政课程在教育目标本质特征方面的契合性。高职院校思政课程要为“四史”教育提供载体和平台，相应地也要充分发挥“四史”教育的资政育人功能，进一步提升高校思政课程质量。

1. 资政育人与立德树人的要求

高职思政课程与“四史”教育都具有明显的政治性。政治性是“四史”教育和高校思想政治教育的鲜明属性①。高职院校开展思政课程要坚持鲜明的政治属性，鲜明的政治属性是思政课的价值取向，也能体现出思政课的政治立场。虽然高职院校开展思政课程会有所侧重，但都是围绕“培养什么样的人、怎样培养人和为谁培养人”这一根本问题展开的。“四史”教育也始终坚持将政治属性放在首位。“四

① 杨延圣，郑斐然.“四史”教育融入高校思政教育的现实需求与路径优化［J］. 学术探索，2021（5）：139-144.

史”教育阐述的是社会主义发展史和中国共产党的实践，记录了新中国从无到有的奋斗过程，反映出了中国共产党的政治选择、政治立场、政治建设，能够引导学生树立正确的政治意识和政治信仰。因此，“四史”教育与高职思政课程的深度融合，符合思政课的内在价值规律和基本遵循，有利于贯彻习近平总书记关于高校思政课程及立德树人的重要讲话精神，让社会主义理想信念真正地在学生心中落地生根。从目标层面看，“四史”教育与高职院校思政课具有目标上的一致性。无论是“四史”教育开展还是思政课程开展，都是为了更好地完成立德树人根本任务，都是为社会输送有责任、有担当的社会主义新青年。“四史”教育是对历史经验和历史规律的总结，能够引导学生深刻把握历史规律，提升学生知史爱党意愿，发挥思政育人作用。新时期，党中央要求各类学校要围绕习近平新时代中国特色社会主义思想对“四史”教育课程进行创新和完善。可见，将“四史”教育融入高职院校思政课程中既要有顶层设计，也要有具体措施。

2. 实现深度融合的着力点

“四史”教育与高校思政课相融合必须提升融合深度。高职院校开展“四史”教育并不是对过去的历史进行简单的复述，而是要让学生在接受“四史”教育的过程中了解中国共产党为人民服务的初心，了解中国人民为什么选择社会主义道路，了解中国共产党为实现中华民族伟大复兴中国梦所做出的巨大努力。只有深刻地把握“四史”教育的政治内涵，才能够确保高职院校学生学深学透。铸魂育人是职业院校思政课开展的重要目标，“四史”教育与思政课深度融合，能够更好地挖掘“四史”教育中的革命故事和感人事迹，引导高职院校学生树立崇高理想信念，看到无数仁人志士为了新中国的成立所付出的巨大牺牲。“四史”教育激励着一代又一代的中华儿女涌现出无数的奋斗故事，这些奋斗故事完全可以成为高职院校学生树立正确价值观的养分，完全可以成为学生提高品德修养的重要素材，引导高校学生志存高远，脚踏实地。只有不断地提升思政课与“四史”教育的融合深度，才能够让思政课堂生动感人，才能够在“四史”学习的基础之上坚定高职院校学生的理想信念，使学生的个人理想与中华民族的理想相融合，让他们以更加积极的态度应对世界之变局。

提升思政课的政治高度。高职院校开展思政课必须用马克思主义思想作为指引，必须始终坚持马克思主义的指导地位，这样才能够培养出德才兼备的优秀接班人。高职院校在思政课开展“四史”教育符合时代发展要求，让广大高职院校学生看到中国共产党从弱小到强大的发展过程，看到久经磨难的中国共产党的不屈奋斗精神。“四史”教育与高职院校思政课的有机融合，能够用活的历史资源和活的历史故事感染和熏陶高校学生，让学生在体悟历史时深刻领会中国共产党为什么能够成为中国人民的领路人，马克思主义为什么能够在中国大地上落地生根，中国为什么能够推动中国特色社会主义现代化建设，更加深刻地理解党的领导是中国特色社会主义制度的最大优势，能够自觉运用习近平新时代中国特色社会主义思想武装头脑，坚定政治信仰①。

增加思政课的实践强度。无论是“四史”教育还是思政课，都具有鲜明的实践属性。只有实践才能够验证理论，“四史”教育与高职院校思政课教学的深度融合，能够将思政小课堂与社会大实践相结合。一方面，“四史”教育融合高职院校思政课程能够为思政课实践教学提供更为丰富的场所。习近平总书记指出，党史馆、革命烈士陵园、博物馆、纪念馆完全可以成为“四史”教育开展的阵地，因此“四史”教育在开展过程中拥有丰富的思想政治资源，这些教育资源完全可以为高职院校思政课实践教学开展提供重要场域。另一方面，高职院校在思政课开展过程中可以借助“四史”教育资源提升课堂实践育人成效。思政课实践教学将历史与实践相互贯穿，能够让学生学习感受党的故事、人民的故事和英雄的故事，成为传承红色基因的重要主体，主动地将红色事业担负起来，持续推进中国特色社会主义现代化向前发展。

“四史”客观地记录了中国共产党与全国各族人民团结一心、艰

① 周文君. 伟大建党精神融入高校思政课教学的探索［N］. 山东教育报，2022-03-21（7）.

苦奋斗，不断取得一个又一个胜利的过程，也使高职院校学生深刻地理解中国为什么选择社会主义、为什么坚持马克思主义思想，从理论深度理解中华民族从站起来到富起来再到强起来的实践逻辑过程，能够为高职院校思政课程开展提供鲜活的案例，阐明中国共产党以人民为中心思想，阐明中国共产党与全国各族人民一道努力的具体方向和目标。“四史”教育通过共产党人担当本色和为民情怀相关动人故事的讲述，引导高职院校学生正确地认识中国坚持走社会主义道路的历史逻辑和必然性，引导高职院校学生树立科学的世界观和方法论，学会用马克思主义普遍原理看待、分析和解决问题。

第二章　高职思政课融合发展之课程群建设

中共中央、国务院在《关于进一步加强和改进大学生思想政治教育的意见》中提出要“充分发挥课堂教学在大学生思想政治教育中的主导作用”，“全面加强思想政治理论课的学科建设、课程建设、教材建设和教师队伍建设，进一步推动邓小平理论和‘三个代表’重要思想进教材、进课堂、进大学生头脑工作”。此后，中共中央办公厅、国务院办公厅联合印发了《关于深化新时代学校思想政治理论课改革创新的若干意见》，将全面推动习近平新时代中国特色社会主义思想进教材进课堂、进学生头脑工作作为推进思政课建设创新的中心任务①。可以看出，探索高职思政课与“四史”教育融合发展路径，学、思、践、悟当代中国马克思主义、21 世纪马克思主义，开展“四史”教育，关键一招在于解决好课程群建设问题。此外，“四史”教育的长远发展必须解决教育载体问题，“四史”教育与思政课程在目标和内容等维度具有高度的契合性，因而依托高职思政课打造课程群，既符合思政学科和教学发展规律，也有助于巩固“四史”教育的根基。

一、融合课程的目标旨向

“四史”教育主要依托历史资源，为学生讲述党带领人民参与革

① 中办国办印发《关于深化新时代学校思想政治理论课改革创新的若干意见》[N].光明日报，2019-08-15（1）.

命、建设新中国、改革开放、发展中国特色社会主义的奋斗历程。“四史”教育的关键是用历史教化育人，这与新时代高职思想政治教育的观念是一致的，思想政治教育已改变传统的说教式、灌输式教育模式，更加强调用事实说话，让学生在实践中感悟和成长。当今社会正处于转型时期，社会发展中遇到的新问题和新矛盾都可以从历史中汲取经验。“四史”教育融入思政课教学更有助于丰富思政教学内容，推动思政课的创新开展①。“四史”教育是党领导教育事业向前发展的“法宝”，将其融入思政课，凸显了社会主义教育的本质属性，更是新时代完成立德树人根本任务和基本遵循。在实践中，找准“四史”教育和思政课教学目标的契合点，遵循历史学习的主线，进一步细化“四史”教育融入思政课的目标，让教学目标更具体化、细致化。依照学生学习历史的基本规律，让学生从了解历史真相出发，逐步探究历史规律，从历史中汲取经验教训，最后实现历史核心素养的提升。

（一）了解历史真相

教育是百年大计，为国育才的立场不能改。作为成长于中国特色社会主义新时代的青年一代，学生们对近现代史的了解存在不深入、不全面、不客观的现实困境②。一方面，这源于新时代青年的成长环境发生了显著变化，与新中国成立初期相比，经过改革开放多年的积累，中国经济社会发展成效显著。对于高职学生来说，其对中国共产党艰苦奋斗的历史、新中国成立初期及改革开放初期涌现出的甘于奉献的英雄人物形象等的理解存在一定的“代沟”。换言之，高职学生要接受“四史”教育，就要主动了解“四史”故事，从历史真相中领会一段时间、一个人物的“境遇”。另一方面，高职学生作为网络“原住民”，其思想观念及行为的养成深受网络时代的影响。“00后”

---

① 任彩红. 高校思政课加强“四史”教育的多维思考［J］. 中国高等教育，2021（24）：36-37，55.

② 郑洁，李晏沄. 加强“四史”教育 创新思政课堂［J］. 学校党建与思想教育，2021（20）：95-96.

一代也呈现出了许多新的群体特征，如个性更加鲜明、敢于表达自我，同时具有一定的社会责任意识，等等。然而，网络对高职学生的影响是多面的，如网络空间更加注重公平、民主和自由，受其影响，新时代青年的民主意识明显增强。但与此同时，网络中很多信息传播是非理性的，长期以来也滋长了人们情绪化表达、片面化分析、单一化理解等思维模式。缺少辩证思维、理性思维对高职学生的成长是不利的，也是值得思想政治教育高度关注的，且其不仅仅是关系个体健康成长的问题，更是关系社会主义接班人培养的重要问题。

了解历史也是为了传承历史，中华民族伟大复兴需要培养一大批合格的建设者和接班人。了解历史对学生个体成长的意义在于，第一，在全面了解中国共产党的历史基础上，能够更深刻地体会中国共产党作为执政党，是历史的选择，是人民的选择，中国共产党的奋斗宗旨始终是为人民服务①。而高职学生作为新时代青年，应是社会主义的接班人，而非旁观者。唯有认识到这一点，才能化知识为动力，为社会发展贡献积极力量。第二，加强对党史的学习、研究和宣传，学习科学理论和方法论，赋予高职教育以鲜明的社会主义底色，这是当前高职教育改革的重要任务。基于这一新形势，引导学生了解历史，自觉传承历史，实现“知党情、报党恩、跟党走”，这也是将学生个人职业发展和国家命运紧密结合的有效途径，以及激发学生树立远大理想抱负的重要路径。“四史”教育融入思政课，关键在于厘清历史与现实、理论与实践之间的关联，构建“‘四史’合一”的教育目标框架，以增强“四个自信”为核心目标。了解历史需要循序渐进，遵循历史教育的基本逻辑。据此，需要讲清楚如下几点：

首先，要讲清楚中共党史、新中国史、改革开放史、社会主义发展史的内在关联及逻辑关系。中共党史实际上是中国共产党带领人民的奋斗历史，其重点关注的对象是中国共产党，现有的理论成果是包含中国特色社会主义理论体系在内的马克思主义中国化的相关内容。

---

① 冯留建. 新时代青年党史教育的目标和任务［J］. 人民论坛，2021（26）：58-61.

以此为依托，开展党史教育，明确讲清楚中国共产党为什么选择马克思主义、为什么选择社会主义，以及为什么推进改革开放等核心问题。“四史”教育过程中要厘清“四史”与近代中国发展历史之间的逻辑关系。“四史”呈现的是在不同时期或关键节点的重大选择，从每一个选择入手，应将所处时代背景的全貌和全景呈现给学生，让学生从整体上理解每一次的选择都是在反复尝试中得以推进的，且每一次的选择都具有延续性。“四史”教育的魅力体现为其具有丰厚的史料作为支撑，尤其是借助多种呈现形式，可以让学生窥探历史的全貌，在师生之间的互动与讨论中激发学生对“四史”故事的兴趣。除了教师讲授之外，学生也可以主动了解“四史”故事，进而从更多的视角分析历史。

其次，要讲清楚中国特色社会主义道路的选择缘由。当今时代，我们要培养学生的理想信念感，牢固树立“四个自信”。而道路、理论、制度和文化自信则来源于“四史”教育①。中共党史教育也是党带领人民的百年奋斗史，100 多年来，中国共产党不断探索前行的道路，建立并完善社会制度，为中国特色社会主义事业接续奋斗。讲清楚中国特色社会主义道路选择的来龙去脉，有助于学生理解我们当前的道路选择、我们的制度所具有的优越性。中国道路是中华民族共同创造的，也是一条前无古人的道路，在探索过程中必然会面临诸多挑战，而中国共产党肩负起了历史赋予的重任，百年来中国所取得的成绩就是最好的证明。了解历史真相，就是要引导学生把握历史的主流和本质，在充分认识中国特色社会主义道路选择必然性这一核心议题基础上，学生也能够理解新时代中国所取得成就的来之不易。“四史”教育的初衷是要引导学生自觉肩负历史赋予的重任，培养敢于担当的时代新人，引导学生自觉践行社会主义核心价值观并致力于为弘扬中华优秀传统文化而努力奋进。党的百年历史中蕴含丰富的精神力量，这些宝贵的资源也是生动的思政课教材，将二者相结合，符合高职院

① 李寒梅. 四史教育融入高校思政课教学的逻辑理路［J］. 马克思主义与现实，2022（4）：110-116.

校立德树人的基本要求。

最后，要讲清楚百年党史的伟大历程和成就，以及遭遇的挫折和教训。“以人民为中心”是党百年奋斗历程的“秘密武器”，也是大学生思想政治教育最有力的证据。“四史”故事中蕴含了党与人民取得成就的“密码”，或是经验，或是教训，都是对历史真相的“诠释”。基于这一认识，引导学生了解历史真相，不仅要讲清楚党的伟大历程和成就，也要直面错误、挫折，从中汲取经验和教训。在高职院校开展“四史”教育，就是要全面解读历史，最大限度还原历史的全貌，把握好“四史”教育的真实性原则。当今世界是“喧嚣”的，学生要在繁杂吵闹的信息中找寻对自身有益的部分，实为一件难事。从历史中学习能够帮助学生启迪智慧，增长才智，辩证看待历史人物和历史事件，在深入思考的过程中实现人生观、价值观和世界观的提升。在一系列的党史故事基础上，探索其背后蕴藏的道理和哲理，这也正是高职院校学生所需要的。高职院校学生正处于人生成长的关键时期，毕业后将面临职业选择，开启全新的人生，而在校期间除了学习专业知识和技能之外，更为重要的是思想认识水平的提升和思维方式的养成。

近年来，在高等教育改革的进程中，构建“大思政”格局、开发思政课程成为各院校工作的重点内容之一。如“不忘初心、牢记使命”主题教育逐渐由党员内部延展至广大学生队伍之中，随之掀起了全国性的“四史”学习热潮。在高职院校中，落实“四史”教育主要依赖于思想政治课教师队伍，要全面讲述“四史”，引导学生系统学习“四史”，必然要求思政课教师对建党以来、新中国成立以来的重大事件、重要会议、政策演进等有关内容有深入且全面的认识，这也是讲好党的故事、讲好新中国的故事、讲好改革开放故事和讲好社会主义发展故事的前提和基础。除此之外，了解历史真相还需要学生的积极参与和自主学习，“四史”内容十分庞杂，仅仅依靠教师的讲述是难以窥其全貌的，因而运用权威性的“四史”资料，包括学术专著、历史档案等，引导学生自主学习，是帮助其了解历史故事的有效途径，也是学生“四史”学习的必由之路。将“四史”教育融入思政课程之中，用百年奋斗历史启迪人、滋养人，在师生双主体的作用下，使得学生逐渐认识到中国共产党之于中国的过去、现在及未来的核心作用，认识到只有中国共产党才能救中国，增强跟党走的自觉性，不断提升自身的政治素养。

（二）探究历史规律

“四史”学习教育的直接目的是了解中国共产党的历史、新中国成立的历史、改革开放的历史、社会主义发展的历史，这也是“四史”教育的基本要求。更深层次来讲，“四史”学习教育是为了从历史中汲取力量，探究历史规律，以史育人，实现“学史明理、学史增信、学史崇德、学史力行”的目标要求①。在理解历史真相的前提下，通过“四史”教育与思政教学，引导学生感悟历史，领悟党在不同时期做出的重大决策，进而结合历史资料理解马克思主义中国化的创新成果。在把握历史规律的前提下，深化对党的宗旨的认识，为将来投入社会主义现代化建设事业做好准备。这与思政育人目标是相一致的，基于现实中遇到的问题，“总结历史经验，把握历史规律，增强开拓前进的勇气和力量”②。在理解历史事实基础上做进一步提升。“四史”教育引领高职思政课程建设，就是要借助“四史”教育的力量，启发学生深刻感悟中国共产党为人民服务的初心，深刻理解中国特色社会主义理论体系的内涵，传承中国共产党百年奋斗中铸就的伟大精神，等等。在深刻理解的基础上进行升华，促使学生思想达到新的境界，实现立德树人的根本任务。

探究历史规律，是为了思考现实世界，把握未来发展趋势。“四史”教育融入思政课，不仅仅是内容的融合，更是方法的引领。“四史”教育本身具有较强的探究性，通过探究性学习的方式将党的历史及新中国成立以来的历史置于世界历史的大视野中，思考党的选择与

---

① 习近平．在党史学习教育动员大会上的讲话［J］．求是，2021（7）：4-17．

② 习近平．在庆祝中国共产党成立95周年大会上的讲话［J］．求是，2021（8）：4-20．

付出，就更能够理解历史规律和历史选择。在新的历史阶段，面对更加复杂的国际形势，我们如何才能凝聚一心，共同为民族崛起而奋斗，是摆在中华儿女面前的一道题，更是广大青年学生将要面对的一项挑战。历史上的中国有过辉煌，也有过彷徨，经历过重创。学生在学习“四史”、搜集史料的过程中，对新中国的形成和发展过程也会有更深刻的认识。当前我们已经迈入新时代，但中西方的观念冲突依然存在，理解了历史也就不难理解以美国为首的西方资本主义试图开展“颜色革命”来影响人们思想的意图①。中国共产党在十分艰苦、恶劣的环境下进行社会主义改造，中国逐步建立了独立的工业体系，逐渐走出战争的阴霾，也为社会主义事业发展奠定了物质基础。但在工业化发展进程中，我们依然会面临一些新的问题，如城乡差距拉大、农业投入不足、生态环境污染等。从历史发展的规律来看，工业化进程顺应了经济社会发展的需要。发展的结果表明，人民群众的生活水平显著提高，国家更加繁荣富强。对此，站在世界发展的大视野上，也就更加能够理解中国共产党的智慧。在迈入新时代以来，伴随中国不断发展壮大，中国在国际社会中逐渐承担起大国责任，为世界和平与发展贡献着积极力量。如提出“一带一路”和发展人类命运共同体倡议，为世界问题的解决提供中国方案。追古溯今，利用探究性学习活动，比较不同国家的治理方案，由此便也不难得出中国特色社会主义制度的优越性体现在哪里，进而使学生做到知史爱党、知史爱国。

高职思政课中关于马克思主义哲学的内容，对启发学生把握事物的发展规律具有重要作用。为发挥哲学部分的教育意义，可以将“四史”教育内容融入其中，引导学生从历史学习中认识规律。马克思主义理论博大精深，对社会发展的实践具有鲜明的指导价值，是被实践验证了的科学理论。学生在掌握理论精髓的同时，也要学会运用马克思主义普遍原理来解决现实中遇到的问题。从掌握历史规律的角度来

---

① 王哲．立足“四史”强化思政课教学的感性支撑力［J］．思想理论教育导刊，2022（3）：170-175.

讲，应重点明确如下方面：

首先，关于世界物质性与发展规律。习近平总书记指出：“世界物质统一性原理是辩证唯物主义最基本、最核心的观点，是马克思主义哲学的基石。”① “四史”教育中关于党史的部分，印证了党的理论创新成果对社会发展具有能动的反作用。中国共产党之所以能够应对各类困境和挑战，关键在于其是一个敢于自我革命的政党，这主要基于中国共产党对马克思关于“事物的普遍联系和变化发展”观点的深刻认识。伴随社会发展环境等的变化，中国共产党始终与时俱进，运用具体分析和辩证的思维方法，“不断增强辩证思维能力，提高驾驭复杂局面、处理复杂问题的本领”②。如改革开放以来，在处理经济发展与生态环境保护的问题上，习近平总书记运用辩证思维，提出要处理好两方面的关系，“我们既要绿水青山，也要金山银山。宁要绿水青山，不要金山银山，而且绿水青山就是金山银山”③。这一论断体现了中国共产党的辩证思维，也是遵循物质世界发展规律的体现。

其次，关于实践与认识的关系及规律。这是马克思主义哲学的重要内容之一，在实际教学过程中，由于马克思主义哲学内容比较深奥，许多高职学生在理解方面存在一定的困难。为此，可融入“四史”中关于党在不同时期采取的不同治理措施的案例，引导学生认识到中国共产党是如何做到实践与认识相统一的。同时，也可以结合时事政治的内容，引导学生理解当今时代的变化，以及中国在国际社会中所处的地位、所扮演的角色。如在学习习近平总书记提出的人类命运共同体理念时，可以进行延伸学习，分析这一提法的理论渊源，即为什么要建设人类命运共同体。学生可以从中华民族的历史中找寻到“和合”思想，也可以从中国近现代史中找到中国主张建立新型国际

---

① 习近平．辩证唯物主义是中国共产党人的世界观和方法论［J］．思想政治工作研究，2019（2）：9-11.

② 习近平．辩证唯物主义是中国共产党人的世界观和方法论［J］．思想政治工作研究，2019（2）：9-11.

③ 习近平．习近平总书记论生态文明建设［N］．人民日报，2017-8-4（1）.

关系的初衷。将历史学习与马克思主义哲学原理相结合，是对哲学观点和原理的“活化”，即运用鲜活的事例，阐明隐藏在事物发展中的规律。

最后，关于社会主义发展的规律。思政课课程内容主要围绕社会主义制度进行设计，其中科学社会主义是一项重要的学习内容。科学社会主义是与“四史”教育紧密相连的，将“四史”学习资源融入其中，其直接目标是助力学生更好地理解社会主义制度。“进一步增强党的团结和集中统一，确保全党步调一致向前进”① 是“四史”学习教育的重点。学生关于社会主义发展规律的认识，关系着其能否紧密团结在党的周围，以及能否为社会主义现代化建设做出贡献。习近平总书记强调：“旗帜鲜明讲政治、保证党的团结和集中统一是党的生命，也是我们党能成为百年大党、创造世纪伟业的关键所在。”② 为此，学生要深刻理解中国取得的历史性成就，把握好中国前行的方向。一方面，在思想上认识到社会主义发展的规律，在行动上自觉践行社会主义核心价值观，坚定共产主义理想，并将中华民族伟大复兴作为重要使命。另一方面，在把握规律的基础上，对社会主义制度更加自信，也更能够体会到社会主义制度的优越性，从而更从容也更坚定地跟党走。

“四史”教育融入高职院校思想政治课有助于帮助高职院校学生提升历史思维能力，让高职院校学生在接受“四史”教育的过程中了解中国的过去、中国的现在和中国的未来。历史思维能力是高职院校学生核心素养内容之一，培养历史思维能力能够引导高职院校学生用历史的眼光来寻找社会发展规律，通过把握历史主题和主线理解中国在改革开放之后呈现出的螺旋式上升的历史曲折性③。只有高职院校学生接受系统的“四史”教育，将视野放在历史的全局中把握中国的发展规律，才能把握人民与中国共产党之间的本质联系，辨析未来中

---

① 习近平．在党史学习教育动员大会上的讲话［J］．求是，2021（7）：4-17.

② 习近平．在党史学习教育动员大会上的讲话［J］．求是，2021（7）：4-17.

③ 刘迪，李中华．“四史”学习教育融入高校思想政治教育路径研究［J］．思想政治教育研究，2021（5）：90-93.

国特色社会主义的发展走向，进而为中国特色社会主义现代化贡献自己的力量。

（三）汲取经验教训

“一个民族要走在时代前列，就一刻不能没有理论思维，一刻不能没有思想指引。”① 近年来，国家不断出台高职教育改革措施，展现了国家对于高职人才培养的重视。高职学生正处于人生的“拔节孕穗期”，树立正确的立场和观点，不断夯实和提升自身的思想认识水平，对其全面发展具有基础性作用。习近平总书记指出：“历史是最好的教科书，也是最好的清醒剂。”②“四史”本身也是一部理论创新史，其中折射着理性智慧的光芒。在了解历史真相、把握历史规律的基础上，学习“四史”能够增强学生明辨是非的能力。尤其是在喧嚣的世界中，青年学生唯有不忘初心、牢记使命，坚定理想信念，才能不断增强抵抗力和定力。如前所述，“四史”不仅记录了历史成就，也向人们展现了事物发展的曲折过程，让人们从挫折和失败中总结教训，有助于规避风险，减少错误。从这个意义上来讲，“四史”学习应成为青年学生的一项重要任务。

汲取历史经验教训，是为了不忘历史，勇敢前行。习近平总书记指出，“青年一代有理想、有担当，国家就有前途，民族就有希望”③。青年一代要富有拼搏精神，这不仅仅是关系到个人理想能否实现的问题，更是关系到国家建设和长远发展的重大问题。学习“四史”，理解中国共产党带领人民艰苦奋斗的意义，理解事物的发展必然会经历曲折和失败，但前行的道路是光明的。每一位青年学生都应为共产主义理想而努力，这也是时代赋予他们的重任。“四史”教育融合高职思政课程，其核心要义是提高思政课程的育人成效，帮助青年学生构筑中国精神，筑牢共产主义信仰之基，“坚定对马克思主义的信仰、

---

① 习近平．在党史学习教育动员大会上的讲话［J］．求是，2021，37（7）：4-17.

② 习近平．在纪念全民族抗战爆发七十七周年仪式上的讲话［N］．人民日报，2014-07-08（2）.

③ 习近平．在同各界优秀青年代表座谈会的讲话［N］．中国青年报，2013-05-05（3）.

对中国特色社会主义的信念、对中华民族伟大复兴中国梦的信心”①，将实现个人理想转化为实际行动，并与国家和民族的持续发展相连接。学习“四史”，可以帮助学生获得前行的力量。当代大学生见证了中国的崛起，也能够切身体会到中华民族距离伟大复兴中国梦更近了一步。“四史”也是一段热血的奋斗史，阐释了中华民族从站起来、富起来到强起来的飞跃过程。将其融入思政课堂，对鼓舞人心、振奋人心，以及提高青年学生未来在社会中应对风险和挑战的能力，均具有积极影响。

汲取历史经验教训，是为了修身养德，律己律人。“做人做事第一位的是崇德修身”②。品德教育也是思政教育的一个重要组成部分，依照2019年印发的《新时代公民道德建设实施纲要》，应“把思想品德作为学生核心素养、纳入学业质量标准”③。高职院校不仅要引导学生掌握专业技能，更重要的是打牢道德根基，引导学生从“四史”中汲取中华民族传统美德、社会主义道德观，领悟英雄模范特有的道德风范，从百年历程中获得提升道德修为的动力。为实现这一目标，在思政课教学过程中，要把握好建党百年和新时代百年目标之间的逻辑关系。在新的历史交汇点，结合中国所处的时代背景和当前面临的重大问题，从百年历史中汲取有益经验。一方面，审视当前职业教育的现状，分析中国共产党发展职业教育的各项政策、措施，分析其中的演化规律，进一步明晰新时代高职教育的使命和根本任务，将思想政治教育与职业教育紧密结合，为国家输送具有较高政治素养的复合技能型人才。另一方面，增强师生的历史自觉，即教师要能够自觉将“四史”内容与学科专业知识学习相结合，学生要能够自觉运用历史思维，汲取历史经验和教训，客观、全面地分析现实社会中的各类问题。结合当前经济社会发展的主流趋势，透过现象看本质，结合自身的专业知识和理论基础，为解决职业发展或社会主义事业中的各类技

① 习近平．在纪念五四运动100周年大会上的讲话［N］．人民日报，2019-05-01（2）．

② 习近平．青年要自觉践行社会主义核心价值观——习近平在北京大学师生座谈会上的讲话［J］．中国共青团，2014（6）：5-9．

③ 中共中央 国务院．新时代公民道德建设实施纲要［N］．人民日报，2019-10-28（1）．

术难题做出努力。例如，在新冠疫情期间，高职院校是如何应对和化解风险的，学生又是如何表现的；从历史来看，我们可以从中总结出哪些经验和教训帮助我们共克时艰；等等。对这些现实问题的思索过程，也是学生学史明智、以史为鉴、以史论今的体现。

汲取历史经验教训，是为了观照现实，展望未来。将“四史”教育引入高职思政课中，不仅仅是为了发挥“四史”资源对思政育人的辅助作用，更是为了引导学生深入剖析党情、国情、社情，结合自身专业特征更深刻地理解中国特色社会主义理论与实践，并能够将其中的观点、理论、规律等运用到实际生活和未来的工作之中。习近平总书记指出，“我们要用历史映照现实、远观未来”①。汲取历史经验教训，就是在汲取丰富的政治智慧。历史是一面镜子，党在马克思主义理论指导下，在社会主义现代化建设的伟大征程中，积极应对各类问题和挑战，一次次实现突破和创新。在实际教学中，应以习近平总书记总结的“九个经验”作为依据，将其融入思政课程中，从多个维度总结中国共产党的历史智慧。习近平总书记指出，要把这些经验“当作时刻不能忘、须臾不能丢的立身之本”②。运用“四史”引领思政课程，将这些宝贵的经验作为知识和“财富”传递给学生。具体应从两方面着手：

第一，兼顾历史经验与教训。在分享成功经验的同时，我们应还原历史真相，讲述遭遇过的挫折和教训，发挥历史的镜鉴功能。对待经验，我们如获至宝，对待教训，我们不能回避，而是要正视它，采用科学的态度对待历史、评价历史。自我革命是中国共产党得以在正确道路上前行的秘诀，敢于承认错误、及时修正错误、坚决纠正错误，这些做法是值得新时代学生学习的。因而，思政课在融入“四史”内容时，不能只关注经验却对教训闭口不谈，而是要为学生呈现全面的历史景观，发挥历史的警醒作用，以坦荡的心和自信的态度讲

---

① 习近平．在庆祝中国共产党成立 100 周年大会上的讲话［J］．求是，2021（14）：4-14.

② 习近平．在纪念毛泽东同志诞辰 120 周年座谈会上的讲话［N］．中国青年报，2013-12-27（6）.

解历史。

第二，兼顾成就与挫折。百年党史并非一帆风顺，而是荆棘丛生，而最为关键也是最值得后人学习的，就是中国共产党人不气馁的革命精神。传统的思想政治教育往往给人“高大上”的感觉，偏重讲解党的成就和伟业，但也容易让人陷入盲目乐观之中，或引起学生的“怀疑”。实际上，历史应是鲜活的。“四史”教育融合高职思政课建设，就是要为学生充分展现这一段艰苦历程，通过讲述历史中的挫折和失败，一方面启发学生理解这一路探索的艰辛，另一方面引导学生坚定信心，增强面对挫折和困难的勇气。

历史是最好的清醒剂，“四史”教育中蕴含十分深厚的智慧。学习“四史”就是不断从中汲取前行的力量，汲取经验，把握规律，不忘教训。“四史”教育与思政课的融合，拓展了思政课的历史视野，也为学生更全面、辩证、科学地看待和分析问题提供了扎实的素材。对于当今时代青年人才的培养来说，只有对历史有清晰的认识，才能够有更强劲的追求理想的动力。“四史”是中国共产党领导人民参与革命、建设和改革的历史，是斗争、奋斗、建设和创新的历史。正如马克思所说：“人们自己创造自己的历史，但是他们并不是随心所欲地创造，并不是在他们自己选定的条件下创造，而是在直接碰到的、既定的、从过去承继下来的条件下创造。”① 将“四史”打造成为宝贵的“教科书”，为学生全面了解历史，把握历史规律，抵制历史虚无主义，开创新的历史征程做好铺垫。

（四）培养历史核心素养

历史素养的基本要素包括历史知识、历史思维能力、历史意识和价值观。“四史”教育引领下的思政课程建设，更加注重学生历史核心素养的培育，其目标及作用体现为帮助学生全面了解“四史”，引导学生树立正确的党史观，树立历史思维和整体思维，坚持史论

---

① 中共中央马克思恩格斯列宁斯大林著作编译局. 马克思恩格斯选集（第一卷）［M］. 2版. 北京：人民出版社，1995：585.

结合。

引导学生树立正确的党史观。党史观是指学生对中国共产党相关历史问题的看法和观点，是看待党史、学习党史及运用党史的根本遵循。在社会主义转型关键时期，青年学生树立正确的党史观关系着其理想信念的树立。正确的党史观是指自觉坚持并运用唯物史观和辩证法看待和分析问题；能够结合历史条件客观分析历史人物的功与过；始终认可中国共产党为人民服务、为民族谋复兴的伟大事业；坚定地团结在中国共产党的周围，并能够从历史故事中汲取经验，增长智慧。高职学生树立正确的党史观，有助于提升其政治意识和判断能力，增强学生对不同历史时期党的政策和方针的领悟能力，提高学生参与社会主义建设的行动能力，等等。学史明理也要学史力行，“四史”是新时期人们树立坚定理想信念的动力来源。思政教师将“四史”教育与思政课程有机结合，有目的、有意识地引导学生深化对党的信赖，坚定地跟党走。

引导学生树立历史思维。百年奋斗历程积淀了厚重的历史素材，在高职思政课内容建设中，借助党史人物、党史事件进行案例分析，能够帮助学生明辨是非，从历史中汲取养分，逐渐树立起历史思维。辩证唯物主义思想和方法论是思政课程的重要内容，树立历史思维能够与当今社会中的历史虚无主义对抗，引导学生避免陷入历史虚无主义的思想误区①。例如，“马克思主义基本原理”课程作为公选课，教师在讲授唯物史观的内容时，将其与党史的内容相结合，讲述党的重要会议及精神，能够帮助学生站在整体的角度思考党的领导、社会主义革命和建设事业的必然性，进而从中总结历史发展的规律性；在学习唯物辩证法时，考虑到哲学内容本身比较深奥，难以理解，教师可以将党的百年奋斗历程进行简要梳理，尤其是对新中国成立以来在建设和改革事业中遭遇的曲折的分析，能够帮助学生增强信心和勇气。再如，在学习“毛泽东思想和中国特色社会主义理论体系概论”

① 杨增崇，王博. 一体化背景下“四史”教育进课堂［J］. 思想政治课教学，2021(10)：12-16.

课程时，需要避免学生陷入片面解读历史的误区，历史具有延续性，不能将不同阶段的历史事件相割裂，而是要运用联系的观点和整体的观点看待问题，只有理解某一段历史事件的前因后果，才能更清晰地理解历史人物的行为选择，如“改革开放前的社会主义实践探索为改革开放后的社会主义实践探索积累了条件”①。社会主义实践探索是一个循序渐进的过程，也是一个不断变革、创新和发展的过程。厘清新中国成立以来的历史主线，明确社会主义建设实践探索是一脉相承的，进而理解中国特色社会主义建设的“过去”“现在”和“未来”。

引导学生坚持史论结合。学习历史最终还是要回到现实社会中，因而“四史”教育的一个重要目标是要引导学生理解历史与时代的关系。凡事有因才有果，中国共产党百余年的奋斗造就了中国今天的辉煌，今天取得的成就也激励着我们不断奋勇前进。梳理这段漫长的历史，坚定的信仰、顽强的精神、饱满的智慧是中国共产党谱写历史的“要诀”。中国共产党在奋斗中成长，不断壮大，创造了辉煌的篇章，带领人民开辟出了一条新路。中国特色社会主义道路是前无古人之路，中国共产党以马克思主义科学理论为指导，同时结合中国实际，尤其是变化的实际，在实践中不断总结，构建起了中国特色社会主义理论体系。在革命时期，中国共产党人不畏牺牲，带领人民站了起来；在建设时期，中国共产党人积极学习国际社会主义建设经验，取得经济和社会发展的巨大效益；在深化改革时期，以习近平同志为核心的中国共产党人，坚持以人民为中心，带领人民迈入社会主义事业的新阶段。洞悉百年历史，引导学生树立正确的价值观，在新时代更加奋发有为，自觉承担复兴大任。思政课就是要紧跟时代发展的步伐，站在时代的高度，同时回顾历史，引导学生认知我国的发展历程，从古论今，引导学生结合当前国情和党的历史，深刻认识到中国共产党对中国发展的重要价值，懂得是历史和人民选择了中国共产党。

---

① 习近平．关于坚持和发展中国特色社会主义的几个问题［J］．求是，2019（7）：4-12.

中国共产党的故事是生动形象的，是鲜活立体的。将这些故事作为重要育人材料，有助于将学生“三观”的培养与国家观、民族观和文化观的培育相统一，因而深化“四史”教育，组织开展立德树人活动，能够取得更好的教育效果。

总之，将“四史”融入高职院校思政课程之中，就要挖掘“四史”的历史价值和时代价值。要充分认识到，历史不是循环往复的过程。“今天遇到的很多事情”也只是“可以在历史上找到影子”①，难以真正地找到原原本本的模板。历史的不断更迭才是历史的大势所趋，才符合辩证法。因此，在研究历史的过程中要有现实关照，否则历史就会失去研究的价值。梁启超说过：“历史的目的在将过去的真事实予以新意义或新价值，以供现代人活动之资鉴。”② 这也是“历史所以要常常去研究，历史所以值得研究”③ 的原因。中国共产党善于运用马克思主义唯物辩证法来总结历史经验，运用历史思维辩证地看待当代的问题，并寻找解决答案。在中国共产党成立百年之际，更是要开展广泛的“四史”教育，引导广大青年学会用历史的眼光看待问题，将党的优良传统保持下去，也是为了“引导全党以史为镜、以史明志，了解党团结带领人民为中华民族作出的伟大贡献和根本成就”④，认清历史方位，增强历史自觉，贯通过去、现在和未来，激发干事的信心和动力。历史是“为社会一般人而作”，是“现代一般人活动之资鉴”⑤。“四史”内容丰富，完全可以成为思政课教学内容。高职院校学生要善于从历史经验中汲取养分，在历史学习中把握当下，更好地指导未来。

---

① 习近平在中共中央政治局第十八次集体学习时强调 牢记历史经验历史教训历史警示 为国家治理能力现代化提供有益借鉴［N］. 人民日报，2014-10-14（1）.

② 梁启超. 中国历史研究法［M］. 上海：上海古籍出版社，1998：148.

③ 梁启超. 中国历史研究法［M］. 上海：上海古籍出版社，1998：148.

④ 习近平. 在党史学习教育动员大会上的讲话［J］. 求是，2021（7）：4-17.

⑤ 梁启超. 中国历史研究法［M］. 上海：上海古籍出版社，1998：3.

二、融合课程的内容体现

“四史”与思政教育的融合，关键在于找到二者在内容上的契合点，建设思政课程群。这里的思政课程群是指在高职院校已有思政课程基础上，将“四史”教育内容融入其中，克服原有教材体系与“四史”资源融合不紧密的现实问题，也有助于增强“四史”教育内容融入思政课的系统性，改变“四史”教育碎片化的状况。在实践中，由于思政教学体系已经十分系统化，“四史”教育融入其中面临许多挑战，这也是当前工作的难点之一。基于当前高职思政课建设实际，一要将“四史”教育内容引入思政课堂，如开设专门的必修课，加强“四史”教育与思政教学内容之间的整合，找出二者的共性，密切不同教学内容之间的关联性。二要将“四史”教育内容融入现有的思政课程体系之中，即实现“‘四史’进教材”，优化并完善现有思政课教材体系。

现阶段，高职院校开设的思政课程包括“思想道德与法治”“中国特色社会主义理论体系概论”“毛泽东思想和中国特色社会主义理论体系概论”和“形势与政策”等课程。少部分院校开设了“中国近现代史纲要”等专门的历史课程，也有很大一部分职业院校并未开设历史课程。关于“四史”内容的学习，“毛泽东思想和中国特色社会主义理论体系概论”和“中国近现代史纲要”承担了大部分内容，这两门课程也是高职学生学习党史的重要途径。尤其是关于中国近代史的学习，正是“四史”教育的重要内容，但由于部分院校缺少相关课程的设置，势必会影响学生对“四史”的认识，或导致学生对党的认识不够深刻。为改善这一现状，同时增强“四史”教育所占的比重，建议采用“史+理”的教学模式，即通过“四史”的学习，巩固思政课理论教学成果。

在科学设置“四史”选修课程和必修课程的同时，还要注重“四史”教育与高职院校思政课程的联系，避免将“四史”教育与高校思政课简单配对，要深入思考如何将党史与“中国近现代史纲要”课程相融合；如何将新中国史与“形势与政策”课程相融合；如何将社会主义发展史与“马克思主义基本原理”课程相融合；如何将改革开放史与“毛泽东思想和中国特色社会主义理论体系概论”课程相融合。只有实现“四史”教育与高职院校思政课的深度融合，统筹思政课教学任务和重点，对“四史”中的相关历史进行统一编排和融入，才能够打破课程过于单一、融合“两张皮”的问题，实现思政课与“四史”相互配合、内容互补。

（一）思政课程群内容融合的逻辑理路

“四史”很多内容完全可以成为高校思政课程教学的重要参照。例如，“马克思主义基本原理”就包含了社会主义发展历程，“毛泽东思想和中国特色社会主义理论体系概论”就需要详细阐述马克思主义的发展历程及中国化的过程，“思想道德与法治”也需要联系“四史”的爱国主义精神和改革创新精神，“形势与政策”课程内容离开了“四史”内容，也容易缺少生动故事支撑。因此，高职院校将“四史”融入思政课教学具有其现实的必要性和紧迫性，是“四史”教育与思政课程的本质特征使然，也需要结合思政教育对“四史”内容进行深入挖掘。此外，将“四史”中的历史事件、历史故事、历史人物、历史经验、历史精神和历史思想融入思政课中，能够进一步提升高职院校思政课的“定力”，充分发挥好思想政治的引领，讲好中国共产党的故事、改革开放的故事，能够使思政教育讲深讲透，讲形象，讲生动。结合高职院校思政课课程建设的实际情况，将“四史”教育融入思政课程体系之中，保障“四史”教育内容与思政课教材内容的“对接”，具体可以结合现有的常设课程进行开发、整合和利用。

厘清“四史”的内在关联。“四史”是中国共产党与全国各族人民在社会主义道路探索上的前进史。首先，中国共产党是中国事业的领导核心，党的领导是“四史”的最本质特征。高职院校要学习“四史”，必须围绕党的领导这一核心来开展。其次，“四史”的创造和发展主体都是人民群众，人民群众是历史的创造者。因此高职院校在学习“四史”内容时，一定要充分尊重人民群众的主体地位。再其次，“四史”发展规律是相同的。“四史”是符合历史规律的发展史，是中国共产党带领全国各族人民的实践史，不是敲锣打鼓、吹吹打打开展的，而是在无数曲折和挫折探索中广大人民群众的具体选择，符合中国国情、符合中国最广大人民群众的根本利益，是一代又一代中国共产党人和中国人民在不断奋斗中形成的光荣历史。最后，“四史”的最终发展目标是相同的。“四史”虽然在侧重点和历史主线上存在区别，但存在着明显的内在联系，都是为了实现中华民族伟大复兴中国梦而铺就的历史，不能从时间轴上对它们简单区分。高职院校在思政课程开展过程中，要引导学生正确地看待“四史”之间的区别和联系，在学习中更好地把握历史的前进规律，从历史经验中总结经验教训并将其服务于现实。“四史”与思政课的融合主要从以下几方面进行：

第一，将思政课作为载体，推进“四史”与思政的全面融合。“四史”教育融入思政课程需要从整体上进行设计，以增强“四史”教育的系统性，实现有序衔接。在内容方面，依托思政课主干课程，可通过设置课程专题增强“四史”教育的比重。重点开发“毛泽东思想和中国特色社会主义理论体系概论”课程和“中国近现代史纲要”课程，将百年党史、奋斗史、革命史和建设史融入其中，加强百年党史教学专题建设。同时，依托高职院校公选课程，开设专门的“四史”教育课程，如将本地党史资源与历史类课程建设相结合，形成特色化的校本课程。在实践中已经有部分院校进行了有益探索，并形成了一些可供借鉴的经验。高职院校也可以借鉴地方性高等院校的做法，如，2021 年，上海大学的“开天辟地”系列选修课程中，讲述了百年征程中党的故事、红色足迹等，通过设置选修课程供学生自主选择，强化党史育人功能①。在实施主体方面，思政课教师是落实“四史”教育的责任人，因而教师在日常教学过程中要善于挖掘“四史”教育资源，以之作为思政课程教学的有益补充，这也是“四史”教育

① 闫方洁，李昊晟. 论“四史”学习中正确历史意识与科学方法论的养成［J］. 马克思主义与现实，2021（5）：162-169.

融入思政课程的一种可操作路径。如，2021 年，上海召开党史教育融入课程思政专题推进会，要求将党史学习教育全面融入课程思政育人体系。按照高校思政课程指导的要求，除了思政课，其他专业课也要从历史等角度开展思政教学，如融入革命文化教育等①。由此可见，高职院校思政课备受关注的大背景，为“四史”教育的开展提供了良好的契机。思政课教师和各学科专业课教师之间的合作，打造“课程共同体”，为“四史”教育的落实开辟了新的路径。

第二，全面整合“四史”教育资源，以增强其“可用性”。“四史”教育的开展要找准着力点，“四史”教育融入思政课堂也要找准切入点。为此，针对当前“四史”教育资源较为分散的情况，需要优先整合“四史”知识内容，对分散化的“四史”相关素材进行梳理、分类和筛选。高职思政课教学必然要考虑高职学生的特点，如学生的文化课程基础情况、思想水平、个性特征等，结合学生的典型特征编写专门的“四史”学习读本，作为学生“四史”学习的参考资料。一方面，编撰“四史”学习读本，可以采用案例讲解的方式，作为思政课教学的有益补充；另一方面，关于“四史”知识的详细说明与阐述，可以补齐学生历史知识不足的短板，为学生全面了解历史打好基础。与此同时，为进一步强化“四史”教育资源的教育价值，需要重塑“四史”教学架构，找准立足点，基于现有课程体系，丰富思政课教材的内容，拓展思政课程的历史视野、世界视野。“四史”具有鲜明的实践属性，是理论的基础和源泉。高职院校教师在“四史”教育开展过程中一定要将“四史”讲深讲透，将“四史”内容上升到理论层面，进一步增强“四史”教育的说服力和亲和力。高职院校将“四史”教育融入思政课程之中，不是简单的“以史论史”，而是要让高职院校学生真正做到学史明智。要想将所学的内容上升到政治理论高度，就需要对“四史”的主线和支线关系进行深刻把握。“四史”内容贯穿着上百年的历程和几十年的奋斗史，思政课程只有几十节，要想将“四史”教育贯穿整个思政课教学，既要讲方法，也要讲

---

① 张烁. 所有高校全面推进课程思政建设［N］. 人民日报，2020-06-06（4）.

原则，要找到“四史”教育与思政课程开展的切入点，抓住关键点，将“四史”教育有原则、有方法地融入思政课程教学之中。

第三，系统梳理“四史”教育资源，以增强其“关联性”。增强“四史”教育资源的关联性，主要是针对“四史”教育与思政教育而言的。高职院校的思政课程经过改革后，更加注重实践运用，且高职学生专业学习任务重，实践技能型学习内容占比较大，部分院校学生的理论知识学习所占比重偏低，导致学生在基础理论方面探索较少。因此，“四史”教育融入思政课要突出重点，即在有限的时间内实现最大化的育人效果。如“毛泽东思想和中国特色社会主义理论体系概论”课虽然不以历史教育为主，但课程内容本身蕴含了十分丰富的历史类内容，且对相关理论和思想的理解不能脱离历史背景。因此，将“四史”教育资源整合，作为“毛泽东思想和中国特色社会主义理论体系概论”课的补充具有必要性和可行性。“思想道德与法治”课表面上与“四史”教育的关联度不高，但实际上学生道德意识的培育和理想信念的养成，离不开对党史等内容的学习。只有在充分理解党史的前提下，才能更深刻地理解什么是理想信念、什么是民族精神，“四史”教育可以理解为理想信念教育的“土壤”。部分高职院校开设的“形势与政策”课程，主要以分析国内国际经济、政治形势为主，引导学生关心国家大事。而对当今时代各类事件的理解，可以从历史中汲取经验、教训，也可以从历史中总结规律，因而“四史”教育同样可以作为有益补充，引领学生的思想航向。

第四，抓住课堂主渠道，“四史”教育进教材，也要进头脑①。在高职院校思政教育中，课堂仍然是十分重要的渠道。“四史”教育融入思政课堂不是要全部讲理论、讲历史，实施“满堂灌”，而是要突出重点，通过优化课堂呈现形式、创新教学方法等发挥“四史”教育对思政教育的助力作用。如重点讲清楚“中国共产党为什么能”这一核心议题。中国共产党具有崇高的理想信念和追求，理想信念之所

① 周华. 场域理论视角下高职思想政治理论课实践教学体系的构建［J］. 教育与职业，2018（7）：89-94.

以如此坚定，需要从历史中了解其中的缘由。学习“四史”的过程就是理解中国特色社会主义制度和道路的过程，进而有助于增强学生的政治认同和情感认同。厘清这一点，以“四史”教育进入学生头脑为目标，就需要增强不同思政课程之间的联系。如在“毛泽东思想和中国特色社会主义理论体系概论”课堂上可以设置一些比较生动、立体的“四史”故事，帮助学生理解毛泽东思想等深刻的理论，帮助学生理解事物发展的规律。在“思想道德修养与法律基础”课堂上，可以引入一些小故事，从历史视野和整体视野出发梳理历史故事的脉络，或结合情感教学、案例教学等方法，促使学生感同身受，增进学生对历史故事的理解。

从思政课程群内部的逻辑关系来看，“四史”教育的内容作为党史学科，其基础是马克思主义理论，如马克思主义中国化研究等基本问题研究。但是由于“四史”教育内容和资源分布较为分散，且是一个十分庞杂的体系，因而不容易发挥其整体功能，也很难作为一门专门的课程来开发。在与思政课融合的过程中，由于不同课程的侧重点存在差异，因而对“四史”知识的学习并不系统，也是处于分散化的学习状态。如“毛泽东思想和中国特色社会主义理论体系概论”课程中关于党史的部分内容，主要阐述的是中国共产党的思想，而“中国近现代史纲要”课程中主要是对历史事件、历史人物的讲解和分析，虽然都与“四史”教育相关，但其关联的内容缺乏有效衔接，影响了“四史”教育的整体性。

在理论逻辑方面，“四史”融入高职思政课符合思政课本身的内容要求。“四史”教育为思想政治教育、马克思主义教育、道德与法治教育提供例证素材和史料支撑。与此同时，思想政治课程为学生学习“四史”知识提供了世界观、方法论等的支持。“四史”教育与马克思主义基本原理是相贯通的，运用马克思主义基本原理去学习党史、新中国史、改革开放史、社会主义发展史，更有助于增进学生理解。中国共产党的百年奋斗史也具有极强的思想教育功能，其与思想政治类课程之间具有互补性。传统的思想政治教育偏重理论讲解，给学生造成单一、枯燥的刻板印象，或者过多强调理论和原理性的知识内容，学生理解的难度大，影响学生的学习兴趣。“四史”作为真实的历史，结合了历史知识、实践经验，将其作为高职学生学习的重要材料，对学生认清自身的历史担当和现实使命具有直接的导向作用。概言之，“四史”教育与思政课之间是相互补充、相互关联的，可以形成优势互补。

“四史”是中国共产党带领全国各族人民在不同历史时期的奋斗史，是中国共产党最终夺取胜利的光辉史。为进一步发挥“四史”的育人作用，有必要实现“四史”教育与高职院校思政课的深度融合，为思政教育开展提供鲜活案例，要让高职院校学生通过“四史”学习从理论深度明白中华民族从站起来到富起来再到强起来的实践逻辑和理论逻辑。要一以贯之地维护中国共产党的领导，旗帜鲜明地拥护社会主义现代化建设，充分体现新时期广大青年的责任担当和奋斗精神。要通过“四史”教育引导高职院校学生正确认识坚持社会主义道路的必然性、合理性和正确性，引导高职院校学生树立科学的世界观和方法论，进而为实现中华民族伟大复兴中国梦而不断奋斗。

在实践逻辑方面，批判的武器不能代替武器的批判。“四史”时间跨度大，蕴含的内容非常丰富。只有基于现实，理论才能够完成从抽象到具体的蜕变，才能够发挥出变革的、现实的作用。因此，必须在“实”上下功夫，结合思政教材的重点、难点、热点、焦点，对“四史”教育内容加以提炼，并将其作为解答学生疑问的重要理论素材，使“四史”教育融入思政课堂之中。“四史”教育引领高职思政课程群建设，具体可通过两种途径来实现，一种是建设专门的“四史”教育课程，另一种是将“四史”教育内容嵌入现有的思政课程中。两种途径并不冲突，可以协同并进，如有的院校开设历史类的选修课程，或思政教师自觉运用“四史”资源讲授思政内容。

在实践中，为提升教育内容的精准化程度，实现“供”与“需”的对接①，首先，高职院校在“四史”教育与思政课融合的过程中要

---

① 桂署钦，石晶晶．高校实施“四史”教育的途径探讨［J］．学校党建与思想教育，2021（8）：42-43.

在课程设置上下功夫。高职院校开展“四史”教育要以学校的学风、学情作为基础，以立德树人理念作为指导，打破传统教学模式限制，将“四史”教育思政课程深度融合，让高职院校学生深刻地领会“四史”教育的现实意义和育人作用，自觉地运用历史唯物主义观点来分析问题，解决问题，发挥“四史”教育在实践层面的指导性作用。其次，要对“四史”教育内容进行精准提炼。高职院校开展“四史”教育与思政教育的深度融合，要掌握学生的具体学情，借助大数据平台对各类学生的基础数据进行整合，并以此作为教学方案制定的依据，进一步提升教学方案的针对性和有效性，同时在教材使用上既要坚持权威教材为主，也要编写适合本学校学生使用的教辅材料，将教材内容转化为高职院校学生易于理解和接受的内容①。此外，在课程设置和教材编写过程中要通过调查问卷、走访等多种方式全面了解家庭、学校、社会对高职院校开展“四史”教育的看法，让学生家庭和社会力量也参与到高职院校“四史”教育开展之中，进一步丰富“四史”教育开展主体，从而形成家庭、社会和学校多元参与的局面。

紧盯思政教材的重点和难点。高职院校开展“四史”教育要以正确的政治立场作为前提，要引导高职院校学生深入学习“四史”，更好地了解马克思主义、毛泽东思想和邓小平理论，更好地理解习近平新时代中国特色社会主义思想，更好地理解中国共产党的核心领导地位，这样学生才能够抓住“四史”学习的重点和要点，切实保障“四史”教育效果②。“四史”教育与高职院校思政课的深度融合，并不是生搬硬套，也不是机械插入，而是要以“四史”教育大纲、教学目标、教学内容为基础，处理好“四史”教育与思想政治教育的衔接工作，聚焦思政教材的重点和难点，做到有机统筹。

聚焦时事政治的焦点和热点。融媒体时代背景下，高校学生获取信息的渠道越来越多样化，相应地，学生对国内外时事政治的焦点和

---

① 戴海容. 精准思政视角下新时代高职院校“四史”教育路径论析［J］. 学校党建与思想教育，2021（1）：72-74.

② 刘兰明，郑永进，王佼. 基于《指导意见》的高职院校公共基础课课程设置实证调研［J］. 中国职业技术教育，2019（23）：24-30.

热点也会给予足够的关注，甚至会对这些问题产生深入疑问。这就要求高职院校在思政教育开展过程中也要将国内外时事政治的焦点和热点作为重要素材，引导学生对这些焦点、热点问题背后的原因及历史背景进行深入思考，让高职院校学生既能够脚踏实地，也能够仰望星空，进一步增强高职院校学生的社会责任感和历史使命感。当前，西方国家“唱衰和捧杀”中国的论调始终存在，甚至不惜丑化中国形象来散布“中国威胁论”。通过对“四史”教育生动素材的学习，高职院校学生能够看到新中国成立以来发生的翻天覆地的变化。这些事实是对“唱衰中国论”或“抹黑中国形象”最有力的回击，同时纵横对比也有助于高职院校学生坚定“四个自信”。

密切回应学生关注点。高职院校开展“四史”教育要紧扣现实问题，联系高职院校学生学习、生活实际，积极回应学生困惑，坚持问题导向，引导大学生树立正确的人生观、价值观和世界观，对社会上的歪风邪气要给予及时的批判和引导。高职院校思政教师要理直气壮地讲清“四史”中的英雄人物、模范典型的先进事迹，展现老一辈无产阶级革命家为了实现中华民族独立、建立新中国的政治品格和忘我奉献的无私精神，也正是一代又一代的中国共产党人前赴后继，在生死考验面前视死如归，才为新中国争取了胜利的曙光。他们用动人的事迹和义无反顾的牺牲精神，激励着一代又一代中国青年。高职院校学生要从中汲取养分，成为新一代中国特色社会主义的捍卫者和建设者。高职院校要通过“四史”教育，将革命精神和革命信仰植根高职院校学生心田。

总体上，思政教师应认识到，唯有联系中共党史、新中国史、改革开放史和社会主义发展史，才能讲好、讲实青年理想信念问题，才能客观分析国际和国内形势，运用历史思维和整体思维，分析当今社会和世界发展遇到的问题。为此，思政课与“四史”教育的结合，一要寻找二者内容上的共同点，将“四史”教育渗透到思政课堂知识体系中；二要结合“四史”教育的特点，运用讲故事的方式作为思政内容的有益补充，活化思政课堂；三要注重增强“四史”教育和思政教育的学理性，启发学生深度思考，引导学生树立正确的历史观，增强思政教学和党史学习的有效性。

（二）“毛泽东思想和中国特色社会主义理论体系概论”的融合教育

“毛泽东思想和中国特色社会主义理论体系概论”（以下简称“概论”）课程中有关于“四史”的部分内容，但与专门的历史类课程不同，“概论”课侧重于从理论角度诠释党的历史，重点阐述马克思主义中国化的创新成果。课程中分为三部分，分别是毛泽东思想、邓小平理论与“三个代表”重要思想、科学发展观。课程按照时间脉络，梳理了中国化的马克思主义理论成果。虽然该门课程中蕴含了党的奋斗历史，但是对历史的引证不足，缺少历史案例的支撑。因此，为增强“概论”课程的吸引力，增进学生理解重要理论和思想，有必要通过生动、形象的史实进行说明，阐明理论形成的渊源及产生的影响，将史与论相结合，便于学生总结规律，领悟科学理论的力量。与“马克思主义原理”课程不同，“概论”课程将重点放在马克思主义基本原理与中国实际相结合的成果讲述方面，教学内容不以历史知识为主，但这些理论的产生与“四史”不无关联，且关联十分密切①。马克思主义中国化理论的形成立足于党的百年奋斗历史，因而从教育教学质量的角度考虑，必然要涉及关于“四史”内容的讲解。联系党史、新中国史、改革开放史、社会主义发展史，为学生理解马克思主义中国化进程奠定基础，也为学生树立爱国主义精神打好基础。

“四史”教育与“概论”课程内容的契合之处在于，“四史”教育能够反映马克思主义中国化进程，且能够运用史料补充说明马克思主义中国化理论成果。“四史”教育内容可以作为“概论”课堂的有益补充，通过讲述“四史”教育内容中的历史事件、英雄人物故事、伟人事迹等，为学生培养历史思维、树立正确的历史观、增强思想道德修养提供帮助。当然，“四史”教育内容十分丰富，且历史事件较

---

① 张琳．模式转换与创新：以“党史”为重点内容的思政课选择性必修课建设［J］．思想战线，2021，47（5）：158-164.

多，因此教师需结合“概论”课程教学的需要，提炼“四史”教育内容中的思政要素。具体可以按照不同的章节，设置相对应的内容，史论结合，增强“概论”课的说服力。如在学习国防和军队现代化章节时，可以结合“我国第一颗原子弹、氢弹成功爆炸”等典型事例进行分析，并引申至爱国主义角度，同时对照现实，引导学生思考在新时代背景下我们应如何做等问题。在学习马克思主义中国化成果的同时，启发学生联系历史、联系现实，学会运用科学理论指导实践，培育科学的思维方式，实现兼顾爱国主义教育与思维能力提升的教学效果。

在明确了“四史”教育融入“概论”课的必要性和切入点之后，需要进一步挖掘“四史”教育中可供利用的“素材”。在实践中，应以党史为重点，以党的百年奋斗史为主线，挖掘党与人民进行的革命、建设与改革“故事”。具体应从如下方面着手：第一，挖掘党的发展历程故事，包括核心领导集体带领人民砥砺奋进的故事，中国共产党不断自我革命和守正创新的故事，进而延伸出马克思主义中国化的系列故事。第二，挖掘百年征程中涌现出的人物故事，包括主要领导人的故事，如毛泽东、周恩来、邓小平等领袖人物故事；英雄人物如方志敏、赵一曼、陈树湘的故事；普通党员如邹碧华、张富清、黄大年的故事等。需要指出的是，人物故事的挖掘，不仅要关注“大人物”，也要关注“小人物”，即普通党员的故事，引导学生从多角度分析问题，这也更加符合党史教育的要求。第三，挖掘富有建党精神的典型故事，包括红船精神、长征精神、延安精神、抗疫精神、脱贫攻坚精神等，梳理中国共产党建党百年的伟大精神谱系，从中挖掘与“概论”课程内容的结合点。需要注意的是，选择的故事既要有距离学生生活年代较为久远的革命年代故事，也要有距离学生生活较近的现代化建设故事。从各类故事中领悟伟大精神，为学生更深刻理解马克思主义中国化进程提供精神动力。

“四史”教育与思政课教学内容之间存在大量交叉和重合，比如，在学习“习近平新时代中国特色社会主义思想”时，教师可以通过“四史”教育揭示社会历史发展规律，运用马克思主义基本原理分析历史问题，启发学生思考进入新时代以来中国社会实现的伟大飞跃，使得学生更生动、具体地理解相关内容。换言之，“四史”教育融入“概论”课程不仅仅是内容上的有益补充，更是增强“概论”课程生机与活力的一个有效途径。将原本抽象的理论内容，与生动、具体的历史史实相结合，增强学生的学习兴趣。将“四史”教育融入“概论”课程中，需要教师发挥主动性，寻找“四史”资源中有益于课程内容延伸的部分，实现优势互补。借助“四史”教育，深化学生对中国站起来、富起来和强起来伟大飞跃的认识，进而促使学生自觉运用科学理论武器武装头脑，增强历史自信和理论自信。

（三）“思想道德与法治”的融合教育

“思想道德与法治”课程是高职院校面向本专科学生开设的思政课程之一。其主要是围绕政治素养、思想道德、法治精神的内容展开，其宗旨在于培养“讲政治、有理想、重道德、具备法治精神”的人才，其教学目标是“帮助学生筑牢理想信念之基，培育和践行社会主义核心价值观，传承中华传统美德，弘扬中国精神，尊重和维护宪法法律权威，提升思想道德素质和法治素养”①。该门课程主要承担提升学生思想品德和修为的任务，也是对基础教育阶段和高中阶段学生道德与法治课程的衔接。具体来说，其与“四史”教育相契合的内容有：第一，引导学生继承中华民族的优良传统，学习英雄人物的爱国主义精神，形成纯粹的人格，树立坚定的理想信念，具有崇高的精神追求；学习中国共产党艰苦奋斗精神和勤俭节约的生活作风，在学习和未来的工作中具备锐意进取的精神②；在生活和与人相处中不断锤炼道德品格，同时做到知法、懂法、守法、用法，不断提升自身的法治素养。第二，将党史与学生理想信念和社会主义核心价值观内容相结合。讲述党史，引导学生领会中国共产党的理想信念，运用典型事例分析中国共产党是如何坚守信念和追求理想的。在新时代的中国，青年学

① 佘双好．“思想道德修养与法律基础”课建设历程和发展走向［J］．学校党建与思想教育，2021（9）：8-14.

② 杨盈盈，章小纯．新媒体时代大学生“四史”学习教育的创新发展［J］．人民论坛，2021（26）：65-67.

生成长于和平年代，物质生活水平得到了极大提升，但精神文化生活受到互联网海量碎片化信息的影响，被分散了注意力。党史学习教育和信息化教育技术，可以还原革命先烈英勇奋斗的场景，让青年学生体会什么是视死如归，什么是鞠躬尽瘁、死而后已。新时代青年唯有全面了解这段历史，才能将爱国主义思想在内心扎根，才能树立起对于中华民族伟大复兴中国梦的执着信念，并在行动中充满力量和信心。

以“中国精神是兴国强国之魂”的内容学习为例，将“四史”教育融入其中，要注重层次性，采用循序渐进的形式嵌入。首先，讲述“什么是精神”“精神的作用是什么”“什么是中国精神”。通过分层设计，为学生逐步理解中国精神做好铺垫。在讲述“精神”这一抽象概念时，可以结合具体的事例，汇总党史中对“精神”的表达。其次，讲述历史长河中形成了哪些中国精神。中国精神是在历史长河中不断凝练形成的，也是一种民族精神，由此进行延展，启发学生思考中国精神、民族精神及时代精神之间的关系。在对比分析中，进一步思考在社会主义新时代，我们为什么必须弘扬中国精神。最后，回到学生层面，发挥学生主体性，思考大学生应具备哪些精神，如何弘扬这些精神，以及在现实社会中应如何做。上述三方面的设计是层层递进的，设计出富有逻辑性的教学内容体系，对学生清晰地理解中国精神是有帮助的。换言之，将“四史”教育融入“思想道德与法治”课程，也要充分考虑“是什么”“为什么”“怎么做”等核心问题。不仅教学内容之间要相互连接，更要注重教学内容的创新性、逻辑性和高阶性。

“四史”教育与“思想道德与法治”的融合，一要将“四史”中的实事叙事与理论叙事结合起来，这与“概论”课具有相通之处。借助“四史”教育资源，增强思想道德与法治内容的阐释力，将抽象的“道理”与典型事例结合，易于学生理解和把握。比如，“四史”实事中有很多可歌可泣的奉献事例，这也是当前高职学生所需要重点学习的内容①。市场经济发展和西方不良思潮的涌入，导致部分学生

① 谢少华，瞿维娜. 高职院校党史教育的现状及创新路径［J］. 学校党建与思想教育，2021（18）：50-51.

出现利己主义、功利主义、拜金主义等思想现象。针对这些现象，需要在高职教育过程中增强思想道德与法治观念的内容，运用“四史”的相关案例，讲述中华民族从苦难走向辉煌的过程。虽然当前人们的生活更加富足了，但是拜金主义不可取，也不符合民族精神传承的要求。“思想道德与法治”课程本身对学生应具有一定的警示作用，法治教育更应该强调哪些事情是不可触碰的。而单一依靠说理、说教的方式很难让学生信服，或部分学生对此不以为然，对历史中真实发生的案例进行讲解，有助于学生理解道德与法治的重要性，培养讲道德和守法律的新时代青年。二要通过融入“四史”内容，引导学生学史崇德，提升学生道德素质。追求至善是中华民族的优秀传统，“四史”中有非常多的关于真、善、美的事例，透过中国共产党的百年征程，也就不难理解中国共产党所秉承的“全心全意为人民服务”的宗旨，也就不难理解为什么我们要团结一心共同为民族复兴而不懈奋斗，也就能够更深刻认识到传承中华传统美德并将其发扬壮大是历史赋予新时代青年的使命。“四史”教育融入“思想道德与法治”课程，要体现精准性，将重点放在汲取精神力量、陶冶情操、升华情感方面，在历史学习过程中培育学生的优秀道德品质。例如，在讲述革命道德时，可以通过诵读红色经典文献或家书的形式，为学生拓展学习提供素材，也可以通过开展红色研学活动等，让学生亲身体验革命精神，或聆听革命先辈讲述革命实事等，借助理论与实践相结合的方式，提高学生对革命道德的认识。在阅读红色文献时，如李大钊在《狱中自述》中抒发的“民族解放之事业”的伟大理想，引导学生感悟当时的危机情境，体会民族觉醒的力量，同时反省自身，从革命实事中汲取精神养分，思考自身的职业理想和使命，将这些精神动力转化为实际行动，用青春力量赓续红色血脉。

以高职院校使用的教材《思想道德与法治（2021 年版）》（高等教育出版社）为例，该教材主要针对高职院校学生进行法治教育和思想道德教育，这与党史教育具有目标上的一致性。高职“思想道德与法治”课程中的很多内容都体现出了“四史”教育内容。例如第二章“增强马克思主义、共产主义信仰”一节中所谈到的“树立共产主义远大理想、中国特色社会主义共同理想和坚定马克思主义信念”都与“四史”教育在内容上紧密联系。第三章“继承优良传统 弘扬中国精神”中所提到的“中国精神是兴国强国之魂”“做新时代的忠诚爱国者”等专题与第四章“明确价值要求 践行价值准则”所提到的“积极践行社会主义核心价值观”都反映出了“四史”教育的要求。第五章“遵守道德规范 锤炼道德品格”的“发扬中国革命道德”的内容也体现出了“四史”在思想和道德层面的教育作用。第六章“学习法治思想 提升法治素养”中 的“建设法治中国”等专题提到自觉学习贯彻和遵守《中华人民共和国英雄烈士保护法》本身就是对英雄烈士的一种尊重。“四史”是各个时代精神的凝聚，其中也涌现出了大量的英雄人物，这些英雄人物不仅感动人，也具有鲜明的教育意义。因此，对这些英雄人物和英雄事迹，我们既要学习，也要保护。在“四史”教育中，既充分肯定了中国共产党人带领全国各族人民在不同历史时期取得的巨大成就，也明确指出了中国共产党是马克思主义政党，体现出的是为人民服务的根本属性。“四史”教育很多历史人物的事例完全可以成为思政教学的鲜活案例，高职院校学生只有理解这些内容，才能够进一步坚定理想信念，才能够进一步提升思想道德素质，才能够对法治精神和法治观念有更深层次的理解。

（四）“形势与政策”的融合教育

“形势与政策”是向高职院校学生传达党和国家的路线、方针、政策的重要途径，是引领高职院校学生深切感受党和人民在不同历史时期所创造的巨大成就，看到新时期中华民族伟大复兴中国梦的现实条件，进而引导高职院校学生接好时代“接力棒”，成为有责任、有担当、有本领的时代新人的重要课程。这一课程的开展以国内外形势为背景，对重大理论和现实问题进行系统阐述，引导高职院校学生关注国内外形势，有助于提升高职院校学生的问题分析能力和问题解决能力。当前，我们正处于百年未有之大变局，对中华民族而言也是处在“十字路口”，更需要团结一心。高职院校学生作为未来的建设者，应该主动把握国内外形势变化。在具体教学过程中，需要将“思政小课堂”与“社会大课堂”深度融合。对“四史”教育资源进行深入挖掘，为高职院校学生提供沉浸式体验，增强高职院校学生跟党走的信心，坚定高职院校学生为社会主义现代化贡献自己力量的决心。高职院校学生只有在沉浸式体验中看到中国共产党人一往无前的革命斗争精神和踏实肯干的实践精神、创新精神，才能够更深层次领略党的事业的意义重大，才会自觉学习“四史”内容，从“四史”中不断汲取养分，进而落实到脚踏实地的行动中来，推动社会主义现代化建设。

“形势与政策”主要围绕国际形势和国家的重大战略问题展开，要想将这些问题讲深讲透，就需要结合“四史”宏大背景和历史线索，从这一层面看，将“四史”教育融入高职思政课中具有其必要性。一是深入研究思政课必须借鉴“四史”内容，寻找“四史”内容与思政课的契合点，将“四史”融入思政课程之中，使思政课内容体系变得更为丰满。二是根据思政课和“四史”教学内容的特点，开设专门的“四史”教育专题，更好地增强高职院校学生对形势与政策的理解，进一步提升思政课程的教学质量。突出“四史”教育主题，使党的最新理论成果与马克思主义基本原理相互贯穿，使“四史”学习与思想政治教育相互贯穿，进一步增强“形势与政策”学习的历史感和学理性。

注重知行合一，引导学生学史力行。认知与行为属于相辅相成关系，认知是行为的基础，而行为对认知又起着深化作用。马克思指出，“哲学家们只是用不同的方式解释世界，问题在于改变世界”①。中国共产党自成立以来，始终不忘初心和使命，始终坚持马克思主义理论指导，将为人民服务写在文件中、刻在旗帜上，在革命、建设和改革发展阶段，带领全国各族人民创造出了令世界瞩目的成就，实现了中华民族从站起来到富起来再到强起来的历史性飞跃。无论是社会主义发展史还是百年党史，都有助于引导高职院校学生感悟党的伟大

① 中共中央马克思恩格斯列宁斯大林著作编译局. 马克思恩格斯选集（第一卷）［M］. 2版. 北京：人民出版社，1995：57.

实践。“四史”教育与高职思政课程融合，帮助高职院校学生认识历史，做到学史力行，成为推动社会主义现代化建设的参与者。

既要讲历史视野，也要讲全球眼光。“形势与政策”就是要培养高职院校学生的历史视野和全球眼光，这就对高职院校思政教师的教学能力和教学水平提出了较高要求，需要思政课教师对党史、新中国史、改革开放史和社会主义发展史有深入理解，这样才能够用历史视野来讲述“形势与政策”，才能够从横向和纵向进行对比，引导学生更好地学习“四史”内容。只有将课程内容置入历史视野，才能通过“生动、深入、具体的纵横比较，把一些道理讲明白、讲清楚”①。按照这一要求，教师需要从时代发展的长河中对“四史”的内容进行阐述，更加深刻地把握历史规律，只有将“四史”内容纳入历史视野，才能够深刻理解中国共产党对中华民族的巨大贡献；只有将“四史”内容纳入全球眼光，才能够展现中国共产党所形成的中国经验和中国智慧对推动全球治理和全球化发展起到的巨大作用。思政课教学要通过历史来展现中国共产党的先进性和纯洁性，这样才能引导高职院校学生加强对中国共产党领导的政治认同和思想认同。

（五）思政公选课的融合教育

“四史”教育融入高校思政课具有不可替代性。在推动思政课改革的过程中，明确要求要将党史、新中国史、改革开放史和社会主义发展史作为必修课和选修课融入思政课程体系之中。这既是当前高职院校落实立德树人根本任务的重要举措，也是推动思政课程改革的现实要求。要想实现“四史”教育的覆盖性和系统性，就需要完善相应制度机制，确保从选课机制上全体学生必须接受一门“四史”教育课程。除了要开设“四史”教育必修课、选修课，还要将“四史”教育内容与思政课程内容相融合。这样既能够丰富思政课教学内容，也能够为“四史”教育顺利开展提供更为多元化的路径，实现显性教育与隐性教育的有机结合。

---

① 习近平．思政课是落实立德树人根本任务的关键课程［J］．求是，2020（17）．

1.“马克思主义基本原理”与“四史”教育

“马克思主义基本原理”主要论述的是社会主义发展史，对马克思主义为什么是科学社会主义及其诞生的历史背景进行了详细论述。第六章“社会主义的发展及其规律”和第七章“共产主义崇高理想及其最终实现”，其中“最终实现”就是对世界社会主义发展史的简述，也是对社会主义发展的预测。作为与“四史”教育相对应的思政课程，在具体讲述过程中要围绕具体章节将中共党史有机融入其中。在解读社会主义发展进程时，要对中国共产党的诞生和发展进行解读，强调开展“四史”教育有助于帮助高职院校学生掌握更为全面的马克思主义世界观和方法论，树立正确的党史观，正确认识和把握学习“四史”的根本方法。高职院校在落实立德树人目标时，要将“四史”教育作为重要手段。

“四史”教育融入思政课程体系具有现实必要性，高职院校应积极推进“四史”教育走进思政课堂。一是要将“四史”教育作为必修课程加以落实。国家出台的《新时代学校思想政治理论课改革创新实施方案》明确指出，从2021年秋季开始要对教育资源进行整合，切实保障“四史”教育作为必修课程出现，并将其加入思政教务管理体系之中，“四史”教育课程应有明确的学分、学时。二是要围绕“四史”教育开展教材编写。当前，教育部已经启动了“四史”大学生读本编写工作，在此基础之上，高职院校也要结合“四史”教育编写本校的“四史”教材作为开展“四史”教育的辅助用书。三是要围绕“四史”教育开展集体备课。“四史”教育作为选择性必修课，对学生的成长起着至关重要作用，也是意识形态领域的重要教育方式。这就要求思政课教师要本着对学生负责的态度，在教学研究和实践探索中主动作为，通过集体备课、集体攻关等形式，对如何开展“四史”教育必修课积累相关经验，探索有效模式。四是要有效解决教学过程中过于笼统、抽象的问题，为“四史”教育开展提供足够的成果支撑和理论支撑。在“四史”教育开展过程中，要对“四史”知识背景进行全面梳理，从课程具体教学目标入手，围绕党的重要历史文献和重大历史结论对党史、新中国史、改革开放史的最新研究成果进行消化，并及时将其纳入教材之中，作为教学开展的重要依据。特别是要将改革开放史中的伟大成就，以及新中国成立之后进行的波澜壮阔的改革作为课程重要内容，全面、生动、具体地加以呈现。要进一步夯实改革开放史的内容，将党史、新中国史和改革开放史作为重要内容融入教学体系之中。六是要进一步提升思政课教师的专业能力，围绕思政课教师的专业素养和知识结构对教师进行培养，进一步提升思政课教师的历史思维，将“四史”专业能力的提升作为高职院校思政课教师队伍建设的重要内容，更好地解决当前思政课教师历史知识掌握不全、对“四史”教学重视程度不足等问题。要将“四史”学习教育作为新时代高校思政课程改革的重要方面，并围绕“四史”教育实际需要对高校思政课程体系进行创新，进一步提升师资队伍水平，为深化思政课程教学内容改革提供有力的组织保障。

具体而言，高职院校思政教师在讲解“马克思主义基本原理”的过程中要让学生掌握马克思主义的基本观点、基本立场和基本方法，同时要融入社会主义发展史的相关内容，进一步提升高职院校学生对社会主义发展的信心。要与学生具体讨论在推进马克思主义中国化实践过程中中共党史、新中国史和改革开放史的具体体现，弥补当前“马克思主义基本原理”只重理论而轻视历史的不足，让学生充分体会到理论转换成现实力量会给世界带来惊人的变化。“毛泽东思想和中国特色社会主义理论体系概论”主要是让学生了解马克思主义中国化的具体历程，增强对中国特色社会主义理论体系的自信。具体讲述过程中要将中共党史、新中国史和改革开放史部分内容融入其中，进一步拓展改革开放史的内容，让广大高职院校学生充分认识到马克思主义中国化的必然性及马克思主义中国化取得的巨大成就，并学会自觉地运用马克思主义理论观点、方法解决实际问题。

2.“中国近现代史纲要”与“四史”教育

“中国近现代史纲要”（以下简称“纲要”）主要论述了近代中国历史发展，帮助高职院校学生理解中国人民为什么选择马克思主义、中国共产党为什么能成为执政党、中国人民为什么选择了社会主义道路和改革开放对中国产生的影响。可以说，“纲要”是“四史”

教育的核心课程，与中共党史、新中国史和改革开放史对应。“纲要”大致分为三大部分，以 1840 年鸦片战争作为起端，第一部分讲述了无数仁人志士为了救亡图存进行的艰难探索，但由于受到客观条件限制，并没有实现中华民族的解放。第二部分讲述的是在中国共产党的带领下，实现了民族独立和人民解放，并创建了新中国。第三部分讲述的是新中国成立以后，在中国共产党带领下对社会主义道路进行了探索和并取得了巨大成就。在开展“四史”教育过程中，要将三大内容整体推进，不能割裂开来。在思政课程教学体系中，各个部分都有其重要作用。2010 年，中共中央印发了《关于加强和改进新形势下党史工作的意见》，其中明确指出，在推进中国近现代史公共理论课学习的过程中，要将党的历史作为重要支撑。要进一步强化党史教育的核心政治作用，充分发挥主干课程的功能①。要引导学生自觉学习党史知识和党史内容，为促进学生全面发展奠定坚实基础。这就要求在讲述“纲要”过程中帮助高职院校学生理解“四史”教育的重要性。

历史故事能够增强“纲要”课程的系统性和立体感，能够让高职院校学生透过历史故事看到背后的精神，进一步激发高校学生的学习兴趣和情感体验，使高职院校思政教育变得有温度、有深度，更好地落实立德树人目标。“四史”教育与“纲要”课程教学的深度融合，能够通过历史故事的形式为高职院校学生展现中国共产党的奋斗历程，展现中国共产党从无到有，再到团结和带领全国各族人民取得新民主主义革命胜利，进行社会主义革命和建设、改革开放和社会主义现代化建设的伟大成就②。因此，从这一层面看，“四史”教育凭借其丰富多彩、鲜活多样的历史故事更容易被当代高职院校学生接受，进一步增强“纲要”课的生动性和趣味性，引起高职院校学生的情感共鸣和情感认同。例如，关于抗日战争的历史，习近平总书记曾指出：“我们不仅要研究七七事变后全面抗战 8 年的历史，而且要注重

① 王世恒. “四史”教育融入“纲要”课教学探析［J］. 学校党建与思想教育，2021（23）：50-52.

② 黄艳梅，黄庆旧，胡泊，等. “四史”教育融入高校思想政治理论课教学体系研究——以《中国近现代史纲要》课程为例［J］. 广西教育，2022（3）：67-70.

研究九一八事变后14年抗战的历史，14年要贯通下来统一研究。”① 在“纲要”课教材第六章《中华民族的抗日战争》中，重点讲述了卢沟桥事变之后中国人民与日本侵略者进行的斗争，而对卢沟桥事变之前，中国共产党领导东北人民的抗日武装斗争讲解得并不够详细。中国共产党经过百年奋斗涌现出了一批视死如归的革命烈士和英雄人物，构筑起了中国共产党的精神长城和中华民族的脊梁。教师在“纲要”课程教学过程中可以适当地引入抗日英雄故事，通过先进人物，进一步增强中国共产党领导中国人民艰苦抗战的鲜活力，也能够在精神层面引起学生的共鸣。

在实践中，一是要将“四史”中的重大历史事件作为“纲要”教学的重要内容。教师在重大历史事件解读过程中要对事件的历史背景、发生过程、产生结果进行具体分析，让高职院校学生看到中国共产党领导全国各族人民在奋斗中的不易和艰辛，感受改革开放之后中国翻天覆地的变化，深刻领悟社会主义存在和发展的必然性，以及中国特色社会主义建设的不易。二是要将“四史”中的重要历史线索融入“纲要”课程教学②。“纲要”课教师要对马克思主义在中国的具体实践过程进行详细讲解，指出中国共产党诞生的历史必然性，指出正是马克思主义在中国的实践过程诞生了习近平新时代中国特色社会主义思想，进一步坚定高职院校学生的政治立场，更加支持中国共产党领导。三是要将“四史”中的历史规律融入“纲要”课教学③。“四史”教育中对历史规律的把握，能够引导高职院校学生用辩证思维来解答复杂的历史过程，更好地了解中国共产党和马克思主义为什么是中国人民的共同选择，进而引导高职院校学生形成更广泛的政治认同、体制认同。

---

① 习近平在中共中央政治局第二十五次集体学习时强调：让历史说话 用史实发言 深入开展中国人民抗日战争研究［N］. 人民日报，2015-08-01（1）.

② 王世恒. “四史”教育融入“纲要”课教学探析［J］. 学校党建与思想教育，2021（23）：50-52.

③ 杨文圣，董丽萍. “四史”教育融入“中国近现代史纲要”课教学的思考［J］. 求知，2021（1）：51-53.

将“四史”教育融入高校思政课具有其历史必然性和现实紧迫性。在推动“四史”教育与高职院校思政课融合的过程中，首先要明确“四史”教育与高校思政课教学之间的关系，要按照国家相关政策落实“四史”选修课程，同时还要避免高职院校在具体执行过程中只是将“四史”教育与思政课简单配对。对于如何将中共党史融入“纲要”及“形势与政策”，如何在“概论”中阐述改革开放史，如何用“马克思主义基本原理”分析社会主义发展史都要有所侧重，否则就可能会导致学生对“四史”学习不深不透，“四史”与思政课教学“两张皮”。高职院校在具体落实过程中要明确思政课的教学大纲，统筹“四史”教育与思政课的侧重点，从“四史”中对相关历史经验进行统一编排，实现各门课程对“四史”内容的相互补充。

“纲要”本身就体现出了“四史”的很多内容，因此完全可以成为“四史”教育的重要阵地。作为一门思政课，在具体教学过程中要引导学生学会用历史的眼光来总结历史经验，领悟中国共产党为什么能够成功，社会主义道路为什么能够取得巨大成就，中国人民和中国共产党为什么选择马克思主义作为指导思想。只有领悟到这些之后，才能够引导高职学生进一步坚定对中国特色社会主义共同理想的信心。“思想道德与法治”主要围绕提升高校学生思想道德水平和法治素质来展开，在具体教学过程中可以借助“四史”的育人功能，对“四史”蕴含的各种精神谱系进行系统分析，将其融入“思想道德与法治”教学之中，进一步坚定高职院校学生的民族自信心和自豪感，坚定学生的理想信念。“形势与政策”主要是为了帮助高职院校学生理解当前国内外形势及国家出台的各项路线、方针、政策，通过对比分析的方式，更好地理解国家政策制定背后的原因，进一步增强学生对历史规律性的体悟。可以说，“四史”教育与思政课协同推进，符合当前思政课程改革的具体要求，也有利于培养高职院校学生学会用历史的眼光来审视历史的发展，进而抓住本质，抓住主流，有利于培养学生的大历史观，增强高校学生对中国特色社会主义制度、道路、理论和文化的认同。

教师可以结合思政课内容和特点，设置专门的“四史”教学模块，并围绕学生需求和教学目标编制“四史”教学专题讲义和辅助材料，使“四史”教育资源得到高效共享。其中，“纲要”课可以围绕“复兴”主题，更好地彰显中国共产党的奋斗精神，全面展示中国共产党带领全国各族人民在社会主义现代化建设道路上的伟大历程。“概论”课可以将“创新”作为主题，引导高职院校学生深刻地领会改革开放史创新的价值和意义，进一步坚定高职院校学生走中国特色社会主义道路的决心和自信。“马克思主义基本原理”与“思想道德与法治”课应将“信念”作为核心主题，全面阐述中国共产党的终极奋斗目标是实现共产主义，让高职院校学生了解社会主义在磨难中的曲折前进及时代意义。

（六）“习近平新时代中国特色社会主义思想概论”的融合教育

“习近平新时代中国特色社会主义思想概论”课程是培养大学生马克思主义理想信念的关键课程，对提升大学生综合素质起着重要作用。2020 年中共中央宣传部、教育部印发的《新时代学校思想政治理论课改革创新实施方案》明确指出，要在全国重点马克思主义学院开设“习近平新时代中国特色社会主义思想概论”课。这一课程就是要引导大学生系统、全面、准确地学习习近平新时代中国特色社会主义思想。

“习近平新时代中国特色社会主义思想概论”课对习近平外交思想、生态文明思想、强军思想、法治思想进行了细致入微的阐述，详细地介绍了习近平总书记关于中国特色社会主义政治建设重要论述、从严治党重要论述、总体国家安全观重要论述、“四史”学习教育重要论述及其他方面的重要论述。当代大学生通过这一课程的学习，能够更加系统地把握习近平新时代中国特色社会主义思想。“习近平新时代中国特色社会主义思想概论”课应从以下几个维度加以把握。第一是理论维度。“习近平新时代中国特色社会主义思想概论”涉及马克思主义政治经济学、马克思主义哲学和科学社会主义，当代大学生在学习过程中能够较为系统地接受马克思主义教育。第二是实践维度。“习近平新时代中国特色社会主义思想概论”涵盖了治国理政的各个方面，包含党的领导、文化、教育、民生、法治、政治、经济、科技、民族、宗教、国家安全、军队国防、生态文明、“一国两制”、统一战线、党的建设、外交等各个领域。第三是时间维度。“习近平新时代中国特色社会主义思想概论”贯穿了人类社会发展史、世界社会主义运动史和中华民族发展史，也包含了中共党史、新中国史、改革开放史，与“四史”教育具有一定的重合性。同时，课程用“八个明确”和“十四个坚持”对中国特色社会主义一系列基本问题进行了全面揭示。第四是空间维度。“习近平新时代中国特色社会主义思想概论”关注国内国际两个大局，对世界百年未有之大变局进行了系统阐述，对中国与世界关系进行了深刻论述，对中华民族伟大复兴战略全局进行了总体布局。

“习近平新时代中国特色社会主义思想概论”始终围绕实践目标，对如何实现中华民族伟大复兴中国梦、如何向第二个百年奋斗目标迈进进行了系列部署，从全球视角和历史纵深对如何建设社会主义进行了新的高度概括。习近平新时代中国特色社会主义思想理论严谨、科学、系统地回答了新时代如何坚持和发展中国特色社会主义这一时代命题，明确指出始终坚持中国特色社会主义是发展之基。新时代中国特色社会主义发展应将社会主义现代化强国作为目标。而要想实现这一伟大目标，就必须坚持马克思主义政党的领导。当代大学生学习“习近平新时代中国特色社会主义思想概论”，能够引导学生更好地理解习近平新时代中国特色社会主义思想对中国特色社会主义建设的规律性认知，更有助于引导当代大学生投身中国式现代化发展事业之中。

综上，“四史”教育引领高职思政课程群建设就是将“四史”教育内容有机融入各门思政课必修课程内容体系，同时有针对性地开设选修课程。在必修课程中，“马克思主义基本原理”着重阐述了马克思主义的世界观、方法论、辩证法、认识论和唯物论①，对马克思主义

① 夏一璞．习近平新时代中国特色社会主义思想十大前沿问题研究（2021）［J］．马克思主义研究，2022（1）：139-156.

进行了详细解读，还涉及人类社会发展史、资本主义发展史和社会主义发展史的相关内容，对高职院校学生理解马克思主义的历史背景及历史作用具有重要现实意义；同时通过对社会主义和资本主义的对比，凸显社会主义的优势。“毛泽东思想和中国特色社会主义理论体系概论”着重介绍了马克思主义中国化的巨大实践成就和理论成果，是马克思主义基本原理与中国具体实际结合的历史性阐述。其中包含了中共党史、新中国史和改革开放史等重要内容。“思想道德与法治”详细论述了社会主义思想道德与法治教育，在具体讲述过程中充分借鉴了中共党史、改革开放史、社会主义发展史内容，并围绕民族精神、时代精神、依法治国、服务大局等内容开展学生的思想道德与法治教育。可以说，在讲解过程中，很多内容都需要以“四史”内容作为基础来展开①。当前高职院校思政课程体系尽管在“四史”内容上有所侧重，但从本质上看具有紧密联系，因此在课程讲解过程中需要各科思政教师通力合作，既要做好课程衔接，也要做好内容的相互补充。如，可以将“马克思主义基本原理”中关于“共产主义崇高理想及其最终实现”的内容与“思想道德与法治”中的“共产主义远大理想”进行对照学习，进一步坚定学生对共产主义理想信念的认同。同时，“毛泽东思想和中国特色社会主义理论体系概论”和“马克思主义基本原理”与“四史”在很多内容上都是相近、相连的，因此从理论渊源看，三者出于一脉。“纲要”更多是“四史”的历史实践总结，而“思想道德与法治”与“四史”的爱国、爱党、爱社会主义具有一脉相承关系。理论溯源还需要历史实践证明，最后才能够发挥教育价值，因此在高职院校思政课程体系建设过程中既要做好“四史”教育的有效衔接，也要避免不必要的重复，造成历史学习碎片化、思想道德单纯说教问题。在具体教学过程中应从整体视域出发，以大历史观作为指导，推进“四史”教育与思政课程的深度融合，既要做到突出重点，也要实现全面推进。

---

① 熊建生，郭榆．新时代思想政治教育内容建设的新要求［J］．思想理论教育，2022（3）：59-65．

第三章　高职思政课融合发展之大思政课建设

2016年，习近平总书记在全国高校思想政治工作会议中指出，“其他各门课都要守好一段渠、种好责任田，使各类课程与思想政治理论课同向同行，形成协同效应”①，进而提出了“课程思政”这一重大命题，即以马克思主义方法论为指导，将思想政治教育核心理念、精神价值等元素融入各门课程，在潜移默化中塑造学生正确的世界观、人生观、价值观。大思政课的主题就是通过明确其立德树人的根本任务，厘清其独特的范畴关系，满足新时代的社会发展需求，彰显时代新人教育理念，强调思政育人方式的创新。要想打造具有高时效性的思政育人格局，就必须整合包括“四史”在内的各种思政教育资源，落实课程转换，引导学生将知识运用到实践，用实践来检验课程。大思政课的本质，就是在通晓大思政课内涵的基础上，以大思政课的理论逻辑和主要特征为切入点，发挥其启智润心的作用。

一、高职大思政课的内涵与特征

（一）高职大思政课的内涵意蕴

思政课在整个高等教育体系中一直受到党和国家的高度重视。中

① 习近平．把思想政治工作贯穿教育教学全过程 开创我国高等教育事业发展新局面［N］．人民日报，2016-12-09（1）．

国特色社会主义步入新时期，世界正在经历百年未有之大变局。为了实现中华民族伟大复兴，我们要深入思考思政课的具体方法论指导和其丰富的内涵，着力于为思政工作者及所有教育工作者提供可行性意见。要将大思政课的各项要素，“大”“思政”“课”进行拆解，分析这些要素之间的有机关系，进而发挥育人目标的合力。

1. 大思政课之“大”

作为大思政课的重要关键词之一，“大”所展示的是思政课所承载的新时代使命，突出了格局谋划、核心理念和全要素构思。这不仅推动了内容主体的多元化，更是教学资源功能拓展、教学形式发展创新、教学课堂全面理解、社会实践充分贯彻的具体体现。

第一，平台格局建设之“大”。新时期的大思政课涉及范围广、内容丰富、纵横交错，因此我们要摆脱传统资源的束缚，实行顺应生活秩序的直观性教学。立足于我国民族复兴的战略大计，将大思政课融汇于党和国家的政治坐标和体系之中，并以我国的国情为参考准则①。在具体操作上，通过教师队伍的调配，兼顾好各个主体，完善各项教学举措，充分调动社会大讲堂上的一切积极力量，吸引社会大众的广泛参与，健全同向协作的必要机制。

第二，影响力拓展范围之“大”。当前形势下的大思政课，凭借育人理论影响体系与实践影响体系之间的转换，突破了学校小课堂的时空限制，扩宽了知名度和话语权。同时，利用制度和政策的完善，精准契合高职院校的思政教育，实现德育一体化，并通过积蓄和关联更多的成功经验及经典案例，逐步形成常态化的推广机制，进而将其延伸为终身学习的思政大课，为全体学生指明前行的路。

第三，理论实践意义之“大”。我国坚持倡导的大思政课既要上升至“四个全面”的高度，也要延伸至“百年规划”的长度，要厘清其发展目标、价值理念、文化责任、时代使命。要把握好其重点和难点，将其融入社会生活之中，探索立德树人的教育价值，找到合适

---

① 石书臣. 深刻把握“大思政课”的本质要义［J］. 马克思主义理论学科研究，2022，8（7）：104-112.

的落脚点，强化思政教育的科学性、革命性和实践性。要主张自主学习，致力于将这些高职院校的学生培养为民族大业的承载者和领路人。

第四，教育工作者情怀之“大”。大思政课要求从业的教育工作者履行其对于学生的求学、处世、为人的表率义务，肩负起引导学生健康成长的掌舵人责任。要以师德模范、社会名师、学术泰斗、优秀教师等作为自身的为师典范，提升思政教师的道德素养、知识储备，坚定理想信念，夯实学生成长的基础。要丰富教育的主体，任何有德之人都可以是教育者，不仅是教师，亦可以是任何一个努力生活的平凡劳动者。通过展示他们的人格魅力和精神风范，构建高品质的“大”教育团队。

2. 大思政课之“思政”

作为大思政课的靶心所在，“思政”要将立德树人作为根本，对其教学范围进行厘定，进而表述课程本身的政治性和精神性内涵。同时，课程本身在运作的过程中还要展示其灵活性、生动性、感染力、共识性等。“思政”通过科学知识和价值导向之间的一致，提升学生的思想意识水平，为他们的健康成长奠定深刻的思想基础。要不断丰富思政课的精神内涵，将思政课的课程体系建设与党的核心目标及宗旨相统一，把握其理论精髓，内化于心，融会贯通，锐意进取。思政课的核心内涵就是其政治属性，这也是新时期发展趋势赋予大思政课的内在要求。人民性是我党执政方针和发展规划的教育落脚点，思政工作者要进一步提升政治觉悟，了解事关国家前途、人民幸福及社会长治久安的大事①。要强化学生对我党各项发展规划布局的认同感，瞄准我国百年大计的正确政治方向，坚定学生的“四个意识”，进而为我国不同阶段奋斗目标的实现贡献力量。

大思政课的教育主体要秉持德才兼备、以德育人的教育理念，通过知识、经验的传授激发学生对美好愿景的期盼，加强对高职院校学

---

① 杨增岽，赵月．善用“大思政课”：深刻内涵、时代价值与建设理路［J］．学校党建与思想教育，2022（5）：19-23.

生优秀道德素养的引导。在这一过程中，要注重学生的个性化差异，因材施教，从学生的实际情况出发，有的放矢进行差异化教学，使每个学生都能取长补短，获得最佳发展。要让学生感受到切实的关爱，主动服务学生的思政教育需求，并传播正能量，使他们在教师的体贴爱护中实现乐学、善学，加强师生间的互动。

大思政课要贯彻言传和身教的一致性，这样更能彰显教育的魅力。教育主体要领会思政教育的艺术美感，赋予其教学体系丰富的生命力和蓬勃力。当前，我国的社会形势复杂多变，在这次新冠疫情抗疫过程中，积累了大量的抗疫素材和光荣事迹，将这些汇入大思政课之中，增强课程的感染力。新时期的大思政课主要致力于化解学生思想意识上的疑问和困惑，阐释全面建成小康社会、实现共同富裕、维护社会和谐稳定的现实问题，通过引发学生情感共鸣和思考拉近与学生之间的距离，使思政课程能够契合时代发展动向和学生的现实需求。

3. 大思政课之“课”

为了避免大思政课教学过程中的概念泛化，要对课程实践主体的教育素材进行有效整理，在对“课”的把握上体现内容关联性、教学趣味性、形式创新性和空间灵活性。要择取其中具有教学价值的思政资源，关注学生的社会生活经历和实践体验，明确教育者的主导性，激发受教育者的主动性，更好地实现为国育才的教学目标。

注重教学内容的真实性和实用性。首先，新时期的大思政课要善于挖掘社会热点话题，引导学生通过正规的渠道去认识和看待世界。结合社会发展的形势，构建科学的知识内容框架和实践指导体系，通过对当前我国的发展实践进行合理的解读，让学生体验爱国主义、为国为民、以人民为中心的真实写照，避免理论的抽象乏味①。其次，将教学场域投放到社会生活之中。大思政课要始终坚持理论与实际的结合，将各种思政理念放置于社会生活之中。例如，疫情向中华民族的凝聚力和向心力发起了挑战，而我国人民通过坚定勇于战斗、奋勇

① 夏永林．“大思政课”内涵的多维探讨［J］．思想理论教育导刊，2021（8）：110-114.

向前的中国精神，谱写出了新时代、新征程上崭新的爱国主义篇章。通过将思政理念汇入社会生活之中，极大地拓展思政教育的空间场域，丰富学生的经验阅历，在社会实践中延续责任担当和民族团结的优秀品格。再其次，促进教师和学生之间的良性互动。教师要善于领会精神实质，通过丰富的理论充实学生的思想意识①。在大思政课堂上，要厘清思政理念和社会使命之间的逻辑关系。同时，要明确学生在学习教育中的主体地位，新时期的大思政课就是要激发学生的内驱力，使他们能够主动融入思政教育体系，提升其获得感和积极性，从而构建学生和教师之间的良性沟通机制。

注重数字化媒介工具的融合运用。网络信息化的发展，以及新媒体、短视频平台等教学形式的丰富使思政教育更加重视数据的汇总和分析，有助于教育工作者的精准施教，通过应用这些新的技术载体实现教学模式的优化创新。大思政课的教学转型要凸显其贯通性，将线上、线下的资源进行整合，通过智慧校园课堂建设的改革契机，实现思政教学空间的扩充，使之更为生动、鲜活、清晰，促进思政教育更深层次内化，将传统教育模式下的单向传输转变为多元化的反馈渠道和互动机制。大思政课强调的是知行合一，旨在培育学生掌握知识的综合能力。而其实践目标则更倾向于沟通性和分享性，通过理论剖析、案例讲解等形式实现教学手段的创新②。尤其需要注意的是，现阶段的大思政课要不断挖掘和了解党和人民在奋斗实践过程中积聚的巨大能量，进而推动高职院校的学生在知行结合的理念指导下实现德育教育的内化于心、外化于行。

4. 大思政课的应有之义

新时代大思政课通过对各项要素的拆解，以更清晰的视角捕捉思政课的“教”与“学”的优化组合及核心要义。同时，思政课是我们立德树人的重要课程，课堂教学是其根本性渠道，因此要重视“大

---

① 高静毅. 接受视角下“四史”教育入脑入心的思政课教学研究［J］. 学校党建与思想教育，2022（7）：42-45.

② 宫长瑞，张乃亮. “大思政课”的基本内涵、显著特点与发展路径［J］. 中国德育，2021（19）：16-20.

课堂”和“小课堂”的叠加效应，利用对学生认知规律和行为习惯的了解，将教学目标、教学过程及实践效果相统一，致力于培养时代新人。首先，占据思想育人的高位。思政教育的本质是将先进、科学、与时俱进的思想传授给学生，立足于马克思主义赋予我们的中国特色社会主义的时代精神，引导学生固本培元、守正创新。其次，拓宽知识视域的范围。在当前国内外不断变化的政治、经济局势下，我们要密切关注国内外局势的最新动向，客观认识这些要素在国际发展与互动中对我国产生的影响，加强科学知识的具体化掌握，以便帮助学生丰富学识，同时提升教师的所见、所闻、所感。再其次，丰富艺术育人的形式。要在大思政课程内容中注入具有艺术性的教学方法，通过强化学生的人文关怀和艺术陶冶，增加他们对我国伟大时代精神的感悟，在教学中更好地展示时代精神的吸引力和趣味性。同时，结合不同时期的发展时势，增强与学生之间的同频共振，通过真实的体验使学生在理想信念中完成自我提升。最后，肩负价值引领的重任和培育时代新人的重任。思政教育工作者要以德施教，领悟社会大课堂的深刻要义，在自身的道德建设中潜移默化地为学生的品行端正树立榜样，不仅要在课堂上，更要在实际生活中引导学生严于律己、德才兼备。同时，将提升学生的综合素养、塑造可担时代重任的全面性人才作为思政教育的最终落脚点，向学生阐述百年奋斗大计的建设规划，深入贯彻新时期大思政课的短期目标和长效机制的融合。

（二）大思政课的显著特征

大思政课的善用，要立足于多主体协同、多场景结合、多形式创新，与发展现实相结合，在宏观的视野下，将思政教育与社会生活相结合。针对新时代思政课程改革的基本要求，准确把握大思政课的思想性、理论性、时代性、针对性、实践性等基本特征。

1. 有效把握大思政教育的系统优化，提升其针对性

思政教育是对各个教育要素的整合与汇总，通过对教育要素进行系统优化，发挥联动作用；通过校园、家庭、社会之间的相互作用，形成视野广阔、渠道多样、配套设施完善的保障机制。此外，要注意

明确大思政课的针对性。当前的青年是处在发展变化之中的，他们的心思、想法都具有多变性，对此，我们要以具体问题为导向，开展具有针对性的专题教学。首先，教学对象的针对性。根据高职院校学生的个体差异，不仅要重视各个环节思政元素的嵌入和主流意识的引领，也要兼顾理论传输的趣味性，寓教于乐、生动活泼、引人深思。其次，教学内容的针对性。以先进的技术和精巧的理念为支撑，对教学内容进行全新的改革和包装，紧跟时代步伐，对学生当下的现实问题给予正面、积极的回应，使教学内容可以触及最真实的社会现状①。最后，教学手段的针对性。在开展大思政课教学的过程中，要注重寓教于景，强化主题式、引导式教学方法的应用。用学生容易接受的方法，将空洞化的理论知识融入我们的实际生活中，提升学生的认同感和满足感。此外，还要充分尊重学生的主体性，使学生能够主动参与到大思政课的教学之中，拉近学生与课程之间的距离，增强理论知识的亲和力。

2. 精准把握大思政教育的意识形态，强调其思想性

思政教育的基本特点就是其高度的思想性，大思政课要了解和掌握学生的思想特点，回归其思政教育本身。同时，要创新思政要素在课堂教学中的表现形式和表达方式，通过意识形态领域教育功能的彰显，坚定其鲜明的政治立场，使教育视野更加开阔，实现横向与纵向的联结。通过教学过程和教学结果的感知反馈，激发学生的积极性，使他们能够在丰富生动的理论和实践中形成一种双向交流，端正其价值取向，体现思政教育的渗透性和潜在性。通过思政育德将正确的意识形态延伸至各个空间视域内，使其更加生动而充满活力，使学生产生更多的思想共情，用先进的文化滋润人，强化其价值取向和心理自信。大思政课要始终坚持爱党育人的初心，营造良好的教学氛围，增强学生在社会主流意识形态中的归属感。

3. 充分把握大思政教育的历史与未来，认识其时代性

新时代的大思政教育不仅有历史的沉淀，更有我国百年奋斗目标

---

① 王资博．新时代“大思政课”的涵义、特性与价值研析［J］．中共南宁市委党校学报，2021，23（5）：16-21.

的长远规划。因此，我们要抓住高职院校学生教育的关键契机，通过讲好党的故事、革命事迹等，让学生了解我们祖国成长的历史必然性，同时为我国远景目标的实现提供强大推动力。首先，大思政教育时代性的体现一定要与现实相结合，在社会生活中发掘宝贵的教育资源。要明确大思政课的时代背景，引导学生用发展的眼光客观、理性地分析当前社会变局之下的机遇和挑战，冷静地分析自身的优势和不足；及时了解学生的思想困惑。要让学生在我国民族复兴大业践行的过程中构建社会主义大格局，通过将我国的发展历史与全球发展史的交叉对比，让学生感受到生动的思政教育之光。其次，要善于将思政教育嵌入具体的时代发展事件之中，让学生全方位领略中国特色社会主义的“好”。最后，要以时代特点为延伸依据，将新发展理念有机融入新时代的大思政课，促进教学目标的达成。

4. 深入把握大思政教育的科学理性，倡导其理论性

鉴于大思政课所传递的时代责任，我们要将理论知识讲得明白透彻。贯彻大思政课的课前、课中及课后的精细化、创新化设计，以便满足高职院校学生成长和发展的需求，在润泽心灵的过程中将感性认知转化为理性认知。大思政课具有培养时代新人的重要使命，对此，我们要精准研判教学对象的思想和心理变化，用真情实感的力量引导学生。理论思维是思想政治教育的关键特质，为了深入把握大思政课的理论性，要透彻分析马克思主义这一科学理论的教学价值，在丰富的社会资源中寻找构筑理论的基石，使学生在理论教学中感受理论思维的力量。要将思政“小课堂”与我国基本发展现实的“大课堂”进行有机衔接，使学生能够充分利用马克思主义的优秀理论指导具体问题，关心社会发展，坚定中国特色社会主义的根本立场①，在理论与现实的不断碰撞中，进一步提升自身的思想境界，将爱国情怀与强国志向紧密融合，为我国社会主义现代化事业的发展建设贡献力量。

5. 全面把握大思政课的实际应用，坚持其实践性

现阶段的大思政课不仅传承和弘扬了传统思政教育的基础性功

① 张士海. 关于“大思政课”建设的几点思考［J］. 马克思主义理论学科研究，2021，7（7）：105-112.

能，也包含传统思政课堂的基本元素和重要步骤，要促进理论教学和实践优势发挥并重。马克思曾经强调过，整个社会生活的核心就是实践。这亦是思政课的一个重要特点。新时期的大思政课要贴近生活，避免其应用性被虚化，从而脱离现实。首先，要学会洞察党和国家各项热点时事及各个重大教育改革活动契机，有效应用这些“活教材”。例如，北京2022年冬奥会期间的各项志愿活动，使广大学生切实感受到了奥运队员们永不放弃的精神理念，以及全体国民在全面抗疫的过程中所展示的决心与能力。这些现实活动都可以通过组织学习、体验分享、感悟交流等形式，进一步鼓励学生投身于社会实践，通过课堂学习和社会实践的结合，实现学以致用。其次，积极挖掘具有区位优势的人文资源，将之融入大思政课堂。例如，在一些红色资源或者民族文化丰富的地区，通过开展实地演绎教学，带领学生们身临其境地步入这些文化情境之中，在感知民族文化魅力的过程中，增强民族认同感。最后，将思政课程与专业课程相衔接。例如，医学类学生参与各类志愿服务的过程，不仅是对自身专业知识的考验，更是通过领会实践精神接受来自社会生活的思政教育洗礼，同时不断强化自身的专业素养的过程。

二、中共党史融入高职大思政课

中共党史是我党最宝贵的财富，是我党的重要精神支撑，更是最丰富、最生动的思政教育资源。将其融入高职院校的思政教学体系中，不仅是发挥思政课立德树人基本作用的必然要求，更是增强思政课实效性的内部需要，是帮助学生防范历史虚无主义的重要手段。这就要求高职院校要以党史资源为依托，深挖精神内涵，详细地阐明中共党史基本理论，增强文化自信，坚定理想信念，促进党史教育丰富的精神谱系在大思政课程建设中的高效融入，发挥党史育人价值功能。

（一）中共党史教育的内容逻辑

中国共产党肩负着我国民族复兴的伟大使命，党史教育与高职大思政课在教学目标、教学意义上具有一致性，充分彰显了中共党史融入大思政课的理论依据和其可行性，体现了以人民为中心的发展思想①。因此，我们要从历史逻辑、现实逻辑和理论逻辑等角度出发，进一步深化理论研究、挖掘党史中的教育元素，为党史教育融入大思政课提供理论支撑。

1. 历史逻辑

中共党史是记录我党领导人民在革命斗争中实现民族振兴和社会转型等一系列成就的重要载体，中共党史文化学习能够为大思政课程提供丰饶的文化土壤。

我国领导人一直以来都格外重视中共党史教育。毛泽东曾指出："如果不把党的历史搞清楚，不把党在历史上所走的路搞清楚，便不能把事情办得更好。"② 邓小平也曾表达"怎样研究党的历史，总结经验教训，教育党员，这是一个很严重的问题"③，并强调我党最宝贵的财富就是其成长历史，无论是成功的经验还是失败的教训，对我党来说都是弥足珍贵的④。此外，江泽民同志与胡锦涛同志都曾表明，党史是我国教育青年、培养接班人、坚定党员干部实事求是、改革创新的鲜活教材⑤。步入新时期之后，以习近平同志为领导核心的中共中央依然十分重视党史教育，将之作为立足现实、面向未来和推动社会主义各项事业发展的一项重要工作，"学习党史、国史，是坚持和发展中国特色社会主义、把党和国家各项事业继续推向前进的必修

① 陶思睿，邓集文．党史教育融入思政课：逻辑与路径［J］．湖南人文科技学院学报，2022，39（3）：116-121.

② 中共中央文献研究室．毛泽东文集(第二卷)［M］．北京：人民出版社，1993：399.

③ 邓小平．邓小平文选（第一卷）［M］．北京：人民出版社，1994：345.

④ 邓小平．邓小平文选（第三卷）［M］．北京：人民出版社，1993：234.

⑤ 中共中央党史和文献研究院．毛泽东邓小平江泽民胡锦涛关于中国共产党历史论述摘编［M］．北京：中央文献出版社，2021.

课。这门功课不仅必修，而且必须修好。”① 对于我党来说，党史就是帮助我们成长最好的营养剂。

将党史融入大思政课是我党的光荣使命。新中国成立初期，我国高校思政课程首次将“新民主主义论”列入文科院校的公共必修课，这正是党史教育的基本雏形。此后在 1959 年，国家明确规定了要在各个高校增设党史教育的公共必修课。到 1961 年，教育部开始致力于将党史教育融入全国各个高校的思政教育体系中。之后又逐步经历了将“中共党史”更名为“中国革命史”，后又变更为“毛泽东思想概论”的阶段。同时，为了进一步深化和拓展我国的党史教育，又增设了“中国近现代史纲要”。2019 年，在有关新时期思政课程改革的相关意见中，各个高校的大思政课程创新改革，又融入了“四史”的课程模块建设。

2. 现实逻辑

中共党史教育的意义巨大，但是目前随着多种意识形态的席卷和误导，当代学生的成长环境面临着严峻的挑战，党史教育的作用被弱化。因此，我们要在解决这些发展困境的基础上，探索党史教育融入高职大思政课建设的现实逻辑。

首先，摆脱党史教育脱离教育改革发展的现状。在当前思政课程教育体系中，存在党史教育整体占比较低且受重视程度不高的建设弊端，导致现有的思政课程难以满足党史教育的需求，从而导致了学生对党史认识的片面化，缺乏对党史的情感黏性②。所以，要正面传递党史育人的重要价值，让高职院校的学生能够增强“四个意识”和国家共识，端正并形成积极的党史观。其次，保障思想意识形态领域的安全稳定。随着我国对外开放步伐的加快，我国的意识形态表现样式日益复杂，很多具有错误导向的价值理念对广大学生群体带来了很大的影响；一些西方国家利用这一机会刻意歪曲中共党史，传播负面价

---

① 习近平. 在对历史的深入思考中更好走向未来 交出发展中国特色社会主义合格答卷 [N]. 人民日报，2013-06-27 (1).

② 路成浩，龚超. 党史学习教育融入高校“大思政课”的实践路径 [J]. 学校党建与思想教育，2022 (7)：72-75.

值信息，企图通过否认客观事实动摇党的领导地位。这些历史虚无主义的观点对我国高校学生的意识形态建设构成了非常大的威胁，严重影响了高校思政教育的健康稳定。而党史教育的重要目标就是通过抵御这些不良价值观的冲击，让学生全方位了解党史的真实发展历程，进而丰富和充实他们的爱国主义情感，通过强大的民族信心来保障意识形态领域的安全。最后，维护高校学生成长环境的优化与健康。网络信息技术的普及、智能系统、5G通信、新媒体和短视频平台的流行和推广，使得网络成为这些青年学生获取信息和了解世界的重要途径。网络环境中涉及党史的描述内容良莠不齐，同时这些网络新媒体的普及在一定程度上弱化了传统思政教学体制下教师的权威性，进而造成了很多青年学生对党史的了解缺乏真实、客观的佐证，导致他们的理想信念感不强、价值观树立存在偏差。因此，将党史教育融入大思政教学体系中可以帮助他们更加全面认识党史。

3. 理论逻辑

与普通范围内的历史教育不同，中共党史教育立足于马克思主义的理论基础，新时代党史教育与大思政课建设的深度融合能够极大提升思政课的实效性，有助于夯实我党解放思想与实事求是的理论基础，更能展示我们固本培元及守正创新的一致性，切实体现马克思主义改变中国和世界的坚强力量。马克思、恩格斯在《共产党宣言》中指出，要重视工人群众教育的迫切性。中国共产党人要在工人阶级中积极弘扬社会主义和共产主义，并以此为依据在全国范围内有层次、分步骤地教育国民，使其通过总结历史实践经验来学习我党的成长史。用党史教育当代学生是现阶段思政教学改革的重要方向，结合恩格斯的论点："每一个时代的理论思维，包括我们这个时代的理论思维，都是一种历史的产物，它在不同的时代具有完全不同的形式，同时具有完全不同的内容。"① 理论知识的充盈和丰厚，有助于我们更好地帮助青年学生形成正确的价值观。通过马克思主义在我国的发展

① 中共中央马克思恩格斯列宁斯大林著作编译局. 马克思恩格斯选集（第四卷）[M]. 2版. 北京：人民出版社，1995：284.

所汇集而成的党史，来丰富新时代思政教育的建设格局。

（二）将中共党史教育融入校园教学体系

要履行大思政课“第一课堂”的教育职能，恪守教师的育人责任，坚持课堂上的理论教学和校园内的实践活动有机衔接，全面重组校内的思政教育资源①。要遵循学生学习和成长的客观规律，依照个性化的标准，将党史教育通过学生易于接受和容易理解的方式融入大思政课程中。

1. 合理设计教学内容，展示思政课堂的主渠道价值

要充分唱响思政课堂的教育主旋律，对党史教育融入思政课程进行系统化的设计。各个高职院校要深入理解党中央关于党史学习教育动员大会上的重要精神，清晰阐明党史学习教育工作的重点和难点，合理设计教学内容。其一，要全面提升高职院校思政教学的质量，将党史教育融入思政教学体系之中，促进学科之间的互补，这有助于资源共享。同时，要及时将党政理论创新的相关决策融入日常教学之中，以便提升课程理论的时效性。此外，要不断优化和升级课程架构，对思政课中党史学习的相关内容进行补充，对党史中的重要事迹和人物进行细致讲解，提高思政课的亲和力，从而巩固党史教育的优势地位。其二，要将党史课程纳入马克思主义理论和思想政治教育的专业课程体系之中。同时，对于其他专业来讲，也要适当将党史类的课程作为重要选修课程进行开设。高职院校要对党史相关的教育资源进行整合，再结合本地或本校在党史教育方面的优势，精心设计教学方案，合理部署调整实施。要准确把握党史学习教育的教学目标、课程内容、课程媒介，立足于教学实际，结合学生的个性化特点，满足学生的需求，提升课程的吸引力，增强党史育人的成效。其三，要注重发挥学生在党史学习教育中的主体地位，引导他们在课堂上发表想法，激发其学习的主动性，使其成为课堂的主人，帮助他们深入理解

---

① 谢礼炮．党史学习教育融入思政课的路径研究［J］．武汉冶金管理干部学院学报，2021，31（3）：58-61，65.

和掌握党史学习的内涵和意义。其四，强化党史教育师资力量建设，构建一支高素质的教师队伍，为高质量的党史教育奠定人才基础。要积极组织教师集中学习党中央的重要方针政策，开展集体研讨交流，提升教师的党史教育意识和研究能力，通过持续考察和实践，推动党史教育的深化改革。

2. 拓展其他课堂教学，挖掘隐性教育中的党史资源

早在2019年年初，习近平总书记在全国高校思政理论教师座谈会上就曾指出，要贯彻执行显性教育和隐性教育相统一的教育模式，探索和发掘其他课程和教育模式中所蕴藏的思政教育资源，落实多层次、多角度的育人计划。2020年，教育部印发的《高等学校课程思政建设指导纲要》强调要将思想政治教育嵌入整个人才培养机制中，发挥教师的主导价值，展示课程设计的总载体功能，体现课堂教学的“稳定器”效果，使校园内的所有课程体系都肩负好其育人责任，构建各类课程与思政课程协同发展、相互促进的科学局面。要利用好党史这一关键性的思政教育元素，在全国党史教育的视域内，保障教师团体能够充分吸收这些思政要素，在准备专业课程内容的过程中融入思政教育内容，实现学科资源、学术资源和思政育人的有机融合。在专业教学体系中，通过借鉴党史案例和人物事件，丰富党史教学的生动性，使党史知识及思政元素有机融入专业知识教育中①。

3. 丰富校内“第二课堂”，充实学生的课外校园活动

青年群体要成长为国家的栋梁之材，不仅要读万卷书，更要积累丰富的实践经验。校园活动和实践是学生教育的“第二课堂”，对开阔学生的眼界、丰富他们的生活、增强他们的能力具有重要作用。校园“第二课堂”主要是学生自发组织开展的校园活动，是实施德育的重要载体。校园活动由教师协助给予补充建议，可以充分发挥这些学生群体自我管理、自我成长、自我发展的基本功能。首先，可以将党史文化融入学生的课外理论研究活动中，通过良好的实践活动来帮助

① 孔鹏文，牛贺源，坎迪叶·阿尔肯，等. 新时代高校推进党史学习教育的三维思考［J］. 襄阳职业技术学院学报，2022，21（4）：116-119.

他们树立正确价值观，唤醒他们崇高的社会责任感和使命感。其次，在学生文艺活动中充分弘扬和宣传中华民族的优秀文化、党史经历和革命精神，发挥党史育人的实践价值。可以举办红歌传颂、话剧表演、优秀党史戏曲等节目，通过在各个高校的巡回演出，吸引更多的学生积极参与“第二课堂”，提升他们的审美情操、人文素养和爱国情感。最后，丰富校园教育形式，结合党史教育的心得与学生亲身实践，举办校园相关作品大赛，如党史绘画比赛或者摄影、短视频拍摄竞赛等，在这些活动中潜移默化注入积极、正确的理想信念和价值观引领的相关内容，通过“润物细无声”的示范和熏染，使党史教育融入思政教育体系中。

4. 挖掘网络教育元素，实现线上线下的教育融合

党史教育融入大思政课要坚持线上线下相结合，借助新媒体技术和移动通信手段使思想政治工作能够变得更加生动，提升思政教育的趣味性和吸引力。因此，各个高职院校要善于利用网络思政元素，正确引导舆论，通过讲好党史故事来弘扬中国精神。首先，构建校园网络思政平台，以便在网络意识形态领域掌握主动权。要加强互联网思政教育媒介的建设，通过开设师生互动网络社区、官方账号、专业学术资料查询网站等相关网络平台，拉近党史教育与青年学生之间的距离，通过他们喜爱和乐意接受的形式开展思政教育。随着我国经济的发展，人们对精神生活的多元化追求越来越强烈，再加上当前新媒体的盛行，提高了党史教育融入网络载体的紧迫性。因此，要在大学生获取信息的主渠道内宣扬我党的革命事迹，帮助大学生在不同意识形态的冲击下坚定正确的价值观。其次，高校要通过网络平台与全国各地的教育领域形成合力，在发挥网络媒体教育的教学、娱乐等多重功能的基础上，激发网络思政的内驱力，营造健康、向上的网络氛围，净化网络空间。最后，要将思政教育延伸至大学生活动的各个领域内，在校园意识形态建设的过程中，通过微信、短视频等形式与学生互动。例如，可以将党史知识、党史事迹、英雄人物等利用信息传输、服务推送等形式投放到短视频或微信公众号平台上，使这些学生在学习之余也能接受思想政治教育。

（三）将中共党史教育延伸至社会大课堂

党史教育与思政课程建设融合的重要目标之一就是在实践中将学习到的知识作用于我国的百年奋斗大计和民族复兴大业之中。因此，我们要帮助学生学会在实践中掌握党史精神的内涵，通过亲身经历来增强社会责任感，提升实践能力，丰富家国情怀，培育和践行社会主义核心价值观。

融入实践活动。在中共中央办公厅、国务院办公厅联合印发的《关于深化新时代学校思想政治理论课改革创新的若干意见》中，指出了要始终坚持“打开门教思政”，将思政教学和社会实践活动相结合，贯彻党政机关、事业单位等与高校的精准对接，构建思政实践教学基地，健全思政课的实践教学体系。要促进高职院校的学生在社会实践中了解党史的基本情况，提升其受教育水平，从而为国家的发展做出更大的贡献。首先，各个高校可以与当地政府、相关企业及其他社会团体等进行合作，通过毕业生实习、在校生实践的形式带领学生迈出校门，在丰富的社会实践中了解我国社会发展和现代化建设过程中存在的思想意识层面的不足及阻碍经济繁荣的因素，从而激发这些青年学生敢于进取、不怕困难的内驱力，使其将自身的发展与国家的兴旺相结合，在爱国情怀的驱使下，实现自身的成长。其次，各个高校可以组织在校生走进社区、基层、乡村等地，通过考察走访和宣传调研等实践活动，向社会大众普及党史和国情的相关知识，用理论指导实践，充分彰显社会主义新中国和我党的优秀品质。

参与志愿义务活动。在我党的各届会议中，多次强调了要通过提升社会的文明程度来落实我国国民经济和社会发展的长远规划，逐步形成符合时代发展要求的思想意识、精神品质和文化素养①。首先，构建完善的志愿服务机制，积极拓展各类志愿服务活动。依据党史教育实事求是、主动进取的教学宗旨，鼓励在校学生踊跃参与各类志愿

① 陈盛兴，杨平.“四史”教育长效机制的构建［J］.学校党建与思想教育，2022(16)：74-76.

行动，在社会实践中充实自身，亲身践行五四精神、“两弹一星”精神、西柏坡精神及北大荒精神①。通过这些时代精神，唤醒青年学生的百年记忆，领会这些宝贵精神财富的深厚意蕴，使之焕发出更为灿烂的时代光辉，以此来激励这些有志青年通过志愿服务投身到祖国最需要的领域和地区，实现自我价值的升华。其次，组织高校学生参与党史知识和时事政策讲解传授的志愿实践，使学生在讲好党的故事、弘扬党的精神的过程中，通过自身的专业能力和文化素养为普通群众提供高效服务。

参观红色教育场馆。综合分析各类教育模式可以得出，越是直观、具体、形象的教育模式越能加深学生的印象，在党史教育形式中，首先深受广大师生喜爱的就是观摩型的教学体验，例如一些好评如潮的影视作品。可以通过观赏这些优秀作品，及时组织学生抒发观后感。其次就是实践型，例如参观文化馆、战争遗址等，建立校外党史教育实践基地。在这一过程中，可以通过相应的培训，使一些学生成为场馆的讲解员，调动学生参与实践的积极性。对学生在体验和观看时存在的疑惑要及时解答，保障党史学习教育的深刻性和全面性，使党史知识能够入脑入心，进而使学生树立共产主义的远大理想和抱负，加快其自身的成长，使他们在实践活动中激发爱党爱国的深刻情怀。

开发社会网络平台。2021 年中共中央、国务院联合印发了《关于新时代加强和改进思想政治工作的意见》，指出要加强网络思想政治工作，创建党史学习教育网络实践基地，通过加深网络传播效力，提升思政教育的传统优势与现代化信息技术的有机衔接，助推思想政治工作增量发展②。例如，新冠疫情期间，人民的团结一心显示了全国人民不畏艰难、连日奋战的决心；时任华为首席财务官孟晚舟安全回国，意味着美国“长臂管辖”打压我国企业的阴谋彻底失败。这些

---

① 苏妙玲. 线上与线下相结合，推动党史学习教育入脑入心［J］. 卫生职业教育，2022，40（15）：33-35.

② 中共中央国务院印发《关于新时代加强和改进思想政治工作的意见》［N］. 人民日报，2021-07-13（1）.

鲜活、有力的热点案例，在网络上引起了热烈的讨论，赢得了亿万同胞的喝彩，它们无一不彰显了祖国的强大，也坚定了青年学生的理想信念。此外，借助校企联合的形式，共同研发党史教育融入大思政课堂的实践教学软件，例如党史学习数字图书馆、专题网站等。通过引入科学的评价机制，保障融入的顺利开展和高效落实，借助大数据、区块链等信息化手段充分评估学生对党史内容的吸收情况，为社会实践这一系统工程提供技术支撑。

三、新中国史融入高职大思政课

积极开创新中国史研究的新局面，是新时代坚持和发展中国特色社会主义的迫切要求。推进新中国史的纵深研究要坚持透过新中国史去看新中国发展的逻辑和主线，遵循历史性、整体性和发展性的原则。将新中国史置身于历史长河之中，通过总结基本经验，发掘历史联系，并尊重历史事实，不能忽视其差异性，要善于用发展的眼光看问题，防止碎片化和片面性。

（一）新中国史的内容厘定

习近平总书记一直强调，中共党史、新中国史学习是我国贯彻中国特色社会主义，将党和国家各项事业不断向前推进的一门必修课。习近平总书记的这一重要论述，对激励广大青年学生群体凝聚青春力量，积极投身中国特色社会主义伟大实践提供了根本遵循。新中国成立 70 多年来，不仅坚守着党的初心和使命，更见证了中国人民的艰辛创业，在这一过程中取得了举世瞩目的耀人成绩，为新时代青年学生的思想政治教育提供了宝贵的历史智慧财富。

1. 透过新中国史把握新中国发展的逻辑和主线

新中国史是中国共产党人团结和领导全国各族人民奋力建设和发展新中国的客观记录，是我们共产党人用以把握共产党执政规律、社会主义建设规律、人类社会发展规律的一本“百科全书”①，不仅记录了我党对历史认识的持续深化，更记录了新中国现代化文明程度的提升。中国共产党人通过不断总结和反思，持续沿着正确的历史发展方向前进。中华人民共和国70多年的历史就是我党近百年的奋斗史，从中能够弄清楚我党从哪里来和到哪里去，了解新中国史是怎样建立和发展起来的。新中国史的主要脉络之一就是为实现国家繁荣富强和人民生活幸福而持续奋进。70多年的砥砺前行，使我国发生了巨大的变化，其决定性因素就是在中国共产党的领导下始终坚持中国特色社会主义。

新中国的成立彻底结束了我国半封建半殖民的历史，以毛泽东为核心的第一代党中央代表将马克思主义的基本思想与我国具体国情相结合，确立了社会主义基本制度，这是中国历史上最宏伟的社会革命。中共十一届三中全会之后，我们成功开辟了中国特色社会主义的发展道路。自党的十八大以来，以习近平同志为核心的党中央始终坚持推进民族复兴，实现伟大理想，使党和国家的发展事业迈上了新的台阶。新中国的成立标志着中华民族已经站了起来，改革开放使我国进一步顺应了时代发展的潮流。中国共产党不断创新党的理论，坚持通过理想信念的武装，将中国发展实际和世界大势相结合，用实际行动映射出了发展中国特色社会主义的历史必然性。未来，我们也必将朝着更为远大的目标踔厉奋发、赓续前行。

2. 新中国史内容研究的基本原则

中国特色社会主义新时代是我国百年大计的重要实践起点，更是我们全面建设社会主义现代化国家这一新征程的重要研究对象②。对此，我们要始终坚持从历史实际出发，将其作为新中国史内容厘定的重要依据，坚持全面看待历史，注重历史的连续性和整体性，同时坚持贯彻发展性的论点，避免片面性。

---

① 易新涛. 新时代深化新中国史研究的基本遵循［J］. 理论月刊，2021（6）：31-38.

② 柯统佳. 文化自信与新时代中国特色社会主义文化创新方向研究［J］. 文化创新比较研究，2022，6（16）：183-186.

首先，连续性原则。要将新中国史置于历史长河之中，清楚认识到这一历史有助于实现中华民族的生生不息，以及开启迈向美好未来的新里程。中国共产党创造性地将马克思主义和我国的发展实际相结合，创建了具有中国特色的创业史和奋斗史。新中国70多年的历史与中共党史、社会主义发展史、改革开放史是一脉相承的。我们要客观认识新中国成立初期国内国际的历史环境和时代挑战，深入还原这一时期的历史场景。要清晰地展现不同阶段新中国的历史进程，明确各个时期所面临的发展问题的差异性和特殊性，系统、全面展现这70多年生动鲜活、升腾跌宕的历史画卷。在这一历史进程中，各个历史条件和历史因素之间是相互作用和相互联系的，各个历史事件和历史变革之间也是相互影响和有机统一的。只有做到全面整理和分析这些历史经验，才能从这些历史知识中吸收养分，强化历史规律的引导，领悟历史发展的大势，自觉肩负起实现中华民族伟大复兴中国梦的时代重任。同时，我们要正确认识历史进程中走过的弯路，总结教训，从客观实际出发，加强唯物史观的指导，让历史发声，用事实说话，维护中华人民共和国的利益和荣耀。

其次，整体性原则。新中国史研究要坚持整体性原则，探索在这70多年的历史进程中，各个行业和领域的基本规律和共性经验。一方面，要突出全面性，根据思想、历史、经济、政治、文化、外交等各个方面，通过对其归纳和总结，多角度、多层次反映新中国的历史性变革，展现新中国史的全貌。新中国社会制度改革和创新的各个阶段，由于历史环境不同，其指导思想和奋斗目标也存在差异。不过每个历史阶段之间也具备一定的逻辑必然性，新中国规划和发展的整体过程是持续的。另一方面，要重视宏观性，不仅要关注新中国发展进程中的重要问题，还要重视对新中国进行综合性的考察。通过对一些典型事件或先进个体的深入分析，精准厘清我党领导人民进行社会建设、改革的实践经验和发展轨迹。此外，在坚持整体性原则的同时，也要避免否认差异性，防止碎片化。整体是具有多样性的，只有尊重差异性，才能更好地把握整体性。新中国的70多年历史是由不同阶段构成的，每个阶段所面临的环境和条件存在一定差异，不同成就和事件所产生的影响也各不相同。同时，新中国的发展是由众多因素互相作用的一个有机过程，并不是各个“碎片”的简单叠加，是一个协调统一的整体。在我们学习和研究新中国史的过程中，要对这些历史“碎片”进行细致整理，不能拘泥于一个个细节和个案，要正确处理好全局性和区域性的关系，以及整体性和差异性的关系。

最后，坚持发展性原则。尽管历史的发展时常要经历波动式或崎岖式的前进，甚至偶尔还会出现倒退，但是其总体上是不断向前发展的。新中国史的教育和研究也必须坚持发展性的原则，一方面，要准确把握新中国发展的主旋律，强调以史为鉴、开拓未来的重要性，为全面建设社会主义现代化国家和实现中华民族伟大复兴提供理论依据。新中国成立的 70 多年里，历史的主题就是特定阶段内的社会基本矛盾和发展目标的体现，而历史的本质就是我党领导人民进行社会主义建设活动的根本属性。我党始终坚持以人民为中心，及时回应各个利益主体的时代需求，最大限度激发社会创造力和影响力。另一方面，要善于用发展的眼光看问题，在不断发展中解决问题。面对新中国史中出现的失误或挫折，我们要进行持续深入的引导和反思，要清醒认识到历史发展的连续性，不能故步自封，要不断奋勇搏击，继续前进。在这一过程中我们要把握主流，反对片面化，分清主要矛盾和次要矛盾。要注意避免盲目夸大发展中的问题，避免对中国社会主义的政治立场产生动摇。要正视问题，抓住影响事物发展的根本性症结，精准找到改革的痛点和难点。要避免陷入思维定式，要战胜不敢创新、不顾现实的畏惧心理，勇于突破自己，提升自省和自查的意识和能力，这样才能更好梳理新中国史的发展脉络和趋势。

（二）面向高职学生开展初心使命教育

思想政治教育是向青年学生传播正确观念、实现人生理想的重要方式。它用新中国这 70 多年的拼搏经验和伟大成就，引领和启迪着广大的青年学生在新中国史的学习中实现自身铸魂、明理的独特价值。

1. 新中国史的伟大成就铸就了新时代的爱国主义情怀，增强政治自信

习近平总书记曾指出：“要了解我们党和国家事业的来龙去脉、汲取我们党和国家的历史经验，正确了解党和国家历史上的重大事件和重要人物。”① “历史是最好的教科书，也是最好的清醒剂。”② “多重温我们党领导人民进行革命的伟大历史，心中就会增添很多正能量。”③ 70 多年来，我党创造出了大量的宏伟业绩，我国的社会经济发展迅速，人均可支配收入不断增加，不仅消除了绝对贫困，也在迈向共同富裕的道路上越走越宽。青年学生是未来社会发展的中坚力量，通过对新中国史融入大思政课的学习，他们能够形成对祖国强大的归属感和荣誉感，能够清醒认识到自身肩负的历史使命，明确中国共产党的坚强领导是新中国成立 70 多年来我国成长和进步的政治前提。高职院校的思想政治教育要引导学生在实现自身理想的过程中坚持以人民为中心，通过提升其学习新中国史的积极性和主动性，汇集成中国特色社会主义事业的磅礴力量④。思想政治教育要帮助学生揭开历史真相，总结历史经验，树立正确的价值观。引导青年学生培养爱国主义情感从来都不是抽象的，通过新中国史来激发他们的爱国情怀，是思政教育提升学生情感认同和理论认同的必然路径，是对中国特色社会主义共同理想的价值肯定。

2. 新中国史的宝贵经验通过思想政治课程的传授，强化辩证思维

思想政治课程不仅要传授理论知识，更要注意教授发现问题和分析问题的科学方法。新中国史充分显示了中国共产党治国理政的宝贵

---

① 习近平. 在中央党校建校 80 周年庆祝大会暨 2013 年春季学期开学典礼上的讲话［N］. 人民日报，2013-3-3（2）.

② 习近平. 在纪念全民族抗战爆发七十七周年仪式上的讲话［N］. 人民日报，2014-7-8（2）.

③ 习近平在调研指导河北省党的群众路线教育实践活动时强调充分调动干部和群众积极性保证教育实践活动善做善成［J］. 职业技术，2013（9）：4-10.

④ 程鹏，赵雨竹. 基于易班平台的高校网络思想政治工作协同创新机制研究［J］. 黑龙江教育（理论与实践），2022（5）：21-23.

经验，是青年学生掌握辩证思维的鲜活教材，为青年学生指引了前进的方向。新中国史具有前进性和曲折性的特点，在学习过程中，能够帮助学生了解社会发展的客观规律，增强其坚持中国特色社会主义道路的信心。大思政教育通过将新中国史融入其中，丰富了其理论基础，有助于青年学生了解改革开放前党领导人民开基创业的艰辛和困苦，以及改革开放后期的坚持和探索。开展新中国史教育，其重点在于引导学生深刻领会党中央关于思想政治教育的综合论述，使他们正确认识历史发展的复杂性，在这一前提下坚持真理、纠正错误、吸取教训，将党和人民的事业不断推向更高质量的台阶。

3. 新中国史的客观事迹能够破除历史虚无主义，提升辨别能力

高职院校是意识形态工作和思想政治教育的前沿阵地之一，承担着培育时代新人的重要使命。习近平总书记明确指出，思政课要始终坚持建设性和批判性的协调一致。思政课的本质属性是政治性，不仅要肯定新中国所取得的伟大成就，传播马克思主义理论和社会主义核心价值观，还要在新中国史教育过程中坚决与历史虚无主义进行抗争，增强针对性，使青年学生擦亮眼睛，提升其思想意识辨别能力。新中国史融入高职大思政课要注意几个关键问题，以便对学生进行更深层次的引导。其一，要加强学生及时戳穿历史虚无主义编造的谎言的能力，通过真实的文献史料、严谨的逻辑分析和系统的理论指导，指出历史虚无主义在研究方法和手段上的局限性。其二，针对个别群体恶意夸大或渲染我国历史上挫折和错误的做法，引导学生主动探寻这些挫折和失误背后复杂的原因，总结经验、吸取教训。其三，要积极引导学生从历史的横向和纵向进行比较，在各种真实而动人的历史实事中揭示历史的客观逻辑。

4. 新中国史的英雄事迹通过振奋时代斗争精神，促进行动自觉

中国共产党人为取得如今的成就，历经了多年的探索，也付出了很大的代价。新中国史是无数革命先辈用他们的青春和热血铸就的，红色政权得来不易，中国特色社会主义更是他们披荆斩棘、冲破各种艰难险阻而创建的。中国特色社会主义步入新时代，通过各项改革政策进一步确立了我国的大国地位。我们回顾和学习历史，并不是为了

一味地颂扬历史功劳、回避今天的问题，而是在不断总结经验的过程中，增强我们奋勇向前的勇气和力量。大思政课的开设，让青年学生能够系统地了解新中国史中各种英雄模范事迹，突出英雄模范忘我的精神和不屈的意志。近代中国历经磨难，从风雨沧桑中一步一步走向繁荣富强，新中国史教育要让青年学生深刻地从这些优秀先辈的革命实事中感受党和国家成长壮大的曲折历程。青年学生要以这些英雄人物为榜样，将他们身上的革命精神内化为自身行动的源泉动力，增强行动自觉，要在自身成长的过程中以史为鉴、以这些英雄人物为镜，主动查找自身的差距和不足，践行初心、勇担使命，推动新中国史的主题教育走深、走心、走实。新中国史可以通过榜样的力量，使青年学生深切领悟艰苦卓绝和攻坚克难的英雄模范精神，并让他们通过自身勇于实践、勇于探索、勇于思考的理想信念来开创未来美好的幸福生活。

（三）面向高职学生开展实践发展教育

习近平总书记在庆祝中国共产党成立 100 周年的大会上指出："新时代的中国青年要以实现中华民族伟大复兴为己任，增强做中国人的志气、骨气、底气，不负时代，不负韶华，不负党和人民的殷切期望！"① 高职院校思政教育的重要行为方向就是引导青年学生认清当前的发展形势，投身于社会主义现代化建设和中华民族的复兴实践，实现自身的爱国抱负，将新中国史的宣传、教育作为重要出发点，将他们的情感共鸣转化为行为认同。

1. 通过投身民族复兴大业谋求自信自强

新中国史就是中华民族实现富强、民主的一段荡气回肠的历史，其发展脉络就是推动中华民族持续迈向伟大复兴的过程②。青年学生是社会进步的主力军，是民族复兴大业的先锋者，只有将这一使命融于魂、践于行，投身到中华民族伟大复兴的实践中去，才能激发和强

① 习近平. 在庆祝中国共产党成立 100 周年大会上的讲话［J］. 求是，2021（14）：4-14.

② 祝静若. 新中国史宣传教育背景下增强大学生政治认同的维度［J］. 办公室业务，2022（8）：63-65，109.

化他们的爱国之情。新中国史教育要做到以史为鉴，通过思想政治课程的教育使他们充分了解本民族的特点和优势，以自信带动自强，提升自身的政治素质，以便更好地引导实践。中国近现代史充满了波折和障碍，新中国的建立使中国人民实现了独立自主，也使中华民族能够坚挺地屹立在世界民族之林中。但是随着与世界其他国家的交流，出现了诸多意识形态方面的摩擦，也引发了很多对青年学生的错误诱导，使他们陷入民族政治意识的自我怀疑中。因此，高职院校新中国史的宣传教育重点要落在增强民族文化自信上，通过增强民族自信心和自豪感来帮助大学生正视我们的民族特性，提升民族认同感，理解民族复兴的历史必然性，这样才能使青年学生的个体实践走得更好、更远。回望新中国成立的这 70 多年，可以看到我们的发展并非一帆风顺，只有坚持中国特色社会主义道路，投身于中国特色社会主义建设的实践，才能进一步夯实中华民族伟大复兴的建设基础，为这些青年学生提供具体的行为指导，使其加深对个人发展与社会进步之间关系的认识，明确自己的价值取向和实践路径，增强他们推动社会主义现代化目标实现的内驱力。

2. 通过建设社会主义和谐社会追求美好生活

新中国史是在中华民族向往幸福美好生活的不懈努力下产生的，社会和谐稳定、人民幸福美满正是新中国成立和发展的基本诉求。新中国史的宣传教育要在强调学生政治认同的基础上，将建设社会主义和谐社会的这一实践目标落到实处，帮助广大人民群众追求美好生活。万众一心搞建设是新中国发展的根本保障，也是社会主义核心价值观贯彻拓展的重要路径。随着信息技术的发展，青年学生已经将网络空间作为其现实生活的重要延伸，各种影响社会和谐稳定的声音也开始通过网络途径传播开来，严重影响了大学生正确价值观的形成，妨碍了其政治认同的建立。基于此，在新中国史融入高职院校思想政治教育的过程中，要加强对这些学生开展社会实践、冷静分析社会事实的正确引导。使其学会在实践中发现真理，彰显新时代有志青年的自我魅力，在学习中完成自我发展，为建设社会主义和谐社会做贡献，实现价值追求和实践追求的统一①。使青年学生拥有追求美好生活的能力是强化其政治认同的最终落脚点。针对现阶段一些青年学生“躺平”“摆烂”的不良作风，以及一味沉浸于舒服地坐在象牙塔里、虚度光阴葬送自己青春的这种不思进取的态度，要保持警惕和及时纠正。青年学生正处在人生发展的关键时期，要积极抓住自我展示的重要机会。高职院校要通过新中国史的宣传教育激励他们对美好生活抱有信心，通过生动鲜活的具体事例表达整个国家和民族对这些青年群体的热切期盼，激发他们的学习动力，为争取美好生活做好充分的准备。

四、改革开放史融入高职大思政课

思政课是高校意识形态教育领域的一门重要课程，对青年学生的思想品德方面的正向引导具有关键意义。全方位审核我国的改革开放史，并将其融入高校思政教学体系内，这不仅是坚定青年学生理想信念的基本要求，更是贯彻立德树人根本任务、培育新时代建设者和接班人的必然路径。要发挥好改革开放史融入高职大思政课的多元化功能，通过各个主体的协同联动，建立多维、立体的改革开放史融入大思政课的教育机制。

（一）改革开放史的内容厘定

改革开放史是中国共产党推进社会主义制度持续完善和进步的奋斗史。以党的十一届三中全会为标志，改革开放从开始到如今已经有40多年。中国共产党带领全国人民对内深化改革、对外开放包容，引领着我国社会主义现代化建设的新征程。改革开放史的教育内容非常丰富，不仅涉及政治、经济、文化、社会、制度等多个方面的内部改

① 韩剑锋，安佳佳. 正确党史观的理路探析［J］. 盐城师范学院学报（人文社会科学版），2022，42（1）：9-14.

革，更延伸到了多个国家、多个区域的“引进来”和“走出去”。改革开放40多年以来所获得的成就是新中国克服多重困难迈向繁荣的真实写照，在这一过程中，充分展现了我党的智慧和勇气。改革开放内容的丰富性为高职院校将改革开放史融入大思政课教育提供了宝贵的资源和鲜活的素材。“四史”中的改革开放史不同于历史学科定义下的改革开放史，其学习要求也是不一样的。“四史”教育课程中的改革开放史要依照我党的重要会议报告和讲话精神，精准剖析改革开放史教育内容的长效性，全面领会改革开放史的主旨、维度和脉络，以便全面认识改革开放史教育的本质。

1. 深入理解改革开放史发展的主旨

结合马克思主义的历史观来看，历史发展是围绕着相应主旨的。历史主旨就是我们在创造和撰写历史时的内心远景和美好向往的深刻反馈，而历史主旨能否被彰显或者展示，亦受到历史发展能动性的影响。中国共产党成立以来，不断满足人民群众日益增长的物质文化需要，持续带领和推动中国社会的革新和发展。当前正值我国第二个百年奋斗目标和中华民族伟大复兴的关键时期，改革开放作为一种新的革命形式，其发展的核心和主题与中国共产党成立以来的发展宗旨是相互统一的，都是我国伟大复兴计划的重要指导精神。历史的主旨具有持续性与阶段性、普遍性与针对性的差别。改革开放史的发展重点与我党百年发展历程在本质上是具有一致性的，但是也具有特殊的内容和含义，即在民族独立和国民自由的前提下，怎样在全球范围内进一步实现国家的繁荣、民族的强盛及人民的幸福。围绕着这一历史发展主题，我党在改革开放的过程中始终坚持以人民为中心，在改革开放的进程中增强我国的综合国力，实现历史性的跨越，将我国从高度集中的计划经济体制转变为生机勃勃的社会主义市场经济体制，逐步实现打开国门、迈向世界的历史性突破。在这一过程中，我国的经济实力不断攀升，科学技术突飞猛进，国防力量显著增强，国际地位日益提高。这些历史性的成就为中华民族伟大复兴奠定了坚实的物质基础。

2. 综合分析改革开放史发展的维度

历史的主旨决定了其发展的维度和主流。历史维度下的改革开放是无数仁人志士坚持不懈的革命活动，它所揭露的是历史发展的深刻内涵。在整个改革开放史的发展维度中，相对于历史主流来说，那些无关宏旨的发展支流是难以影响和动摇历史发展的主线和方向的。改革开放的重点在于开拓、坚持、维护和发展中国特色社会主义。在这一过程中，民族复兴的历史主题才能够得到传承和实现。在我国不断践行中国特色社会主义的过程中，众多共产党人奋力拼搏、积极进取，使中国特色社会主义在改革开放的进程中逐渐展开和延续，为我国民族复兴梦的实现创造了有利条件，也为我国社会主义理论体系的完善提供了丰富的实践经验。坚持党的全面领导、坚持马克思主义的指导地位、坚持改革开放的社会主义方向、坚持人民群众的主体地位，是改革开放的智慧创新。我国的改革已经逐渐步入“深水区”，需要解决和突破诸多现实难题，在我国对外开放日益复杂的国际环境中，中国经验和中国智慧对我国更高层次的改革开放具有重要意义。讲授和阐述改革开放史要有大视野和大格局，不仅要分析其发生的原因，还要描绘其演化的过程，概括其取得的成就。这是我们面向青年学生实施改革开放史教育的基本要求，有助于强化青年学生坚定中国特色社会主义道路的理论自信和文化自信，提升他们对改革开放的强烈认同①。

3. 全面掌握改革开放史的发展脉络

改革开放史的发展脉络是与历史主题密切相关的基本路线和重要思路。相对于历史发展维度这一横向轨迹来说，改革开放史的发展脉络更侧重在纵向上将改革开放的发展历程和趋势进行详细梳理。历史脉络一般具有阶段性的特点，是对一个个独立发展段落的总结和反思。根据我国改革开放的目标和思路，可将其大致分为四个阶段。第一阶段，自 1978 年至 1992 年，这是改革开放的初期。其发展思路是，从农村开始不断向城市发展蔓延、从单纯的经济体制改革拓展至

---

① 陈金龙. 阐释改革开放史的思路与视域［J］. 思想理论教育导刊，2021（5）：19-25.

各项体制改革，这一时期的改革开放主要是围绕着计划经济还是市场经济、中央还是地方，以及如何规划、建设经济发展特区等方面的内容所引发的讨论。第二阶段，自 1992 年至 2002 年，这是改革开放持续展开的阶段。其发展核心是实行社会主义市场经济体制，调整我国的分配结构，将对外开放延伸至内陆的多个地区，进一步明确改革的基本方向，扩大对外开放的地域，形成多角度、立体化的开放格局。第三阶段，自 2002 年至 2012 年，这是改革开放优化转型的重要阶段。我国发展的重要战略机遇期，我党综合分析并明确了全面建成小康社会的奋斗目标，在我国经济全球化和加入世贸组织的战略发展框架下，提升我国的对外开放水平。第四阶段，2012 年至今，是我国对外开放取得突破性进展的关键阶段。我国社会主义现代化的规划设计对改革开放的系统性、整体性和协调性提出了更高的要求，进一步明确了制度建设的重点和框架。新时期在“双循环”发展战略的指导下和“一带一路”倡议的推进过程中，开阔了我国对外开放的格局和眼界。“十四五”期间，我国进入了新的发展阶段，大学生作为改革开放的中坚力量，高职院校要通过加强改革开放史教育，引导他们明确自身在改革开放中的责任和使命，使其积极投身改革开放实践，在这一过程中实现其人生理想。

（二）面向高职学生开展理想信念教育

新时代，加强改革开放史教育是高职院校思想政治教育和意识形态工作的重要组成部分，是其教育模式创新的关键手段。新时代，大思政教育要以习近平新时代中国特色社会主义思想为育人灵魂，要明确教育的最终目的是为我国社会主义建设培养和输送有用的人才，而不仅仅是单纯的“传道授业解惑”。因此，改革开放史融入高校大思政教育的逻辑起点就是进一步强化我党治国理政的服务要求，为改革开放和社会主义现代化建设提供人才支撑。当前，国际形势越发复杂，帝国主义恶意诋毁中国的行为愈演愈烈，他们时常在改革开放史的内容上做文章，行污蔑、丑化之事。以习近平同志为核心的党中央高度重视对党的基本经验的总结运用，反复强调“历史是最好的教科书，也是最好的清醒剂”①。高职院校的思想政治教育要在践行中国梦的同时，始终秉承着在坚持中国特色社会主义的前提下开展改革开放史教育。教育者不仅要及时总结改革开放的历史经验，更要全面整理改革开放的历史贡献，捋顺改革开放的历史规律。在改革开放史讲授的过程中，要及时解答学生的疑问，唤醒这些青年学生肩负民族复兴大业的理想信念，使之凝聚起磅礴的动力，发挥思想意识的引领作用。在这一过程中，还要保持警惕意识，旗帜鲜明地反对历史虚无主义，避免各种杂音干扰。

中国特色社会主义步入新时期之后，开启了改革开放史融入思想政治教育及意识形态工作的新篇章。在我国持续深化改革、积极拓展开放的关键阶段，青年学生要树立高瞻远瞩、敢于创新、勇于革命的时代精神，坚定自身正确的理想信念。同时，目前我国高职院校改革开放史融入大思政课也暴露了一些新的问题，例如改革开放史的相关知识缺乏系统、完整的理论框架，在实际教育过程中比较看重横向技巧的比较，而忽视了对纵向思想的研讨。面对这些新问题，为了有效消除学生的怀疑和困惑，改革开放史融入高职大思政课要主动挖掘改革开放史中积蓄的精神财富及众多历史事件中赋存的教育价值，聚焦立德树人的根本任务，开创思政育人的新格局。高职院校的改革开放史教育要做到以史为鉴、开创未来，在理论与实践相统一的前提下致力于化解学生面临的时代矛盾，使他们充分了解到改革开放史教育的必要性和深刻性，对我国改革开放的现状和趋势有清晰的认识。青年学生大思政教育的重点就是要提升他们的思想政治素质，使他们能够顺应当前思想意识建设的新要求，保障我国意识形态领域的安全稳定，强化理想信念，自觉抵制不良思想和错误理论的腐蚀，抓住机遇、排除险阻，以便取得改革开放和社会主义现代化建设的更大成就。

---

① 张稳刚，褚琼，闫丽红．加强“四史”学习 践行初心使命［J］．共产党员（河北），2021（4）：34-35.

（三）构建全方位、立体化的改革开放史育人新格局

改革开放是党和人民顺应时代步伐的重要发展课题，对我国百年奋斗目标和中华民族伟大复兴具有重要影响。青年学生是全面深化改革的主力军和排头兵，新时代高职院校改革开放史融入大思政课是对改革开放最好的认可，更是贯彻落实习近平总书记在全国高校思想政治工作会议上重要讲话精神的必然选择，深刻回答了“培养什么人、怎样培养人、为谁培养人”这一根本性问题。

首先，高职院校开展改革开放史教育要持续加大精准施策力度，多管齐下、多路并进。要丰富资源手段，形成具有长效性和针对性的改革开放史融入大思政课程的教育方案，并推动多主体、全范围的改革开放史课程建设，营造教师认真讲解、学生踊跃参与的良好课程氛围①。在这一过程中，全方位显现新时代改革开放史和思想政治教育的新局面，全面提升改革开放史教育的质量和水平。思政课程是高职院校的一门基础课程，但是由于这一学科本身的抽象性和理论化特点，难以引起学生的学习兴趣。他们学习的积极性和主动性较弱，这对课堂教学质量的提升和教学目标的实现存在很多负面影响。以改革开放史为重要载体的大思政课，通过更生动、丰富的事件将思政课的理论知识进行具体化和形象化，有助于提升课堂教学质量。高校开展改革开放史教育要凸显其实践环节，充分展示在社会主义思想的指引下我国深化改革的优异成绩，增强学生运用马克思主义思想和理论分析问题、解决问题的能力。历史的教育不应是单纯的理论教育，理论教学也不是“无法替代”的教育路径，要贯彻多元实践教学设计的构建②。改革开放史尤为显著的性质就是这并非一个封闭的历史，而是延伸到了我们的现实生活中。这段历史不仅是“刻骨铭心”的回首，更是“此时此刻”的当下，每一个青年学生都将是这段历史未来的

① 雷志松．论新时代高校开展改革开放史教育的实施路径［J］．牡丹江大学学报，2020，29（4）：102-106.

② 王琳．将改革开放史融入高校思想政治理论课的实施路径［J］．天津城建大学学报，2021，27（3）：225-228.

“目击者”和“见证人”，因此要通过营造真实而生动的现场感，引导学生在创造中掌握这部分知识。要坚持以问题意识为导向，坚持创新思维，全方位揭示改革开放宏大事件背后的实践机理，弘扬改革开放精神，使高职院校的学生能够自觉肩负续写中国特色社会主义新篇章的使命。

其次，要明确改革开放教育的主体责任，构建改革开放史融入大思政课程的多元主体协同机制。高职院校要始终坚持党的领导，将思政价值引领并贯穿所有教育环节和过程。校党委的成员在改革开放史和思想政治教育融合机制的建设过程中要发挥带头作用，通过细致的职能分工，落实各个主体的教育责任，实现改革开放史教育的合力。要建设一支高素质的专业教师队伍。改革开放史的内容涉及制度优化和社会变革的方方面面，因此对相关教育工作者提出了更高的要求，不仅要政治坚定、情怀深刻，还要具备思维创新和实践创新的精神，要牢记自身立德育才的使命，通过知识和情感、理性和实践、显性教育和隐性教育相统一的教育方法，不断优化创新教育模式，抓紧改革开放史教育的解释权和话语权①。此外，改革开放的见证者广泛存在于多个领域，高校可以定期邀请这些亲历者或者专家学者到校指导，开设改革开放史的专题讲座，邀请党政领导、专家教授、劳动模范或者一线工作者向学生讲授改革开放史。通过教学交流提升教师的教育水平，使学生能够运用历史的眼光，深刻认识我国富强民主的艰辛探索，做新时代改革开放事业的开拓者和奉献者。

再其次，健全学生主体的考核机制，促进学生改革开放史学习的主动性，提升落实教学实践的内驱力。改革开放对新时代的有志青年发出了诚挚的邀请，通过其育人目标在大思政课程载体上的全过程贯穿，将新时代改革开放的旗帜举得更高更远。创新学生考核机制在大思政课堂上的应用可以推动学生积极学习。现阶段我国高职院校的考核方法主要是通过学分制来评价学生思政课程的学习情况，虽然对监

---

① 韩凤荣. 对青年进行改革开放史教育的切入点探索［J］. 北京青年研究，2021，30（4）：83-88.

督学生的学习自觉性具有促进作用，但随着近几年疫情的突发，很多学校开始实施线上课程的开发，这种情况下学分制的评价形式往往难以发挥出应有的效力，很多学生利用这一机会开启“偷懒”模式。这就需要我们与时俱进，加快评价机制的改革创新，不仅要考核学生的课程成绩还要重视其思想、意识层面的评估。这是新时期我国人才培育的时代发展需要，更是思政课程评价方法中最有效的手段。因为思政课的教学宗旨就在于帮助学生树立正确的价值观，培养高尚的道德理想。此外，为了引导学生在网络平台上实现积极有效的沟通分享，还要完善线上课程的评价机制，促进其自主完成线上学习目标。通过高职院校人才评价机制的完善，实现改革开放史与大思政课程的有机融合。

最后，发挥新媒体、大数据等高新技术的教育优势，引领改革开放史融入大思政课程的新趋势。信息技术背景下的多媒体和大数据开启了一次新的时代转型。利用好这一载体的优势，将其转化为大思政课改革的驱动力，是现阶段高职院校教育体制创新的重要方向。一方面，我们要利用好多媒体的新鲜感和流行性来充分调动起学生的学习兴趣，例如微博、微信、短视频直播等已经成为各个高校学生学习的主要途径之一。改革开放和思政课程涵盖了大量的理论知识，可以开设相关微信公众号或者短视频官方账号，定期举办网络知识竞赛，并开通实时直播，通过线上互动的形式，实现改革开放史教学的可视化共享，使学生乐学、善学。利用这些新媒体手段使抽象的理论知识变得鲜活多姿，这也能更好地满足不同专业的学生对改革开放史的多样化学习需求，提升教学质量和学生的获得感。另一方面，随着网络信息技术和智能化通讯设备的普及，改革开放史的数据和信息越来越丰富，存储介质也更加多元化，文字、图片、视频等多种媒介使得这些资料具有量大繁多的特点，其存储形式也在不断变化，逐渐呈现数据化的特征①。为了补齐高职院校改革开放史数字化资源建设的短板，

① 胡安全，王峰. 新时代大学生改革开放史教育的三个问题［J］. 高校辅导员学刊，2021，13（5）：1-5，11.

我们必须加快整合大数据教育资源，占领网络意识形态教育的主阵地，通过大数据处理方法，满足高职院校改革开放史教育的时代需求，增强改革开放史教育的前沿性。

五、社会主义发展史融入高职大思政课

社会主义是由人类文明历史发展演化而来的产物，体现了我们对理想社会的热切向往和坚持不懈的追求，汇集了各个时期劳动人民及各大思想家对自由解放的渴望与向往，为人类开辟了崭新的发展道路，对人类历史的进步产生了十分深远的影响。在人才培养方面，针对现阶段我国的人才需求，高职院校必须围绕思想政治教育的新意见，在坚持以人为本的基础上，转变教育模式、优化教育能力，推广和实施新的教育策略，深刻了解社会主义发展史。

（一）社会主义发展史的内容厘定

社会主义发展史不仅是理论的创新凝聚，更是实践的推演总结。纵观整个社会主义的发展历程，其内容主线经历了从空想到科学的蜕变、从一国到多国的拓展及从理论到实践的飞跃。在这一过程中我们逐渐掌握了社会主义的重要发展规律、明确了社会主义的发展优势。

1. 社会主义实现了由空想到科学的蜕变

科学社会主义是科学理论，更是马克思主义的核心组成要素，是在同工人运动内部各种错误思潮进行的斗争中丰富发展起来的。1848年的《共产党宣言》，标志着社会主义思想完成了由空想到科学的发展转变。空想社会主义是科学社会主义的思想源泉，也是人类历史上最早产生的对资本主义的批判意识的觉醒①。空想社会主义的发展主要经历了三个演化阶段，第一阶段是16到17世纪的早期空想社会主

① 张莎，张思军．论社会主义发展史的三条主线［J］．绥化学院学报，2021，41（9）：12-14.

义。这一时期空想社会主义者提出了“实行公有制”“人人劳动、按需分配”等社会主义基本原则。但是这些思想家关于理想社会的描绘还仅仅是单纯的幻想。18 世纪，空想社会主义开始进入第二阶段。空想社会主义者开始对社会主义进行理论性的探讨和论证，他们认为应该消灭的不仅是阶级特权，更是阶级本身，他们开始寻求建立完全平等的共产主义体制。19 世纪初，空想社会主义发展步入了第三阶段，发展到顶峰，深刻揭露了资本主义制度的罪恶，并从各国特点出发设想未来，还以此为基础进行了广泛的社会实验。

唯物史观和剩余价值理论是科学社会主义的两大理论基础，是社会主义思想实现从空想到科学转变的先决要素，以马克思、恩格斯为代表的思想家们为这一重要转折做出了突出贡献①。首先，唯物史观揭示了人类社会发展的客观规律，认为历史所有事件发生的根本原因是由物质的丰富程度决定的，社会历史发展需要遵循固有的规律，重点分析了社会存在与社会意识、生产力和生产关系等组织要素之间的关系。唯物史观承认了人民群众是历史的缔造者，批判了空想社会主义的个人主义，将共产主义社会作为最高级的社会形态，找到了颠覆资本主义制度的阶级力量。其次，剩余价值学说表述了资本主义生产方式的内部矛盾，以及其社会形态的运动规律。这一理论对资本主义进行了透彻的分析，使无产阶级充分认识到了资本主义制度的非科学性，可以借助革命的手段将其摧毁，完成自身的解放。剩余价值学说承认了无产阶级的显著地位，解决了空想社会主义找不到变革资本主义力量源泉的这一重要缺陷，为建立社会主义社会指明了方向②。

2. 国际共产主义运动实现了由一国到多国的拓展

沿着历史发展的轨迹探寻，可以看出由于受到国际共产主义运动的影响和引导，社会主义运动经历了由一国到多国的推演蔓延。

作为首个无产阶级的国际组织，第一国际的成立凝结了无产阶级

① 郇雷．党的十八大以来社会主义发展史研究述评［J］．思想政治工作研究，2022（5）：40-44.

② 郭春生，阳力安．社会主义发展史上改革道路的创立及其深远影响［J］．党政研究，2022（1）：82-88.

运动发展的智慧。资本主义政权的确立，使欧洲越来越多的无产阶级逐渐认清了他们一致的利益目标和敌人。一直到 19 世纪 50 年代末，全世界范围内的民主革命爆发，工人阶级开始意识到实现国际合作的关键性，并开始谋求建立自己的组织。到 1864 年 9 月，欧洲工人阶级在英国伦敦举行了代表大会，宣告了第一国际的成立。在它存在的整个时期，它传播了科学社会主义，促进了工人运动的发展，强化了无产阶级的国际团结。但是随着巴黎公社运动的失败，1876 年 7 月，第一国际宣布解散。

第二国际亦称社会党国际，是各国工人阶级和社会主义政党的国际联盟。随着阶级矛盾的激化，以及科学社会主义在欧美地区的普遍传播，到 19 世纪 80 年代末，欧美已经有 16 个国家先后成立了社会主义政党，扩大了马克思主义在国际工人运动中的影响，各国的工人和社会主义学者强烈要求加强国际联系。1889 年 7 月 14 日，他们在巴黎召开了社会主义代表大会，包含 22 个国家的 393 位参会代表宣告了第二国际的诞生。在第二国际的前期活动中，基本上保持了指引无产阶级合法革命的正确立场，但是恩格斯逝世后，机会主义大肆泛滥，修正主义趁机夺权，第二国际逐步走向破产。

第一次世界大战结束之后，在俄国十月革命的推动下，亚欧革命运动迅速发展，逐步建立了共产党，并在这一基础上于 1919 年 3 月成立了第三国际，宣告了共产国际的成立。作为一个统一的世界共产党，各国共产党都要接受它的领导，它是高度集中的领导中心。但是随着国际反法西斯统一战线的形成，世界各国内部和国际局势变得愈加复杂。到了 20 世纪 40 年代，各国的共产党也逐渐成长和成熟，能够根据其发展实际制定相应的战略，共产国际这种高度统一的组织形式难以契合工人运动及各国发展的实际需要。因此，到 1943 年 5 月，第三国际正式宣告解散。

3. 社会主义实现了由理论到实践的飞跃

1917 年十月革命的胜利，诞生了世界上第一个社会主义国家，也就是苏维埃俄国，这亦是人类历史上首个无产阶级领导的社会主义国家，实现了社会主义由理论到实践的突破。社会主义发展史的实践按照其实践模式可分为两个阶段，也就是传统模式下的社会主义实践时期和中国特色社会主义探索时期。俄国社会主义的胜利为我国和其他许多国家提供了宝贵的经验。从1949年到1956年，我国基本完成了社会主义改造。新形态下的人民政权在各种内忧外患之中显得步履维艰，全国各族人民在党的领导下选择探索一条独立自主的社会主义道路，并提出了建设以农业为基础、以工业为主导的国民经济发展策略①。同时，以毛泽东为核心的党中央还对社会主义发展的各项任务、社会主义现代化建设目标及经济社会结构调整等方面进行了细致的优化，形成了一条区别于苏联模式的中国特色社会主义发展道路。

中国共产党在理论与实践相结合的基础上坚定不移地坚持马克思主义的指导思想，通过革故鼎新、日益进取的时代精神巩固了我国的无产阶级政权。我国分析和概括了苏联模式，以及其他社会主义国家在建设道路上的经验和教训，在适合自身发展国情的中国特色社会主义建设道路上实现了曲折前进。党的十一届三中全会决定实施改革开放发展战略，经历了从农村到城市、从引进来到走出去的改革历程之后，我国的特色社会主义道路开始步入正轨。在经济改革方面，逐渐摆脱了传统理念下一味坚持计划经济、盲目排斥市场经济的思维桎梏，实行了“以公有制为主体，多种所有制经济共同发展”的社会主义市场经济体制，实现了经济的快速、优质发展②。在政治制度完善方面，不断优化我国的治理结构和治理能力。在思想意识方面，越来越重视社会主义精神文明建设。此外，社会保障制度的健全，以及科学发展观、习近平新时代中国特色社会主义思想等建设理念的提出，进一步夯实了中国特色社会主义的建设基础。至此，中国走出了一条适合自己国情的社会主义现代化发展新路径。

（二）面向高职学生开展社会主义发展史教育的总体思路

为了实现培养青年学生成为兼具理想抱负和文化修养的优秀爱国

---

① 郭春生，阳力安．社会主义发展史上改革道路的创立及其深远影响［J］．党政研究，2022（1）：82-88.

② 赵德友．学习社会主义发展史的若干思考［J］．统计理论与实践，2021（8）：3-6.

人才这一教育目标，高职院校必须充分发挥思想政治教育工作的优势。在社会主义发展史的讲授视域下，高职院校要客观、全面地把握思想政治教育的逻辑理路，以便更好地指导社会主义发展史融入思想政治教育的实践。

高效贯彻国家的思想政治教育政策。政治性是思想政治教育工作的主要特点之一，高校思想政治教育的主要目标是通过贯彻国家最新的教育方针和政策帮助学生了解国家政治经济发展的重要方向。纵观高职院校的思想政治教育理念、教学内容和教学模式，主要是为了满足国家多元化的人才需求，通过思想政治教育工作模式的不断创新，服务于社会主义高质量发展。要围绕中国经济建设和发展的实际，将思想政治教育贯穿于整个社会主义发展史之中，并结合社会主义现代化发展建设的需要，进一步完善立德树人的长效机制，全力推进教育改革发展。

培育造就大批卓越的社会主义建设者。教育机构要继续扛起教育强国的历史重任，顺应时代发展趋势，培养和造就更多卓越的社会主义建设者和接班人。不论是在社会主义制度建立初期，还是在我们把握党的百年奋斗本质、朝着社会主义现代化强国迈进的关键时期，社会主义发展史及思想政治教育在推动社会发展方面都发挥着重要的作用和优势。中国特色社会主义的发展，要以一批又一批的优秀人才作为智慧支撑，才能在政治、经济、文化、科技等领域进行改革创新。高职院校要借助思想政治教育这一有力工具，为国家培育具备正确价值观和坚定政治立场的时代新人，充分展示高等教育的优越性和得天独厚的作用。

根据社会发展趋势的变化调整人才培育机制。现阶段，根据我国经济社会的发展需要及民族复兴大业的实践诉求，人们对众多领域的人才培养提出了很多新的想法和建议。在这一背景下，各类教育场所为了向社会主义发展输送高质量人才，必须要不断优化和调整我国的思想政治教育体系。通过系统化讲解传达社会主义发展史的相关理论知识，帮助学生建立远大理想和人生目标。随着社会主义经济的蓬勃发展，当前社会各个领域的改革和转型都面临着人才匮乏的严峻形势。高职院校要深入结合时代发展趋势，积极探索社会主义发展史融入思想政治教育工作新的可能性，要及时处理好教育模式内部整合与教育环境外部变化之间的关系，进而不断地为中国特色社会主义制度的完善输送优秀人才。

（三）面向高职学生开展社会主义发展史教育的实践探索

为了有效应对社会发展不同时期各领域人才需求标准的变化，要及时调整教育机制，结合历史发展的轨迹，建立正确的理论认识，进而满足中国特色社会主义发展的人才需求，科学指导我国的思想政治教育工作创新。

1. 培养青年学生坚定中国特色社会主义自信

高校要通过整合社会主义发展经验，将先进的理论基础和文化积淀注入我们的思想政治教育工作中。社会主义发展史以马克思主义为指导，是青年学生对中国特色社会主义自信的力量源泉。高职院校在开展思想政治教育工作的过程中，要彰显社会主义发展史独特和宝贵的价值，秉承创新意识和理念，将中国特色社会主义的道路、理论、制度和文化看作一个有机整体，促进它们之间相互作用、形成合力，进而构建思想政治教育的新模式①。其中，文化自信是思想政治教育的精神支撑。通过将社会主义发展史的优秀文化系统融入思想政治教育工作中，创新更具优势的思政教学模式。高职院校要将社会主义发展史、中国特色社会主义理论、中华优秀传统文化通过不同形式渗透到思想政治教育工作中，通过这些知识的传授，不断坚定青年学生的理想信念。要让学生真正了解中国特色社会主义文化的内涵和价值，同时有规划、有目标、有层次地组织学生研究学习，从而引导他们建立科学理念和前瞻意识，培养家国情怀和爱国情感。

2. 创新多维度的教育理念和多元化的教学方案

面对现阶段社会发展的时代背景，高职院校要贯彻落实教育理念

① 让-努马·迪康热，彭姝祎. 基于社会主义发展史维度对中国道路的思考［J］. 世界社会主义研究，2021，6（12）：65-69，115.

的多维度创新。思想政治课教师要对社会发展趋势进行深入了解，坚持以人为本的教育理念，结合不同层级学生的发展需求，制定个性化的教学方案。要树立与时俱进的教育理念，重新分析和协调教育主体和教育客体之间的关系，根据社会主义发展的历史进程，反思自身教育工作中存在的问题和面临的困境，努力提升自身的教育能力和管理水平，同时拓展教育视野，明确思想政治教育要加强国际化思维的必然趋势，将国外一些优秀的教育理念整理成适合我国发展实际的教育设计。只有强化这种创新能力，才能持续为我国培养出高素质的社会主义建设者和接班人。当前，随着网络信息技术的普及，各种文化意识充斥在学生周围，使得一些学生对社会主义制度的必然性产生了质疑。对此，我们要帮助他们树立社会主义核心价值观，及时进行正面的教育引导。思想政治教育是一门综合性的学科，为了增强教育成效，必须将各种优势资源进行协调配置，以便形成教育合力，引导青年学生健康成长。思想政治教育的本质不仅仅是向这些学生教授知识和讲解理论，更重要的是帮助他们学会独立思考和独立判断。高职院校通过不同维度的思想政治教育工作的优化改革，设计多元化的教育方案，进而培育出具备坚定责任意识和政治自信的杰出青年。

3. 借助新型技术手段改革思想政治教育模式

社会主义发展史是无数思想家通过理论和实践不断改革探索逐步建立起的创新之路。中国特色社会主义对指导我国政治、经济、文化等方面的繁荣发展具有重要价值。社会主义发展史是人类思想意识不断崛起的历史，更是世界政权发展进化的历史。高职院校作为我国人才培养的关键场所，一定要及时掌握时代脉络，将新鲜的教育资讯和教育手段注入思想政治教育工作中。在网络信息技术和各种新媒体软件广泛应用的今天，高职院校必须加快教育技术的升级和优化。一方面，要结合思想政治教育的核心理念和育人目标，完善线上线下相结合的教学模式，为多元化教学内容的呈现提供不同的演示路径。另一方面，高职院校要及时做好线上教育模式与线下实践检验之间的有机衔接，从而保障学生理论知识的深化及实践能力的提升。为了使这些青年学生参与社会主义现代化建设，要积极组织开展面向高职学生的创新创业教育，同时帮助他们对不同行业经济发展转型的基本情况进行分析和研判。线上教育信息的共享，使学生能够掌握更多课堂体系之外的知识和文化，充分认识和了解青年毕业生创新创业的各项优惠政策。思想政治教育要置身于社会主义发展建设的大环境之中，结合人才需求的不断变化，及时调整和拓展教育内容，培养学生良好的全局意识和远见思维，进而提升他们的社会适应能力，并通过线下实践操作，提升他们的综合能力，将社会主义发展史融入高职大思政教育体系中，组织更具创造性的实践活动，将这些先进的思想转化为他们的竞争优势及创新创业能力，丰富他们对社会主义发展史的认识。

4. 积极营造民主和开放的思想政治教育环境

高职院校的思想政治教育工作者要用发展的眼光来看待教育体系的改革和优化，统筹布局新形势下思想政治教育全面性的改革。在社会主义发展史教学的过程中，要及时捕捉学生的发展变化和成长困扰，以便结合实际情况，制定更具有针对性的个性化学习目标，积极营造民主、开放的思想政治教育环境。通过在课堂上进行理论知识的传授，引导学生重视和关注社会主义发展进程中的伟大思想和优秀文化，有效掌握我国最新的方针政策，了解我国的战略规划。同时，思想政治教师要不断更新、调整和补充教育内容，为学生构建更多寓教于境的教育空间，加强学生之间的沟通交流，通过组织学生针对社会主义发展史的学习情况展开自由讨论，使他们能够全面剖析我国的政治制度和治理格局，引导他们在全球经济政治局势的大环境中实现自我价值，凝聚铸牢中华民族的强大共识，将个人发展规划融入中国特色社会主义的建设进程中。通过思想政治教育工作，做好青年学生的价值定位，通过课程设计的协调统一，逐渐形成更加完善的教学机制。在民主和开放的教育环境中，提升学生的社会责任感和使命感。

第四章　高职思政课融合发展的基本范式

在明晰课程框架体系的基础上，需要厘清“四史”教育融入思政课的“过程”，建构相对规范、成体系的融入范式。现阶段，高职思政课主要以理论课、实践课为主，同时校园文化建设也是“四史”教育和思政教育的有效载体。基于此，建构以理论教学、实践体悟和文化熏陶相结合的“三位一体”课程实施范式，以便更细致地指导“四史”教育融入高职思政课的落地。

《教育部办公厅关于在思政课中加强以党史教育为重点的“四史”教育的通知》（2021）提出，要改革创新教学方式方法，确保学习效果入脑入心。思政理论课是“四史”教育知识教学的主要阵地，在落实过程中需要将“四史”内容融入学生的日常学习之中，理论课教学也可以整合课外资源，如“学习强国”等平台中的“四史”教学资料等，引导学生形成课上课下主动学习“四史”的良好习惯。实践课教学模式多样，如“学习分享会”、各类竞赛活动等，通过营造“四史”学习氛围，增强学生对“四史”的理解。“四史”教育融入高职思政课要发挥实效，关键在于持续、稳定地输出，即建立完善的融合协同机制，为学生提供连续、系统的课程。在实践中要做到因“势”而新、学用结合，采用科学的教育方法，达到循序渐进、逐步深入，以及从一知半解到全面理解、从内化到外显的目的。

一、融入理论课教学，提升思政课高度

教学研究是有组织、有计划、有目的的，对教学实践过程的方式

方法和内在规律进行探究，能够更好地解决教学过程中的各种问题。教学研究有助于提升教学效果，在“四史”教育融入高职院校思政课程教学体系的建设过程中，教学研究能够发挥重要作用，“四史”教育融入高职院校思政教学体系并不是简单的知识嫁接，而应该从思政教学规律入手，结合教学实践，对“四史”教育与思政课程教学融合进行系统研究，进而做到认识规律和运用规律相结合，采取更为灵活多样的教学方法，进一步提升“四史”教育与高职院校思政课融合的效果。

（一）优化课堂教学

中共中央、国务院在《关于进一步加强和改进大学生思想政治教育的意见》中提出，在开展学生思想政治教育工作时，要充分发挥课堂教学的主导性作用，对思政课堂教学方式方法进行改革，深入推进中国特色社会主义理论体系进课堂，要注重发挥课程育人作用，加强师资队伍建设。按照这一要求，高职院校在加强学生思想政治教育过程中应充分重视课堂教育载体，主动对课堂教学方式方法进行优化，实现“四史”教育与高职院校思政课程教学体系的有效衔接。

1. 课堂教学充分关注学生的主体性

课堂教育既需要教师发挥主观能动性对课程内容进行详细加工，也需要充分尊重学生的主体地位，引导学生积极参与到课堂活动。在理论讲解过程中，通过师生互动进一步提升教学效率。而传统课堂教学方式只注重知识传授，忽略了学生的主体地位，难以提升学生的学习自觉性和主动性，也难以取得实效。高职院校在思政教育开展过程中要对课堂教学载体进行创新，通过课堂教学改革更好地激发学生的主体性。一是要合理安排课堂教学人数。多数高职院校思政课程主要以大班和合班方式授课，造成了文科生和理科生混在一起，学生过多的现象，教师在教学过程中难以关注到每一个学生。为此，在课堂改革过程中应实施小班化教学，更好地满足学生的个性化诉求，加强师生互动，更好地激发学生的主动性。二是要对思政课教学方式进行创新，要从高职院校学生的文化水平、学习能力、思维特征等角度出发，在课堂教学过程中要善于利用多种教学方法，如通过案例教学法、互动式教学法等更好地激发学生的主体性，将抽象的理论以多样化的形式展现出来，实现师生共同进步，进一步增强学生的学习自主性，让学生在多元化学习情境中掌握知识学习的方式方法。

2. 教学内容及活动设计要具有教育价值

高职院校思政课堂教学要坚持灵活多样的特点，在教学内容和活动上要通过多种形式创新，更好地展现出教育的价值。“四史”教育与高职院校思政课融合，对思政课教师的教学能力和教学水平提出了更高要求。一方面，要求他们要善于设计实践教学活动。无论是高职院校思政课，还是“四史”教育，都具有鲜明的实践属性，因此教师在教学过程中可以灵活运用多种活动设计来体现出“四史”教育的教育价值。习近平总书记指出，革命纪念馆、博物馆、党史馆完全可以成为“四史”教育的重要载体。高职院校在思政课与“四史”教育融合过程中也可以借助博物馆、党史馆和革命纪念馆开展形式多样的“四史”教育活动，通过实践活动，引导高职院校学生在参观活动中感受中国共产党的初心和使命，看到中国共产党人在干事创业过程中的艰辛和不易，进一步增强高职院校学生的价值认同和政治认同，更好地体现出“四史”教育的教育价值。另一方面，要求思政课教师在教学内容设计上要善于利用鲜活的党史故事。例如在学习长征精神时，可以向青年朋友讲述鲜为人知的长征故事，让青年学生认识到革命战争的残酷性和共产党人坚强不屈的意志。历史研究不仅要讲故事，而且要挖掘故事背后的内涵。历史研究“是一门向讲故事提问的学科”，“是融合了从旧故事里发掘新故事、细部研究和意义追寻这三者为一体而形成的一个思考人类过去的专业学科”①。因此，在教学内容上不能只将“四史”教育作为辅助，而是要深入挖掘“四史”教育背后的精神，让学生感受在革命战争年代的奋斗精神，并将这股精神与学生的学习生活相结合，更好地发挥“四史”教育的育人价值。

① 姚大力．“故事”在历史研究中的意义［N］．北京日报，2021-02-22（12）．

3. 教学过程设计要激发学生情感体验

在思政课程教学过程中，高职院校教师可以围绕教学目标选取“四史”教育中的英雄事迹和先进典型作为教学案例。通过教师讲解、学生参与，从正面方向引导学生更好地理解思政课程教学内容，也能够加深学生感性理解，为原来枯燥乏味的思想政治课程赋予生机和活力，更好地激发学生参与思想政治讨论的积极性和主动性。一是可以采取讨论式教学方法。教师在思政课教学过程中可以组织学生以班级或小组为单位对思政课教学内容进行集体讨论，对没有形成统一意见的问题还可以跟教师交流，通过讨论式教学方法提升学生的交流互动能力和问题分析能力。在教师的引导之下，学生通过发表意见和看法，在辩论过程中更能够提升对问题的理解能力，形成集体观念和团队协作意识。在教师抛出“四史”教学内容的同时，学生不再是被动接受知识，而是能够对“四史”教育的相关问题进行探讨。学生变被动学习为主动学习，能够对核心知识点把握得更加精准，也有助于增加对中国共产党和社会主义的认同，进一步提升思想政治学习效果。二是可以采取展示教学方法。在教学过程中，教师可以结合教学目标向学生展示各类实物，组织学生到博物馆、纪念馆、党史馆进行参观，进而加深对知识的理解。展示教学方法可以有效地弥补传统说教式教学方式的不足，通过文字、图片、影像资料的展示，让学生亲眼看到中国共产党人努力探索的过程，亲眼看到仁人志士抛头颅洒热血的壮举，进而在心灵上获得震撼，更好地理解红色精神，进一步增强思政课堂的鲜活性和形象性。例如，在讲解中共党史时，可以播放《恰同学少年》等电影，让大学生对中国共产党的发展历程有全貌理解，更加深刻地认识到伟人在推动历史前进中的重要作用，进而实现感性认识向理性认识升华，进一步提升对中国共产党为人民服务内涵的理解。

（二）细化主题教学

课堂教学要取得持久、稳定的育人效果，需要将分散化的课堂教学集合在一起，即通过整体设计，增强课堂教学内容之间的连接，增强学生学习的系统性。主题教学近年来在各类院校、不同学段的应用比较广泛，且收到了较好的效果。考虑到当前高职院校“四史”教育的教材体系尚不完备，教学资源分布较为分散，因而主题教学的方式有助于将分散的教学资源整合在一起，对提升“四史”教育质量具有积极意义。

1.“四史”文化主题教学

高职院校在思政教学与“四史”教育融合过程中应发挥“四史”文化主题教学的特点和优势，进一步提升思政教学效果，引导学生增强对红色文化和革命文化的认同。一方面，高校思政教师要从历史逻辑维度对思政课程内容进行重新优化，开设“四史”文化主题教学板块，将中国共产党带领全国各族人民所进行的革命、建设和改革历史与思政教学有机融合，让学生对中国共产党的发展脉络有更为深刻的理解，加深高职院校学生对革命文化的领悟。在具体教学过程中，要坚持客观性原则，对历史人物、历史事件进行公正客观分析，使高职院校学生认识到历史发展的曲折性和中国革命进行的正义性，从而培养高职院校学生的家国情怀和社会责任感。另一方面，高职院校思政教师要从理论逻辑维度对课程进行设计，引导高职院校学生对红色文化和革命文化进行理性思考，阐明新时代弘扬红色文化和革命文化的重要性和现实意义。要充分发挥高职院校科研优势，推动对本地区红色文化和革命文化的研究协同，对近年来“四史”教育最新研究成果进行整合，并将其融入思政课程教学之中，通过科研带动教学，通过教学促进科研。例如，湘潭大学非常注重学术资源转换，将中国共产党革命精神和文化研究最新成果与思政课程有机结合，形成了颇具代表性的选修课内容，使学生在接受红色文化教育的同时，还对红色文化和革命文化的相关知识有更为系统的了解，深受广大学生喜爱。遵义师范学院在选修课中设置了“长征文化和长征精神”专题，学生通过对长征文化的学习，了解了红军在长征过程中形成的优良革命传统，进一步增强了对中国共产党人一心为人民服务的精神内核理解，增进了对爱国主义情怀的认知。该课程通过理论与实践教学的有机结合，进一步增强了思政教学效果，自开设以来，好评不断，曾获得贵州省一流课程建设项目的立项①。

2. 情景式体验主题教学

一方面，高职院校学生来源非常宽泛，学生理论功底，以及学习的主动性和积极性参差不齐，这使高职院校学生内部呈现出不同特征。高职院校学生应用能力和动手能力较强。但从整体来看，多数高职院校学生对历史知识了解得不够全面，缺乏历史思维。在开展思想政治教育的过程中，应将“四史”教育融入其中，进一步提升高职院校思想政治教育的针对性，通过因材施教的方式让学生对“四史”有更为深刻的认知。在具体实施过程中，要依托“四史”资源和丰富的实践活动，注重学生“四史”学习课后成果产出，可以通过研究论文、撰写调查报告等多种方式，既让学生有心得感悟，也让学生有职业情景体验，加深对“四史”教育内容的理解。另一方面，要引导高职院校学生加深对主题教学的体验。只有经过亲身体验，才能够印象深刻，高职院校在开展思政教学的过程中可以将体验式教学方法作为重点尝试。教师可以围绕“四史”教育对体验式教学方法进行改进，营造更贴近历史情景的学习情境。通过辩论赛、情景剧、角色扮演等多种方式，在体验过程中对历史事件和历史人物进行反思，学会独立思考。“四史”很多片段都可以与体验教学情景相融合，例如围绕“长征”展开系列演讲等。在活动中对历史人物和历史事件相关资料进行查找，领悟共产党人的奋斗历程，切实体会中国共产党的艰辛和不易，同时在实践过程中也有利于提升学生的团队合作能力，更好地实现高职院校思政教学目标。此外，线上线下混合教学法、新媒体教学法、讨论教学法、小组式教学法也完全可以成为高职院校思政教学的重要手段，通过“四史”教育与思政课堂教学的深度融合，更好地挖掘“四史”蕴含的丰富的历史底蕴和历史资源。

（三）开发特色教学

习近平总书记指出：“党史学习教育有自身的特点和规律，要发

① 王炳林，张泰城．高校红色文化资源育人发展报告（2017）［M］．北京：人民出版社，2018：117-118.

扬马克思主义优良学风，坚持分类指导，明确学习要求、学习任务，推进内容、形式、方法的创新，不断增强针对性和实用性。”① 将“四史”教育融入高职院校思政治课，有助于新时代高职院校学生接受“四史”文化熏陶，为高职院校思政课程开展提供丰富的素材和资源。但受到课时、教学目标和课程体系建设的影响，要想实现“四史”教育与思政课程教育的深度融合，还存在一定难度。因此，不仅需要国家从宏观层面出台相关制度机制，还需要高职院校进行实践探索，围绕“四史”开设专门的特色课程，对中共党史、新中国史、改革开放史和社会主义发展史进行深入研究，挖掘“四史”文化资源和育人资源，围绕“四史”这一鲜明主题开展形式多样的选修课程和特色课程。

1．开发校本课程

校本课程开发主要依托学校的特殊育人资源，开发校本课程能够对学校的育人资源进行传承和创新，无论是地域红色文化，还是地方的其他文化遗产，都可以成为校本课程开发的重要依据。地方红色文化和校本课程之间具有辩证关系，地方红色文化能够为校本课程开发提供丰富素材，而校本课程能够为地方红色文化的挖掘和传播提供机遇和平台。校本课程开发要尊重个性化、时代性、人文性特征，通过校本课程开发打造独一无二的红色文化品牌，进而助力学校文化建设，在校本课程开发过程中要强调红色文化属性，通过红色文化渗透，赋予校本课程特殊文化意义，进而将高职院校学生培养成具有人文精神和红色文化底蕴的优秀青年。校本课程还要体现强烈的人文关怀，要与时代发展相呼应，这样才能够体现出校本课程独特的生命力。高职院校要充分重视校本课程开发的创造力，只有不断丰富校本课程内容，才能够满足新时期高职院校学生对“四史”教育的多元化诉求，才能够促进高职院校学生全面发展。目前，很多高职院校都开设了贴近高职院校学生思想政治教育现状的课程体系。例如，大庆师范学院就以“铁人精神”作为蓝本，通过挖掘本地区特色人文资源，

① 习近平．在党史学习教育动员大会上的讲话［J］．求是，2021（7）：4-17.

精心设计了“铁人精神十讲”校本课程，这为弘扬“铁人精神”和“大庆精神”提供了载体，同时能够更好地教育广大青年形成乐于奉献、忘我拼搏的爱国精神。该课程通过体验式教学、现场教学等多种形式，激发学生参与学习的热情，也让学生对“大庆精神”和“铁人精神”形成了深刻感悟。该课程在2017年被纳入大庆师范学院的人才培养方案，是高校积极探索极具地方特色的校本课程的典型案例①。可以说，校本课程的打造，不仅实现了高职院校与本地红色文化的深度融合，也为“四史”教育提供了广阔思路。通过“四史”教育与校本课程的深度融合，切实保障了思想政治教育的实效性和深刻性。

2. 开设地方特色课程

高职院校在特色课程开发上可以将与“四史”教育相关的本地中共党史和改革开放史作为课程开发对象，形成具有理论深度的思想政治选修课。也可以根据“四史”教育的具体内容创造主题教学、自主教学和实践教学，或以历史人物和历史事件作为主题开展地方史学习教育，围绕学习英雄、致敬英雄、探访老红军老战士、探访亲历过重大历史事件的英雄楷模，深挖英雄模范和革命先烈的典型事迹，并以此作为地方高校特色课程开发的重要素材。也可以围绕实现中华民族伟大复兴中国梦开展“四史”教学，通过内外对比、前后对比等多种对比方式对中国共产党成立以来的巨大成就进行学习，全面展示中华民族为实现伟大复兴中国梦所付出的艰辛。还可以以改革开放史作为题材，围绕实践创新和理论创新两大主题，开展形式多样的体验式教学和实践教学，深刻领悟多年改革开放的艰辛，以及在马克思主义指导下中国走出特色社会主义道路的艰辛。此外，围绕社会主义发展史形成主题教学，可以通过“不忘初心、牢记使命”演讲比赛或“红色走读”等多种形式，了解社会主义在发展过程中所经历的艰辛，引导学生坚定理想信念，践行初心使命，树立共产主义远大理想抱负。

---

① 王炳林，张泰城. 高校红色文化资源育人发展报告（2017）［M］. 北京：人民出版社，2018：235-236.

（四）建设课程资源

当前，“四史”教育与高职院校思政课堂结合的时间还相对较短，探究“四史”教育与思政课程体系的融合时还需要对内在规律进行研究，对“四史”中很多没有挖掘出来的教育资源进行探究。“四史”教育包含着百年党史，其中涌现出了大量的英雄人物，对中国的发展进程产生着深远影响。把握好“四史”内在规律，能够为高职院校思政教学提供更为丰富的素材。同时，新时期高职院校在思政教育开展过程中还要运用多种方式和手段对“四史”教育的价值进行深入挖掘，构建更为系统的思政课程资源体系，实现“四史”教育与高职院校思政课程的深度融合。

1. *动态更新融合教育资源*

高职院校只有构建更为丰富、立体式的思政课程体系，才能够更好地完成思政教育目标。在思政教育资源挖掘过程中，要始终坚持动态性原则，如“爱国主义是历史进程的产物，其与社会发展所处的时代与阶段是具体的历史的统一”①。在“四史”教育与高职院校思政课程融合过程中，也要坚持动态更新，只有这样，“四史”教育资源才能够为构建完整、立体的思政课程体系提供更为丰富的素材。在历史发展过程中，我们只有对历史内在规律进行深刻把握，才能够尊重历史，才能够从历史中汲取经验，才能够为未来问题的解决提供思路。“四史”是中华民族历史的精华，是中华民族的精神所在，其中蕴含着丰富的思政课程资源。一方面，“四史”包含的中共党史、新中国史、改革开放史和社会主义发展史就是一部中国从最初被侵略到解放再到发展壮大的历史，就是中国共产党的一部奋斗史。其中有太多的素材完全可以成为思想政治教育开展的重要养分。对“四史”教育的历史资源进行梳理，有助于引导高校学生增强“四个意识”，坚定“四个自信”。另一方面，对“四史”教育中的历史人物和重要历

① 冯刚，高会燕．新时代爱国主义的时代蕴含［J］．西北工业大学学报（社会科学版），2020（1）：16-23.

史事件进行学习和反思，有助于增强高职院校学生对中华民族的认同感，有助于培养学生的历史思维，增强学生的社会担当。

2. 开发学生身边的学习资源

虽然“四史”学习教育开展时间相对较短，但对于高职院校学生而言，很多事情可能就发生在他们身边，因为他们身边很多老人都亲身经历过那段历史。让这些老干部、老党员、老红军讲述那段波澜壮阔的历史，能够让高职院校学生有更深层次的收获，特别是现身说法的方式，能够有效地提升高职院校思政课程的说服力，也能够使“四史”教育方式变得更为多元。因此，高职院校在思政课程开展过程中应充分认识到“四史”学习教育的重要性，要对身边的红色资源进行深入挖掘，将其作为思政课程开展的重要素材。有条件的高职院校要将本地区的红色资源作为重要开发对象，将老革命、老红军等先进人物请进校园，针对高职院校学生开展革命传统教育，传承和发扬好红色精神和红色基因。同时可以引导高职院校学生利用各种途径开展形式多样、内容丰富的社会实践活动，进一步激发高职院校学生的爱国情感和强国之志。

3. 创造性转化史料素材

高职院校思政课程与“四史”教育的深度融合，还需要对“四史”教育素材进行创造性转化和创新发展，要充分挖掘“四史”蕴含的丰富史学教育资源，建立与“四史”相契合的思政教学内容。将“四史”英雄人物和典型事迹转化为鲜活、接地气的思政教学资源，进而促进“四史”教育与思政教学的深度融合。将“四史”等史学教育资源融入高职院校思政课，是有效整合红色教育资源，建设更为多元化的思政教学体系，提升思政教学效果的重要手段。“四史”教育素材一般都比较具体和真实，是高职院校思政课实现课堂延伸的有效方式。通过对“四史”教育素材的创造性转化，更能够引起高职院校学生共鸣，更好地激发高职院校学生的内在动力和主动性。通过详细的史料分析和人物介绍，引导高职院校学生自觉地运用马克思主义立场、观点和方法来剖析问题，树立正确的党史观，把握历史规律，提升学习马克思主义理论的高度自觉，实现能力素质与价值观的有机融合，做合格的社会主义接班人，做社会主义核心价值观坚定的信仰者、践行者和传播者。

二、融入实践课教学，提升思政课深度

思政课要坚持理论性与实践性相统一，高职院校推动在思政课与“四史”教育融合的过程中更要强调实践属性，通过实践检验能够更好地验证理论认知。社会实践是引导高职院校学生认识社会、参与社会、服务社会的重要方式，社会实践不仅是思想政治教育的“第二课堂”，也是高职院校学生未来就业和创业的最终归宿。因此，在思想政治教育过程中更要结合“四史”开发好“第二课堂”。近年来，很多地区高职院校都积极创新社会实践载体，通过社区服务、红色文化旅游、“三下乡”、义务支教、社区服务等多种形式实现了高职院校思政课堂的对外延伸，进一步加深了高职院校学生对“四史”蕴含的精神的理解，开阔了高职院校学生的视野，提升了高职院校学生的实践能力，也提升了思政课程的广度和深度。

（一）搭建故事汇平台

为了更好地实现高职院校思政课与“四史”教育的深度融合，有必要在思政课程体系中搭建“四史”故事汇平台。通过故事汇形式，更好地汲取“四史”精神动力和精神养分。一是成立宣讲团。宣讲团既要有思政课教师参与，也要有资深党史学者参加，对中国共产党故事、新中国故事、改革开放故事、社会主义故事、新时代故事进行统编，形成系统的“四史”教育资源，充分挖掘“四史”教育潜力，将其作为思政课堂教学的重要补充。二是深入挖掘身边的红色资源。当前很多老革命、老党员完全可以成为高职院校思政课堂的外聘人员，通过这些老党员讲身边的故事，对高职院校学生进行系统的革命传统教育，让高职院校学生从先进典型中汲取力量。三是充分发挥多媒体优势，开展线上“四史”故事讲解，高职院校要充分发挥网络平

台作用，录制“四史”故事，对“四史”内容进行创造性转化，以学生喜闻乐见的语言形式讲述出来，更好地调动高职院校学生的积极性和主动性，使高职院校学生更深刻地接受“四史”教育，进一步提升“四史”教育的针对性和实效性。

1. 充分挖掘历史故事

“四史”既包括500年的社会主义发展史，也包括近百年的党史，还包括70多年的新中国史和40多年的改革开放史，在悠久的历史中形成了大量的历史故事。这些历史故事不仅感人，而且具有鲜明的教育属性和时代属性。因此，高职院校在思政教育开展过程中完全可以利用这些历史故事开展对学生的思想政治教育，通过历史与现实结合提升教育的实效性。一是要善于挖掘“四史”教育中的英雄人物，讲好中国故事，让高职院校学生从感人事迹和英雄人物事迹中汲取力量，汲取勇气。二是要讲好中华民族伟大复兴的故事，让高职院校学生从历史成就、历史经验中感受中国共产党人的不屈，感受中华民族的奋勇争先，进而增强高职院校学生的民族认同感。三是要挖掘“四史”中蕴含的红色文化精神。讲好红色文化故事，有助于引导高职院校学生树立文化自信。

以党史故事为例，1921年中国共产党成立之初，全国只有50多名党员，而2018年已经发展到9 000多万名党员。这一过程不仅是人数的增加，更是中国共产党的号召力的具体体现。中国之所以能够取得如今成就，就在于无数共产党人的奉献和牺牲。为了实现中华民族独立和民族解放，为中国人民谋幸福，大量的英雄人物前赴后继，不怕牺牲，才换来了如今的幸福生活。在革命战争时期，我们熟悉的刘胡兰、江姐、方志敏、狼牙山五壮士、刘老庄连队等一大批革命先烈，为了民族解放献出了宝贵生命，还有许许多多舍生忘死的共产党人没有留下姓名。在新中国成立之后，为了推进社会主义现代化建设，在各个战线上涌现出了大量的英雄榜样，例如“杂交水稻之父”袁隆平、为我国潜艇事业奉献终身的黄旭华、为我国医药事业奉献的屠呦呦等。这些人虽然在不同领域、有不同职业，但他们都是为了推动中国科技进步、国防安全和经济社会发展，为国家繁荣和人民幸福奉献了自己的一生。可以说，这些人代表着各个领域的精神，与中国当前的发展具有紧密联系。正是在中国共产党的带领下，在全国人民的共同努力下，中国摆脱了新中国成立初期一穷二白的尴尬局面，走向了社会主义现代化道路。同时，通过改革开放，为中华民族伟大复兴中国梦的实现奠定了坚实基础。而这些重要历史人物和所形成的革命精神完全可以成为高职院校开展思想政治教育的重要素材。

2. 学会讲述历史故事

习近平总书记指出，要加强对青年学生的思想政治教育，培养青年学生爱国情感。在思想政治教育过程中，要开拓创新，要善于利用历史故事增强思想政治教育的活力，为国家培养一批优秀的复合型人才。高职院校在思政课程开展过程中也要将讲好中国历史故事作为重要方面。为此，一是要加强对高职院校思政教师的培养，打造一批有知识宽度、有思想深度、有信仰高度的优秀思政课教师。在优秀思政课教师的努力之下，才能够对“四史”中的历史故事进行深入挖掘，才能够将“四史”教育与思政课堂教学有机结合，为学生讲好中国共产党的故事、新中国的故事、改革开放的故事和社会主义发展的故事。二是要重视对“四史”中历史故事的叙述方式。历史故事包含经典故事和典型故事，也包含地域故事和新时代故事。在历史故事叙述中，要善于把握不同故事类型的特点，以高职院校学生喜闻乐见、能够接受的语言风格传播出去。三是要重点讲好红色故事。红色故事不仅是“四史”故事的集中代表，也承载着红色精神。讲好红色故事，能够用鲜活的案例和典型的人物打动高职院校学生，实现红色故事与高职院思想政治教育的有机结合。四是要善于把宏大叙事与微观叙事相结合，让高职院校学生既能够看到中国共产党的发展脉络和新中国成立以后我国进行社会主义现代化建设的历史逻辑，也能够从微观层面了解到不同历史故事所蕴含的精神寓意。这样才能够将历史故事讲到点子上，才能够使“四史”教育更加系统化。五是要抓住故事中的关键。要对“四史”的历史脉络进行详细分析，找到关键节点、关键事件和关键人物对其进行系统梳理，进而将历史故事串联起来，传导给高职院校学生。六是要运用科学方法。高职院校思政课程教学时间有限，如果教学过程中内容过于庞杂，就很难体现出重点和要点，因此必须运用科学的方法对历史故事内容进行取舍，要将“四史”历史上的重大事件、重要文件、重要会议、重要人物进行系统讲解，抓住历史主流。七是要坚持贯穿与侧重相结合。要从历史的宏观角度看待历史进程，区分讲述对象的层次性，在讲清历史故事的同时，还要让高职院校学生知道历史故事背后的历史逻辑、实践逻辑和理论逻辑，只有这样才能够更好地发挥“四史”历史故事的育人功能，更好地激发高职院校学生的爱国情感。

（二）打造思政融合金课

高职院校学生正处于青少年时期，更需要精心地引导和培养。高职院校思政教师要充分发挥主观能动性和创造性，积极打造“四史”思政金课，引导高校学生用习近平新时代中国特色社会主义思想武装头脑，树立正确的人生观、世界观和价值观，主动投身到中国特色社会主义伟大事业之中。同时，“四史”思政金课也是加强思政课创新的重要手段。在具体课堂教学过程中教师应将立德树人与思想政治教育、“四史”教育、文化教育、社会实践教育有机结合。积极打造教学质量高、育人效果好、学生喜爱的高职院校思政金课。新时代背景下，在“四史”思政金课打造过程中要积极利用现代信息技术手段对“四史”资源进行有效整合，通过平台互通等优势对“四史”思政金课进行广泛宣传，更好地满足广大高职院校学生的学习诉求。

1. 发挥思政金课的引领作用

高职院校“四史”思政金课要突出政治性和价值引领性，在教学目标上要充分发挥教师的引导作用，引导学生形成正确的价值取向和政治选择。高职院校“四史”思政金课与传统的思政课存在一定的差异性。“四史”思政金课对高职院校教师的政治性、历史性、纪律性提出了较高要求，需要思政教师成为学生意识形态上的领路人，引导学生树立正确的理想追求，提升学生的思辨能力，使学生能够自觉地运用马克思主义的观点、立场和方法来分析问题、处理问题、解决问题。当前，高职院校在开展“四史”思政金课的过程中没有对“四史”教学资源进行深入挖掘，只是将“四史”内容与思政内容进行了简单融合，弱化了“四史”思政金课的价值引领作用和政治性。还有些教师只是追求教学手段的花样翻新，忽略了“四史”思政金课的教学目标，导致“四史”思政金课理论与实践脱节，在一定程度上影响了高职院校学生的成长。

要想使“四史”思政金课有深度、有温度，就需要形成严密的协作体系和专业的师资团队，通过教学与科研的双促进，不断地提升教师的教学能力和科研能力，解决当前师资队伍学术结构过于单一、研究视角不够宽泛的现实问题。一是要搭建平台，组织优秀教师团队。要通过线上线下资源的有效整合，建立教学资源数据库，以思政课教学目标作为指引，结合“四史”教学资源建立多样性、立体化的教学数据库，使思政课教师能够围绕课程教学目标，对“四史”教学的重点、难点进行集中讨论，通过相互交流、相互启发、取长补短等方式，对教学内容、教学形式、教学方式进行创新。同时通过建立精品资源共享课，实现资源有效共享，进一步提升“四史”思政金课教学质量。二是要充分发挥教师团队专长，通过协作方式，以科研作为切入点，对社会热点难点问题进行全面解读，充分发挥骨干教师的教学示范作用，定期组织教学，进行观摩、进修、交流，进一步提升思政教师对“四史”教学的把控能力。三是将“四史”思政教学资源与现代信息技术深度融合，形成更为系统全面的多媒体教育资源，包含“四史”思政金课文本课件、PPT、音频、视频、微课等多种形式，不断丰富精品课程内容，通过多渠道、网络化、可视化、立体化“四史”思政金课打造，致力于完成“四史”思政金课建设目标。

当前，大数据、云计算、人工智能技术已经对高职院校学生的学习和生活产生了深刻影响，高职院校学生作为互联网的“原住民”，很容易受到各种网络思潮和网络言论的影响。这就要求高职院校在开展思政教学过程中要关注网络环境对高职院校学生产生的影响，要结合“四史”教育的诸多特点，建立各种立体式、综合式的教学资源库，通过线上线下联动，充分发挥信息技术的强大优势，更好地调动学生参与的积极性和主动性。这也是当前“四史”思政金课建设的突破点和难点。在“四史”思政金课教学过程中进一步明确项目化教学改革的具体任务，在具体课程教学过程中要突出“四史”内容，突出“四史”重点。

2. 立足经典打造理论金课

思政课具有极强的理论渗透性，只有与高职院校学生产生互动交流，才能够使理论金课更具有说服力和吸引力。因此必须让高职院校学生看到“四史”理论金课的理论价值，坚持系统性与实践性相统一原则，对马克思主义理论进行精读和研读，让高职院校学生更好地理解马克思主义理论力量，看到马克思主义理论不仅深刻影响着世界社会主义的发展，同时在新时期对当代经济社会文化等多个领域仍产生深刻影响和指导作用。因此，学习经典理论并不过时，反而能够更好地解决现实问题，更好地引导人们关注学术热点，而“四史”教育融入思政课程以提升思政课的吸引力和穿透力为目标，开展“讲理论”系列微课，形成系统的理论体系微课，开发和研究红色文化资源的校本课程，实现预设的教育目的①。微课内容应强调创新性和精品性，要将“四史”教育、社会主义核心价值观作为微课教学核心。通过微课录制，更加突出“四史”理论金课的教育重点，同时要注重系统性和整体性，要对思政课程进行全面梳理，有针对性地进行微课加工，形成更具有亮点、更具有创新性的理论微课系列。此外，要鼓励学生也参与到微课制作之中，通过与学生关于微课的互动，更好地加深学生对马克思主义理论经典的理解，这也有利于线上教学资源的整合。

经典案例永不过时。无论是在革命战争时期还是在社会主义建设时期，中华儿女为了民族解放，为了实现中华民族伟大复兴，都进行了可歌可泣的斗争。无数仁人志士创造了一个又一个有血有肉、感天动地的革命故事。中国共产党是在马克思主义指导下应运而生的，带领着全国各族人民为了救亡图存进行了一系列的革命斗争，铸就了大量的经典案例。高职院校在思想政治教育过程中要善于挖掘经典案例

① 李懋君．遵义红色文化资源转化为思政课校本课程的思考［J］．遵义师范学院学报，2020（5）：1-3，9．

及其背后的红色文化，更好地激发高职院校学生对中国共产党和社会主义的认同感，特别是要善于利用当前高职学生熟悉的新媒体、短视频平台，开展多种形式的红色经典故事直播活动，通过短视频来弘扬红色文化，传承社会主义核心价值观，同时对红色经典进行再创造，也有利于吸引高职院校学生的注意力，通过与时俱进的内容创新，让红色经典经久流传。

经典时事更具有吸引力。时事政治是高职院校学生了解外部世界的重要渠道和内容，当前国内外形势风云变幻，时事政治在一定程度上能够反映世界走向和国家发展方向。高职院校学生作为 21 世纪的新青年，必须对世界发展脉络有清晰的认知，必须掌握国家的发展动态，这样才能够实现个人理想与国家理想的有效结合，才能够为国家发展做出贡献。高职院校学生对时事政治的关注点有个人的倾向性，具有学生个性色彩，教师在思政课讲解过程中要善于把握时事政治热点，特别是要以“四史”作为时事热点选择的重要标准，选取能够反映“四史”代表性、有吸引力的时事热点，并结合思政课程进行系统的讲解，引发学生思考和讨论。通过教师与学生的有效互动，了解学生的所思所想，进而引导学生树立正确的历史观、人生观、价值观，同时有助于思政教师把握思政育人的主动权、主导权和话语权。

3. 打造线上线下混合式金课

目前，在“四史”思想政治教育金课打造过程中，线上线下融合教学模式已经成为新常态，混合式金课教学能够有效整合线上线下“四史”教育资源和思政教育资源，充分发挥各资源优势。

一是要培养学生的学科核心素养。要借助线上线下资源，对“四史”融入思政课的相关知识进行整合，引导学生对“四史”与思想政治教育内容进行深度通透式学习，将所学到的知识作为学科核心素养。二是要善于利用项目式教学和问题式教学，引导学生对“四史”教育内容真学真用。三是要为学生创造情景体验氛围，引导学生对“四史”教育素材进行深刻把握，为思政课注入“四史”源头活水；引导学生对“四史”教育内容进行全面把握，做到真懂。四是利用网络信息平台对“四史”相关资料进行整理，通过学生态度和行为的前后变化来判断学生对“四史”内容的信任度。五是要结合学生特长，让学生将“四史”学习内容运用到实践之中，进而判断学生能否真正实现知识的活学活用，通过线上线下混合式教学有效衔接，建立以问题和成果为导向的学习机制，围绕高职院校学生打通资源共享渠道，通过翻转课堂、问题式教学，进一步检验学生课堂学习成果。同时，将现代信息技术与课堂进行深度嵌入，进一步提升学生学习氛围和学习效果，不断将思政教育内容与“四史”教育内容进行实践转换。在线上线下混合式金课构建过程中，要坚持多维互动、交叉融合，充分发挥教师的引导力和学生的主体性作用。要进一步明确教学重点和难点，引导学生围绕重点问题和难点问题展开主题讨论、线上讨论和课堂讨论，有效提升线下课堂教学的含金量。同时要按照混合式金课建设标准，对照课堂教学实际，解决学生驱动力不足的问题，通过小组协作、互助学习等多种方式，让学生真正走入教学全过程，依托网络平台实现“四史”教育资源与思想政治教育资源的深度融合，打破教学时空限制，进一步提升学生学习效率。

当前，自行开发有自身特色的互动平台对于高职院校来说具有较大的成本压力和技术压力。因此高职院校在思政课程与“四史”教育融合过程中应借助相对成熟的教育平台，实现各类教育资源的有效整合，解决自建平台的成本压力、技术压力和人才压力，使用先进的外部平台进一步提升资源的整合效率，改变高职院校“四史”教育资源、思政教育资源“各自为政”，以及高职院校之间“信息孤岛”的局面，进一步实现区域性乃至全国性思政教育资源和“四史”教育资源的有效整合，进而实现教育资源的优化配置，提升教育资源的利用效率，同时可以将平台资源与高职院校思政教育进行有机结合。对“四史”教育资源进行深入挖掘，通过对经典案例、经典理论、经典时事政治热点的深入研究，形成一系列有高职院校自身特色的教学内容，打造混合式金课要借助线上线下不同资源特点，形成更具有互动性的“第二课堂”。对教学内容进行创新，为高职院校学生提供多元化的思政学习内容和“四史”全新内容，让网络思政教育和“四史”教育焕发生机，更好地挖掘思政教育与“四史”教育的隐性教育资源，建立丰富的共享共建平台，更好地吸引学生参与到平台讨论互动之中，使高职院校思政引领工作呈现螺旋式上升趋势，实现思政教育与“四史”教育的深度融合，提升教学效果和育人效果。

4. 打造“行走实践金课”

“行走实践金课”能够为高职院校学生知行合一、理论与实践相结合提供载体。形式多样、内容丰富的社会实践课能够让学生真正步入社会大课堂，让学生将思政课所学到的关于“四史”的理论知识具体运用到社会实践之中，将课堂理论与社会实践紧密结合，将网络内容、课本内容和自学内容延展到各种社会实践活动中去。将课堂的45分钟扩展到社会实践的全过程，既能够帮助高职院校学生在思想政治方面接受更为系统的社会教育，也能够让高职院校学生对社会实践有更为深层次的理解。高职院校是为社会培养全面发展的“社会人”，当前高职院校学生生活在父母的关怀和学校的关照下，对社会了解得不深不透，“行走实践金课”能够让高职院校学生参与到社会实践活动之中，通过亲眼看、亲耳听、亲身感受达到理论知识入脑入心的目的。习近平总书记指出，青年学生学到的东西不能只停留在课本上，而要通过社会实践做到知行合一。这为高职院校打造“行走实践金课”提供了理论条件。

高职院校在思政课教学过程中既要善于挖掘“四史”教育的有益资源，也要充分利用各种社会资源，形成长效育人机制，在“行走实践金课”创新过程中实现理论性与实践性相统一。高职院校思政教师在具体教学过程中要围绕学生的现实困惑，从时代发展需求出发，既要注重“四史”教育知识的传授和马克思主义理论知识的传导，也要对理论知识进行升华，引导学生坚定马克思主义信仰，增强对国家和民族认同，进而提升学生的核心素养。“行走实践金课”能够使高职院校学生在社会实践过程中完成思想认识到道德体悟，再到信仰实践的全面升华。社会实践能够将知识教育、情感教育和价值教育进行有机统一，使思政课充满生命力和活力，更好地激发高职学生的内心情感，让高职院校学生能够得到全面成长。

“行走实践金课”能够引导学生感受天地之美，能够在学生心里埋下真善美的种子。任何理论没有经过实践检验，也难以引发学生的共鸣。“行走实践金课”就是要增加学生的社会阅历，在实践中将课堂理论与历史化的实景进行有机结合，内化于心、外化于行，实现生命意义的升华。让学生在社会实践中有新的感悟和体悟，进而培养学生的尚学之心、求新之心、求变之心，在接触不同类型的社会实践中锻炼学生的问题意识和思维意识。通过参观红色经典博物馆、纪念馆等多种社会实践活动，将“四史”教育与思政教育有机结合，进而让高职院校学生对“四史”有更为深刻、真实的关注和理解。

高职院校需要给予“行走实践金课”足够关注，特别是在重大节日和关键时间节点，要为学生提供走入社会、接触社会、认识社会的机会。例如七一建党节、八一建军节、中国人民抗日战争胜利纪念日等重要时间节点，教师就可以结合思政教学内容安排学生带着问题到博物馆、纪念馆、党史馆进行考察。高职院校自身也有校史陈列馆，这也是“行走实践金课”开展的重要场所。高职院校思政教师要鼓励学生通过实践的方式来检验自己学到的内容，同时通过观点辩论、情景模拟等多种方式更好地激发高校学生参与的积极性和主动性。

若高职院校所在地区包含大量的红色遗址、红色基地和红色纪念馆等，这些重要的文化场域完全可以成为高职院校“行走实践金课”教学的场所。高职院校思政教师在校外实践教学过程中要加强与学生的沟通、互动，积极把握当前高职院校学生的思想动态，通过现场教学、参观纪念馆等多种形式，引导高职院校学生准确地理解中国共产党奋斗的不易，这样既能够增强学生的社会责任感和历史使命感，也能够砥砺学生的意志品质，培养学生艰苦创业、艰苦奋斗的精神，引导学生通过理论与现实对话，更好地激发学生的探究和思考能力。通过交流、分享等多种方式，让学生与学生之间形成协作关系，在“行走实践金课”中实现从求知到自我提升的完美转变。

（三）开展红色思政研学

当前，研学旅行已经成为体验式教育和研究性学习的重要方式，具有广阔前景。在高职院校思政课程教学过程中，可以结合“四史”教育相关内容，开展以红色主题为核心的研学旅行。红色研学旅行是指在思政课教师的指导下，利用节假日时间，通过集体组织或自助游的方式，以红色旅游景点作为目的地，通过游览观光、参与体验和学习研讨等形式，完成实践教学的一种旅行。当前思政研学已经成为思政教学的重要方式，对提升教学效果起着重要促进作用。但对“四史”红色思政研学旅行如何设计，如何形成激励机制，如何实现“四史”红色思政研学与景区、学校的协同育人，还需要深入探讨和分析。

随着职业教育改革的不断深入，传统的职业教育模式很难适应时代发展变化。原有的职业教育边界正在被打破，职业教育与其他行业和领域融合得更为紧密。“四史”红色思政研学能够有效地解决研学旅行过程中“只重游、不重学”的现实问题，同时能够进一步提升高职院校思政社会实践教育质量。将在“四史”红色思政研学旅行中发现的红色元素、红色精神与思政教育相融合，能够为高职院校立德树人任务落实提供主渠道、主阵地，更好地培养德技双优的高素质人才，进而实现“四史”教育与高职院校思政教育的深度融合发展。

1．依托研学基地、革命教育基地、党史遗址开展思政研学

校外实践活动是引导学生将“四史”教育内容思政理论运用到实践的重要途径。在“四史”教育中，每一处革命遗迹，每一个历史人物，每一段历史故事都是在特殊历史时期中国革命精神的集中体现，高职院校在校外实践活动中应结合“四史”教育的现实诉求，对本地区的红色教育资源进行深入挖掘，形成研学基地，引导高职院校学生前往革命圣地、革命老区、革命遗迹、革命纪念馆进行参观，瞻仰革命文物，感受红色文化。通过沉浸式体验的植入，让高职院校学生在思政社会实践教育中更好地感受“四史”学习的精髓，引导高职院校学生更加深刻地认识到学习历史知识的重要性和必要性。只有全面掌握历史发展脉络，学生才能够更加坚定“四个自信”，才能够从大局出发培养创新精神、艰苦创业精神和爱国主义精神。同时，可以借助各类媒体平台，邀请党史专家、老红军、老战士、老党员担任高职院

校校外辅导员，利用节假日进行社会实践，带领学生走社区、进农村，通过调研考察对本地区的红色资源进行采样，充分了解本地区的红色资源样态，将抽象的理论转化为具体实践，将被动学习变为主动学习，并结合“四史”红色思政研学的具体要求，将所思、所想、所感进行总结，加深对“四史”红色精神的理解，进一步强化高职院校思政育人效果。

革命教育基地。革命教育基地是“四史”教育开展的重要场所，也是高职院校开展“四史”教育与思政教育融合的重要支撑。充分利用革命教育基地的丰富红色文化资源，能够进一步提升“四史”教育与高职院校思政教育融合的深度和广度。一直以来，国家都非常注重革命教育基地建设，并出台了一系列政策法规，要求各级地方政府要对本地区的红色资源进行有效整合，建立革命教育基地，对广大党员和青少年学生进行系统的革命教育。无论是革命老区还是新建设的现代化城市，都拥有丰富的革命教育资源。这些资源如果适当地进行保护和合理利用，能够为党的教育思想普及和红色文化宣传起到重要的促进作用。中国共产党在百年奋斗历程中形成了大量的宝贵资源，这些宝贵资源既是红色精神的重要体现，也是针对当前青年开展“四史”教育和思想政治教育的重要素材。无论是英雄事迹还是会议遗址，都是“四史”独一无二的历史素材。没有共产党就没有新中国，没有社会主义就没有当前中国的强大，没有老一辈共产党员的奉献和牺牲就没有今天的幸福生活。通过革命教育基地建设、开展思政研学，更好地宣传红色文化和红色精神，有助于加深高职院校学生对革命历史的理解和认同。

中共党史遗址。中国共产党在不同历史时期形成的大量的党史遗址，这些党史遗址对研究党的发展历程，对教育广大人民群众，对引导青少年树立正确的世界观、人生观和价值观具有重要现实意义。新时代高职院校在推动“四史”教育与思政课融合的过程中应将党史遗址作为重要的实践教学场域，在党史遗址利用开发过程中，高职院校要与党史研究部门和文化旅游部门展开密切合作，积极争取合作项目，开展思政研学，将党史遗址纳入青少年党史爱国教育范畴之内，从而更好地激活红色基因。高职院校可以围绕传承红色基因、弘扬奋斗精神为主题的党史教育活动，通过参观党史遗址，更好地重温历史、铭记历史，将在党史遗址所学到的知识作为精神营养剂和催化剂，进一步激发高职院校学生听党话、跟党走的精神动力。

老干部、老党员也是开展思政研学的重要参与主体。习近平总书记指出，在新中国的发展道路上，老一辈革命前辈立下了汗马功劳，老一辈共产党员和老一辈革命家不仅是中国共产党的创造者，也是中华人民共和国的奠基人。新中国成立以来，老一辈革命前辈并没有放弃光荣传统，而是带着其独特的精神力量，主动地参与到社会主义现代化建设之中，对改革开放和社会主义发展起到了重要促进作用。新时期，我们要学习老一辈共产党员和革命家的光荣传统和崇高精神。因此，在开展思政研学过程中应将老一辈共产党员和老干部作为思政研学的重要对象。一方面，要积极邀请老干部、老党员到高职院校针对青年群体开展系列讲座活动，通过老干部、老党员现身说法，针对高职院校学生开展党史思想教育，进一步提高高职院校师生参与党史思想教育的积极性和主动性。同时围绕老干部、老党员所提出的一系列问题，将其作为思政研学的内核，通过重走红军路、重走革命故居等多种活动，参观老干部、老党员战斗过和生活过的地方，感受他们艰苦创业的不易，进一步增强高职院校学生的革命意识。另一方面，要积极组织高职院校学生通过思政研学方式到革命遗址、革命老区参观学习，感受中国共产党各个时期涌现出的先进人物，学习老一辈革命家和共产党员不怕牺牲、甘于奉献的革命精神，进而影响青年的世界观、人生观、价值观，扩大对红色文化的宣传力度。

高职院校在思政研学过程中要对红色资源、红色故事、红色历史遗迹进行综合利用，要将思政研学作为理论与实践结合的重要途径，要从高职院校学生的思想和生活实际出发，选择合适的思政研学道路，既与“四史”相契合，又能够提升高职院校学生的综合素质和文化素养。高职院校要善于利用本地区的红色资源，与博物馆、革命历史纪念馆、党史馆建立紧密联系，创建红色教育基地和爱国主义教育基地，为思政研学的开展创造有利条件。同时，高职院校要注重对红色教学基地的开发和利用，对本地区的红色资源进行有效整合，并将其融入红色教育基地之中，进一步扩展和延伸红色教育基地的内涵和覆盖范围，通过红色基地、红色资源的挖掘，让高职院校学生深切感受红色文化资源的育人价值、历史价值和教育价值。高职院校要善于利用红色教育基地，将其作为学生思政研学开展的“第二课堂”。将理论知识与课外实践相结合，发挥好红色教育基地和爱国主义教育基地的隐性教育功能，提升高职院校学生参与的积极性、主动性。同时，要因地制宜开展形式多样的思政研学活动，定期组织高职院校学生以不同形式参与到社会实践活动之中，可以到博物馆实习，做革命遗址的讲解员，做红色教学基地的介绍人员，通过角色扮演感受中国共产党的风雨历程，感受老党员、老红军的奉献精神，在育人中育己，进一步提升自身的知识储备、历史素养和道德修养，提升思政研学育人效果。

2. 红色思政研学要避免形式大于内容

当前我国各地都拥有丰富的红色资源，这为红色思政研学提供了必要准备。高职院校可以利用红色资源开展思政研学。在红色资源利用过程中要坚持因地制宜原则，与高校师生广泛讨论，选择适合高校学生的红色资源，开展多种形式的红色思政研学，引导学生在思政研学过程中感受红色资源蕴含的革命精神和红色精神，进一步提升高职院校思政育人效果。红色思政研学要避免形式大于内容，要找到研学重点。一是要利用重大节假日举办研学活动。诸如五四青年节、七一建党节、八一建军节、十一国庆节等，这些重要节日完全可以成为高职院校学生红色思政研学的时间点，让学生在研学过程中重温经典、致敬历史，感受我党建党、建军的时代氛围，感受青年应该承担的历史责任。二是要积极开展广泛的社会实践和社会调查活动。要将思政实践研学与社会实践调查相结合，在旅行的同时还要进一步增强学生的责任意识，设置不同的调研主题，如围绕百年建党史，可以带领学生深入红色旅游胜地参观学习，切实感受国家所经历的艰难困苦，厚植家国情怀，坚定高职院校学生理想信念，实现高职院校学生个人价值与国家奋斗目标的融合，真正让红色思政研学有重点，让学生在红色研学中既能够体会到社会实践对自身价值观产生的冲击，也能够充分利用红色研学的实践过程，进一步提升学生的综合能力和素质，进一步增强“四史”育人效果，进一步提升“四史”融入思政课教学的深度和广度，进一步增强思政研学的实践性和思想性。

赋予研学活动深刻的教育意义。红色思政研学如果只是为了旅行，没有对学生进行深刻的意识形态教育，研学活动就失去了意义。在红色思政研学过程中，高职院校要与政府相关部门积极联系，为红色思政研学活动的开展提供扎实的保障。各级地方政府应主动顺应时代发展趋势，为红色思政研学活动营造良好的外部环境，并搭建平台，为高职院校爱国主义教育基地及其他红色旅游景点沟通互动提供桥梁，更好地发挥政府的服务职能。同时，在红色思政研学过程中一定要明确以社会主义核心价值观作为课程引领，进一步提升红色思政研学的实效性、价值性和思想性。为此，一是要加强思政教师队伍建设，进一步提升思政教师的能力和素质，保证其能够在红色思政研学过程中主动地引导高职院校学生形成科学的世界观、方法论和历史观，在思政研学过程中将“四史”内容融入其中。二是要重视“四史”教育，高职院校要以红色文化为主题，开展多种形式的红色交流活动，帮助学生巩固研学成果，掌握红色历史知识，激发学生爱国热情，树立创新精神。教师要将红色研学与思政课程有机结合。一方面，要明确红色研学的具体目的，对红色研学活动进行科学设计，引导学生深刻理解社会主义核心价值观，加深对红色文化的学习。另一方面，要将“四史”教育与思政教育有机结合，结合课程实际需要选择合适的红色文化研学地点开展实践活动，创新教学方式，以实现思政教育的常态化和“四史”教育的价值化。

红色思政研学属于综合性非常强的课程。在红色思政研学过程中既能够提升学生的研究学习能力，也能够提升学生的核心素养，因此在评价方式上要更加多元。要始终坚持以问题为导向，以核心素养为主要评价对象。要将过程评价和质性评价有机结合。红色思政研学活动与培训活动存在着明显差异，既要注重旅行形式，也要注重学习内涵，因此在红色思政研学设计时要根据高职院校学生特点选择合适的项目进行重组和优化。可设置以下项目：

（1）重走长征路，培养学生的意志品质。与当地党史部门和旅游部门取得联系，重走长征路，感受当年红军在曲折小道上前进所受到的自然环境制约，思考在经济和军事封锁下如何才能够突破重围。通过体验“三大纪律八项注意”、穿越泥泞山谷，以及抢救伤员等演练，培养高职院校学生的红色革命精神和坚强意志品质。

（2）聆听红军故事，坚定学生理想信念。高职院校可以组成若干服务小队，深入本地区老红军、老战士家里，听这些老红军、老战士讲述他们的感人故事，感受革命战士身上所迸发出的革命热情、革命火焰和革命精神。学生在红色思政研学旅行过程中既能够脚踏实地地为他人服务，也能够学习红色经典，感受红色基因和红色精神，进而有助于高职院校学生树立正确的世界观、人生观和价值观，做一名有信仰、有理想、有梦想的时代新人。

（3）参观红色旅游景点，培养学生的家国情怀。培养高职院校学生家国情怀是开展“四史”红色思政研学的重要目的之一。当前很多地区都有丰富的红色旅游资源，这些红色旅游资源完全可以成为“四史”红色思政研学的重要目的地①。高职院校学生在“四史”红色思政研学过程中可以直接参与各类公益活动，进一步提升高职院校学生的社会公共精神和为民服务意识，进一步增强学生家国情怀。“四史”红色思政研学从感性学习入手，让学生接触丰富的红色革命文化和精神并对其进行理性总结，进而消除“四史”教育与思政课程之间的距离，让学生在思政研学过程中感悟中国共产党的伟大，进一步增强高校学生对中国共产党和社会主义的认同感和归属感。

开展“四史”红色思政研学应注意以下几点：一是要因材施教。在开展“四史”红色思政研学过程中要充分结合高职院校学生特点，充分了解本地区红色资源和历史文化，通过设置科学合理的“四史”红色思政研学路线，凸显研学内容的理论性和实践性，切实提升学生

① 冯留建，江薇．深化高校思政课党史教育的实践逻辑［J］．思想政治课教学，2022（3）：29-33.

的综合素质，培养学生的实践操作能力，使研学内容更加契合高职院校学生的具体诉求。二是要充分尊重学生的主体地位，充分发挥“四史”育人作用。在开展“四史”红色思政研学过程中，要引导学生成为红色文化的传承主体①，在“四史”红色思政研学过程中要感受到中国共产党的艰苦奋斗历程，要培养学生的家国情怀和坚强的意志品质，同时要实现思政课程与“四史”教育的深度融合，帮助学生树立正确的世界观、人生观和价值观。三是要内涵深厚，形式多样。要结合本地区丰富的红色资源优势，串联合适的红色景点，开展形式多样、内容丰富的“四史”红色思政研学活动，更好地激发学生的参与热情和积极性，实现研学合一、知行合一、意趣合一。

（四）构建专业—社会—网络一体化实践体系

创新是提升高职院校思想政治课程教学效果的重要手段，要想讲好党的故事，就需要在手段、方式、内容、形式、理念上进行创新。“大思政”格局下要想将“四史”教育融入高职院校思政课程，需要对思想政治课程的内容、理念、形式、手段进行创新，实现“四史”教育与高职院校思政课程的深度融合，进一步提升思政课程的感召力和号召力。高职院校要主动适应互联网时代发展趋势，以网络平台作为“四史”教育与思政课程深度融合的重要载体，推动高职院校思政课程创新，让“四史”教育更好地发挥育人效果。

1．专业建设与环境变化相关联

社会环境对人的实践活动产生着深刻影响，要想提升高职院校思政课程教学效果，就需要关注思政教育外部环境。当前国际环境已经发生了巨大变化，文化价值变得更为多元，各种社会思潮在互联网相互碰撞、相互激荡。高职院校学生成长在网络环境时代背景下，很容易受到网络环境多元价值影响。高职院校要充分认识到环境变化对思想政治教育开展的影响，更应该将“四史”教育与高职院校思政课程

① 虞志坚．伟大建党精神融入高校思想政治教育的价值意蕴和实践进路［J］．湖北社会科学，2022（3）：155-161.

紧密融合，制定更为系统的宏观指导，对育人资源进行统筹，进而形成更为完善的育人机制和育人手段。在实践理念上要始终坚持“以人为本”，充分尊重高职院校学生的成长规律、学习规律，以关心和服务学生为中心，积极引导高校学生参与到社会实践之中，更好地传承红色文化和红色精神。同时要围绕多个主题设计灵活多变的社会实践项目，在实践过程中要依托“四史”教育资源和思政课程资源，进一步扩大高职院校学生社会实践覆盖范围，调动不同主体参与到高职院校学生社会实践工作之中，加强与校外实践基地互动，与爱国主义教育基地互动。与革命遗迹博物馆等沟通合作，形成联动机制，以及更为系统的“四史”教育与高职院校思政课程融合的育人体系，进一步提升专业性。

当前很多高职院校都依托本地区的红色文化资源，与爱国主义教育基地、革命遗迹、博物馆、党史馆建立起长期合作关系，为高职院校学生开展革命文化为主题的社会实践提供场域，发挥“四史”的育人功能①。为进一步增强高职院校学生的爱国情感，高职院校可以充分利用节假日组织各种形式的社会实践团队，在思政教师的指导下，到爱国主义教育基地、博物馆、党史馆参观学习，让学生在行走中感受革命先烈的高尚人格魅力，感受红色文化深刻的精神内核。通过社会实践活动，进一步增强高职院校学生参与社会主义现代化建设的决心和信心。通过将“四史”教育与高校社会实践相结合，为高校思政课程开展提供多元化模式。一方面，高职院校可以利用本地区的博物馆、烈士陵园和党史纪念馆开展形式多样的现场教学，通过亲身体验更好地感受红色文化带来的视觉冲击，进一步加深对红色文化的理解。另一方面，高职院校可以组织学生观看不同题材的红色经典影视作品，引领高职院校学生感受革命精神，传承红色基因②。在此基础之上，带领高职院校学生走出课堂，进入社会，学生可以通过参观学

---

① 崔龙燕，崔楠．中国共产党精神谱系融入思想政治理论课的三重追问［J］．中南民族大学学报（人文社会科学版），2022（7）：164-172，188．

② 吴炜生．高校思想政治理论课讲好党的百年成就经验的价值意蕴、问题研判和可行路径［J］．思想教育研究，2022（5）：131-136．

习、实地调研等多种方式收集整理各种与革命历史相关联的材料，进而撰写相关的社会实践调研报告，加深对革命精神的理解。

2. 理论教学与实践活动相衔接

以空间实践为依托，激发学生主动实践创新，将理论知识内容与实践活动串联。通过举办多种实践活动，丰富学生的认知，使其情感体验和价值观进一步升华。

“讲一讲”。当前高职院校学生大多都是“00后”，他们视野开阔、思维活跃，对外部信息比较敏感。在思政课程开展过程中，很多高职院校学生对马克思主义理论感到困惑，如何引导高校学生以自己的视角来探讨马克思主义理论，并自觉地运用马克思主义的立场、观点和方法来解决实际问题，成为当前高职院校开展思政课程需要解决的最紧迫的现实问题。“四史”教育与高职院校思政课程的深度融合，能够实现理论教学与实践教学的有效衔接，充分发挥“四史”教育的育人价值和育人功能。要善于利用线上教学优势，可以为学生抛出一个问题，让高职院校学生对马克思主义经典理论及中国共产党形成的各种党建理论进行深刻剖析，结合课堂讲解的内容进行集体讨论。例如以“建党100周年”为契机，可以让高职院校学生创建“‘四史’研习社”“习近平新时代中国特色社会主义思想青年学习团”等多种学生团体，进而围绕核心问题展开系统讨论，让大家讲一讲，充分挖掘高职院校学生的创新力和协作能力，通过入脑入心的“四史”教育更好地传承红色文化。

“演一演”。高职院校在思想政治教育过程中应充分发挥“四史”的育人作用。要以“四史”教育为切入点，以高职院校学生作为主体，开展全方位的高职院校思政课程创新，以中共党史、新中国史、改革开放史和社会主义发展史作为题材，结合当前社会关注的热点和难点话题，自主编排多种形式的剧目让大家演一演，形成丰富的案例演绎实践，让高职院校学生能够身临其境地体会中国共产党的奋斗不易，体会改革开放的磅礴动力，体会社会主义现代化建设的巨大成就，更好地激发高职院校学生弘扬红色文化的主动性和自觉性，更好地传承红色基因。开展历史人物演艺活动，既能够使学生对伟人事迹、历史典故、传统文化有更深层次的理解，也有助于增强学生对历史文化的认同感。让学生以情景再现的形式呈现经典，能够让高职院校学生的实践主体地位得到有效巩固，同时学生表演也更容易被其他学生接受和认可。

“议一议”。有理论的清醒，才有制度的自信。当前，高职院校学生面临的内外部环境都发生着深刻变化，特别是在文化领域，各种思潮相互碰撞，对学生世界观、人生观、价值观、历史观的形成都产生着不同影响，这就要求高职院校学生要始终保持理性头脑，正确地分析各种思潮。特别是高职院校学生历史观，其是否正确与高职院校学生自身的判断能力有很大关系，这就要求高职院校教师要充分发挥“四史”的育人作用，引导高职院校学生针对当前社会热点话题和难点话题展开广泛讨论，让高职院校学生有沟通、互动、交流的平台，经常议一议。例如，可以围绕长征时期为何涌现出许许多多为救他人而牺牲自己的英雄事迹，让学生从不同视角来剖析这一问题，教师也要参与其中，对学生进行引导，培养学生独立思考能力，让学生表达自身观点。同时教师也能够更好地了解学生的思想动态，把握学生的主流思想，进而为高职院校思政课程开展做好铺垫。同时学生在交流互动过程中也能够加深对“四史”教育的理解，通过“议一议”进一步增强“四个自信”。

3. 线上与线下教学同频共振

“四史”教育与高职院校思政课程融合需要线上线下同频共振。高职院校可以充分利用新媒体技术，搭建红色微信公众号、红色微博、红色网站，为高职院校学生学习“四史”提供平台，依托校园丰富的网络环境，开展形式多样的广播节目、社团节目，以学生喜闻乐见的形式为学生提供丰富的红色资源①、红色素材和“四史”内容，对学生进行中共党史教育、新中国史教育、改革开放史教育、社会主义发展史教育，传播红色精神，增强高校学生爱国意识和爱国热情。

---

① 李先伦，牛婷娴. 党史教育融入高校思政课教学微探［J］. 学校党建与思想教育，2022（5）：42-44.

首先，高职院校要将红色文化资源进行创造转化，对红色资源进行整合和深挖，将互联网技术嵌入红色资源开发之中，充分利用“第一课堂”和“第二课堂”的优势，为高职院校学生提供立体化的红色文化教育，也可以充分发挥学生的主观能动性，引导学生参与微课程创作，将历史故事、历史人物、历史事件进行收集整理，以微课的形式进行展现。通过学生与教师的互动，进一步提升高职院校学生参与“四史”学习的主动性和积极性，加深高职院校学生对“四史”的理解。其次，高职院校还可以开设红色经典微课堂，利用高职院校学生所制作的微课课程对学生进行教育，更加契合高职院校学生的需求和特点。通过实践课与理论课有机结合，进一步拓展高校思政课程教学内容，推动高校思政课程育人进程。最后，高职院校要充分发挥互联网的优势，积极引导网络舆论，在网络上传播正能量，让高职院校学生接受正面教育，通过红色文化精神食粮的输出，进一步提升高校学生思想政治教育效果。

高职院校在开展“四史”教育与思政课程融合的过程中要多方发力，实现线上与线下的有效衔接。一是要以高校新媒体平台建设作为着力点，充分发动学校宣传部门、学工部门和党委部门打造网络思政矩阵。结合“四史”学习教育的新要求，打造一系列有深度、有温度、有广度的内容充实到思政平台上，将线上舆论与思想政治教育工作有机结合，创新“四史”教育与思政教育融合新范式①。二是要加强高职院校“四史”学习教育。要想实现线上线下有效衔接，优质的“四史”学习内容是关键所在。一方面，要紧跟当前“四史”学习新热潮，引导学生对网上优质的“四史”学习资源进行收集，进一步提升高职院校学生学习的自觉性和主动性。同时，高职院校要以红色故事、党史故事作为切入点，通过最鲜活的素材给学生以震撼，让红色精神、革命精神直抵人心。另一方面，要对“四史”与思想政治课程融合的内容、形式、方法进行创新，将“四史”元素融入思政教育之

① 陈晓风. 党史观教育融入新时代高校思政课教学的思考［J］. 西安交通大学学报（社会科学版），2022（4）：113-119.

中，推出一系列“四史”学习新举措。通过微视频、微课程等多种形式，进一步提升“四史”学习效果。三是要实现线上线下同频共振。要充分利用新媒体平台优势，通过互动分享、网络答题等多种形式，引导高职院校学生参与“四史”学习活动。通过“四史”知识竞赛答题挑战，提升“四史”学习的吸引力，引发高职院校学生共鸣。同时要充分实现线上线下协同联动，使学生由历史故事的倾听者转变成为历史故事的学习者，通过沉浸式学习，更好地接受伟大革命精神的熏陶，从而使高职院校内部形成良好的学习氛围。

4. 校内与校外协同育人

融入社区活动。社区是高职院校学生重要的生活场所和活动场所，因此在思想政治教育工作开展过程中可以充分利用社区的空间优势，将思政教育下沉到社区一线。除了课堂教学之外，高职院校还要根据学生的学习特征，将“四史”学习内容融入丰富多彩的社区活动之中，进一步提升高校学生的学习时效性和针对性。高职院校要围绕“四史”学习主线，组织开展红色影视作品鉴赏、社区志愿服务、党员先锋岗实习等多种活动，对社区红色资源进行深入挖掘。同时，要结合群众需求创作经典的红色歌舞、书画来弘扬革命文化，在社区充分发挥高职院校学生的特殊作用，更好地传承红色文化和红色基因。要用好网络阵地开展学生讲“四史”线上活动，让学生成为“四史”学习的主角，在网络空间营造风清气正的环境。例如，广东轻工职业技术学院在开展“四史”教育与思政课堂的融合的过程中就将“四史”学习融入了社区思政之中，通过社区讲“四史”活动让多名学生成为红色故事汇的主角。学生在线提交作品，通过短视频形式讲述李大钊、方志敏等的英雄事迹，讲述井冈山、西柏坡等的革命故事，形成了更为丰富的社区思政教育资源库①。通过在多个社区的联动播放，进一步丰富了社区的业余文化生活，也让社区居民看到了高职院校学生在“四史”学习教育中的主动性和积极性。

---

① 徐振伟. 红色资源是思想政治教育的“活教材”［J］. 思想政治课教学，2022（6）：26-28.

融入校外实践。高职院校要善于组织多种形式的社会实践活动，让高职院校学生走出校园，走入乡村，走进社区，走到人民群众中间，在观察和接受教育的过程中不断增长见识，强化理念。高职院校要加强与各类爱国主义教育基地纪念馆、博物馆及相关机构的合作，组织学生定期到这些地区接受爱国主义教育，通过故事讲解、实物讲解、现场学习等形式，加强高职院校学生的党史知识学习。同时，要深入开展寒暑期社会实践活动，围绕“四史”学习，开展行业观察、基层调研、党史宣传、老兵寻访等多种活动，全面认识党史国情，感受家乡在中国共产党领导下的巨大变化，进一步激发高职院校学生爱国情感和民族认同感，引导高职院校学生成为传承红色基因的重要主体，引导广大高职院校学生学习英雄、崇尚英雄，大力弘扬英雄精神。以广东轻工职业技术学院为例，为了加强学生“四史”教育，该校与黄埔军校旧址纪念馆签订合约，定期到黄埔军校旧址纪念馆组织“四史”学习，在深入社会实践过程中，进一步深化学生学习“四史”知识的热情。

融入网络媒体。互联网时代背景下，高职院校在推动“四史”教育与思政课堂融合的过程中应充分借助网络媒体优势，以贴近高职院校学生学习生活的方式，为“四史”教育与思政课堂融合提供更为全面的技术支持和网络宣传。通过网络媒体实现思政教师与高职院校学生的双向沟通交流互动，进一步提升高职院校思政教学的吸引力、亲和力和针对性。一方面，要充分尊重高职院校学生主体地位，在网络媒体红色文化宣传过程中要结合高职院校学生的兴趣爱好和学习特征，在传播过程中要改变传统单向传播的被动局面，通过交互式平台，让学生对网络媒体红色文化传播有重新认知。另一方面，提升文化育人的时效性和用户黏性。借助网络媒体可以实现对红色文化资源的有效整合，通过微媒体裂变式多级传播，有助于提升红色文化传播效果，建构起多样化、立体化的全媒体信息传播体系，打破原有红色文化传播的时空界限①。网络媒体本身作为平台和手段，高职院校在“四史”教育与思政课堂融合过程中，既要借助其为教学开展提供服务，也不能被网络媒体所左右，既要增强用户黏性，也要加大对高职院校学生的思想引导。在满足学生精神文化需求的同时，引导高职院校学生树立正确的世界观、人生观和价值观。

三、融入校园文化建设，提升思政课温度

思想政治教育的文化载体，是指思想政治教育者充分利用各种文化产品，将思想政治教育内容渗透于各项文化建设之中，让各种文化活动承担一定的思想政治教育功能②。红色文化可以通过多种形式进入思想政治教育领域，对高职院校学生起到教化引导作用。红色文化本身与思想政治教育具有紧密关系，对高职学生的社会发展能力提升和思想品德养成有至关重要的影响。为了更好地维持社会主流意识形态，必须构建符合标准的文化体系，使之成为社会公众的文化观念，并用文化的力量使社会公众对意识形态加以认同，从而产生预期效果和行为。可以说，人的所有行为都与文化息息相关，人的社会化过程就是持续的文化学习和文化适应过程，在主流意识形态影响下，这一过程不断地强化。高职院校在思想政治教育开展过程中要利用文化的隐形作用，对学生的思想和行为产生强化和影响。同时，由于文化传播“是各种文化资源和文化信息在时间和空间中的流变、共享、互动和重组，是人类生存符号化和社会化的过程，是传播者的编码和读者的解码互动阐释的过程，是主体间进行文化交往的创造性的精神活动”③。“四史”教育与高职院校思政课程融合的过程也是文化信息传

---

① 易修政，卢丽刚. 以红色文创产品为载体的红色文化传播研究［J］. 红色文化学刊，2018（2）：95-100，112.

② 张耀灿，郑永廷，等. 现代思想政治教育学［M］. 北京：人民出版社，2006：401.

③ 庄晓东. 文化传播研究在当代中国的意义［J］. 天津社会科学，2004（2）：59-63.

递重组的过程，通过“四史”内容渗透到思想政治教育之中，更好地满足高职院校学生的某一方面需求。因此，在“四史”教育融入高职院校思想政治教育过程中，应注重红色文化的具体作用。

（一）“四史”要素融入高职专业文化

高职院校在学校环境构建和校园文化建设过程中一定要按照层次性和职业性理念加以落实，要充分体现高职院校校园精神和育人目标，充分发挥文化育人的具体作用。一是要创设物质环境情景。高职院校学生多是“00后”，他们成长在互联网年代，大多学生家庭生活较为优越，本身就是互联网“原住民”，对如何运用互联网具有独到见解，因此在物质环境营造过程中要体现出现代气息和浓厚的红色文化底蕴，更好体现出校园文化积极向上的属性，让高职院校学生在校园文化的熏陶下主动地接受“四史”教育，不断地积累经验。二是要创设制度环境情境，高职院校制度机制对学生的成长发展有着至关重要的影响，要结合国家相关政策法规体现出制度机制的规范性、科学性，还要结合高职院校自身特点，体现出制度机制的人本性和灵活性。情境认知是将个人认知放大到社会情境之中，这一情境是具有文化属性和互动属性的。“情境认知为不限于人的分析单位提供了相互交织的个人认识和社会行动”①。这些制度机制要紧贴广大师生的实际诉求，并且能够为“四史”教育融入高职院校思政课堂提供完善的制度支撑，更好地发挥“四史”教育的育人作用。三是要创设文化环境情境。高职院校要满足学生对美和健康精神生活的追求，因此在人文环境营造过程中除了要坚持主流意识形态，也要加入社会主义核心价值观和红色文化精神，使学生在文化熏陶下自觉抵制西方腐朽文化的侵袭，通过营造和谐校园文化更好地激发高职院校学生的学习潜力。

“四史”学习与课程思政一体化。习近平总书记指出，要实现各类课程与思政教学同向同行，形成协同效应。“四史”作为重要的选

---

① ［美］乔纳森．学习环境的理论基础［M］．郑太年，等译．上海：华东师范大学出版社，2002：63.

修课程，也应该与思想政治课程相融合，形成同向育人合力。高职院校要将课程改革作为有效手段，协同推进“四史”教育与高职院校思政课程的协同创新，并将其作为当前思政改革的重要工作。首先，“四史”融入课程思政的关键在于专业教师能力的提升。思政教育需要“言传”与“身教”相统一，教师的教学能力和教学素养在很大程度上会影响教学效果。因此，高职院校思政教师要不断增强课程思政意识，从“四史”教育核心出发，加强“四史”学习，领悟“四史”内涵，用“四史”理论不断夯实自身底蕴，以饱满的精神状态和渊博的知识引导学生坚定理想信念，了解学生具体需求，帮助学生成长，展现课程思政鲜活的生命力和影响力。其次，课程思政并非简单的“四史”教育与思政课程相加，在具体教学过程中要将“四史”元素穿插到整个课程思政之中，并对“四史”元素进行挖掘和提炼，更好地呈现出思政课程的专业性。要实现英雄人物、历史实践与课程思政内容有机结合，通过历史事件、英雄事迹、典型案例更好地激发高职院校学生学习的积极性和主动性，同时要切实保障课程思政内容的与时俱进，充分发挥课程思政课堂教育的主渠道作用。最后，要以课程思政为抓手，不断延伸课程思政的内涵。要将“四史”教育融入课程思政作为当前高职院校思政课堂改革的重要方向，推动课程思政改革向纵深发展。在课程体系建设方面要大胆创新，深入探究“四史”教育与思政课堂融合的具体路径，要打造实践课、公共课等，形成有“四史”特色的教学案例，在无声中将爱国主义情怀、家国思想、大历史观融入思想政治教育内容之中，立足党史故事、党史人物，让学生感受到学习“四史”的重要性和必要性。

（二）红色文化融入高职育人文化

红色文化资源是高职院校开展思政教学的重要素材，高职院校在思政课开展过程中应充分重视红色文化资源的特殊作用，进一步提升高职院校的育人文化建设水平。红色文化资源是中国共产党带领人民群众在不同历史时期凝聚出来的伟大的革命精神和时代精神，是重要的教育资源和教育素材。革命旧址、革命文物及革命故事等都是红色文化、革命精神的有形载体、鲜活记录，都是重要的“四史”学习素材①。高职院校在开展思政课教学过程中应以红色文化资源作为素材，讲好红色故事和红色人物。通过红色故事对学生进行红色教育，激发高职院校学生的学习热情。一是要将红色故事置于当时的特定历史背景下，要通过社会实践形式让高职院校学生参观革命遗迹，到革命遗迹场所聆听革命故事，这样才能够看到中国共产党人在各种艰难困苦条件下所做出的巨大贡献和巨大牺牲，通过鲜活的故事打动学生，坚定高职院校学生理想信念。二是要充分认清红色故事背后的历史规律，每一个红色故事的发生都不是偶然的，要引导学生分析红色故事背后的历史逻辑和历史大势。

高职院校在开展“四史”教育与思政课程融合的过程中要注重对本地区红色文化资源的利用和开发，打造“四史”育人新阵地，推进“四史”教育入脑入心。红色文化资源是开展“四史”教育学习最典型的教育资源，具有鲜活的历史性和现实的生动性。将红色资源融入思政课程之中，能够更好地发挥“四史”的育人作用。在具体实施过程中可以通过探访红色遗迹、实地考察、现场采访、调查问卷、座谈交流等多种方式，了解当前“四史”教育开展现状。同时，通过参观革命旧址、历史纪念馆、历史博物馆，体验有温度、有深度的红色故事，让高职院校学生看到红色文化的特殊魅力，将红色文化学习与思政课程学习紧密地结合在一起，不断丰富自身知识，不断了解历史，观照现实。

校园文化活动对高职院校学生成长有着至关重要的影响，将红色文化与校园文化活动紧密结合，有助于提升校园文化育人效果②。一方面，可以通过“引进来”的方式，邀请老红军、老战士、先进楷模进高职院校，为高职院校学生分享革命经历和奉献精神，将红色资源引入校园文化建设之中，提高校园文化建设的层次性。通过校园文化建设，不断开拓高职院校学生视野，丰富高职院校学生历史知识认

① 贾钢涛，魏晨，赵普兵.“四史”教育与高校思政课建设高端论坛综述［J］. 社会科学动态，2020（11）：114-118.

② 郭晶. 以党史教育推进新时代大学生爱国主义教育［J］. 学校党建与思想教育，2022（5）：53-56.

知。同时通过亲历者的口述，能够将红色文化内容呈现得更为具体形象，加深高职院校学生对红色文化的理解和认知，充分发挥红色文化的育人作用。另一方面，要让红色文化“走出去”，不断扩大校园文化覆盖范围，让高职院校学生成为红色文化宣传的重要主体。要深入社区、农村一线，主动宣传红色文化，让高职院校学生真正成为红色文化的传承者和宣传者，进一步增强高职院校学生对红色文化的认同，更好地发挥红色文化的育人效果，实现红色文化“引进来”与“走出去”的完美结合。

教师在思政课程落实过程中要善于把控全局，既要突出理论教学特色，也要强调实践教学的情境感。思政教师在完成课堂教学的基础上要组织高职院校学生就近参观革命遗址、革命纪念馆，让学生将课堂学到的历史知识在参观中加以升华。通过“身临其境”的方式，开阔眼界，进一步缩短现实与历史之间的距离，增强教学的生动性和针对性。为了更好地满足高职院校学生对“四史”学习的需求，可以给予高职院校学生更多的社会实践选择机会，充分发挥高职院校学生的自主选择权，调动高职院校学生的积极性和主体性，实现红色资源服务思政课程，有助于促进“四史”教育与思想政治教育的有机融合，实现课程教育理性认知与感性传递的有机融合，加深高职院校学生对历史知识的理解，提升其运用马克思主义理论观点和方法解决实际问题的能力。

（三）地方特色文化嵌入校园文化

高职院校本身就具有鲜明的地域性，因此将地域特色文化嵌入校园文化之中，也是落实“四史”教育与高职思政课堂结合的有效手段。地域文化具有鲜明的地域属性，而地域文化包含着特色地域红色文化。这些具有地方特色的红色文化不仅是中国共产党在不同地区创造出来的革命文化的具体体现，也是一代又一代本地人为了区域经济社会发展而奋斗的动力源泉。因此将地域特色文化嵌入校园文化建设之中，能为高职院校学生营造更为全面的红色文化育人场景①。学校是传递文化和创造文化的重要场所，高职院校应充分发挥校园文化陶冶情操、教育引导的作用，注重显性文化与隐性文化的有机融合。在地域特色文化嵌入校园文化的过程中应充分发挥学生的主体作用，可以通过党报建设、校园文化墙建设、雕塑、雕刻等多种形式，将“四史”教育内容融入学校的校园文化建设，融入学生学习生活，让校园每一寸土地都为思政教育提供场域。要积极倡导高职院校师生利用校内宣传栏，利用主题党日、团日等活动，围绕“四史”教育设置不同主题，使高职院校学生在党团活动中深入学习“四史”知识，增强高职院校学生的理想信念和担当意识，让高职院校学生在“四史”学习活动中对教育内容有更深层次的理解②。同时要利用入学教育、升国旗、唱国歌等定期组织的仪式活动，将“四史”教育相关元素融入其中，进一步增强仪式感、互动感，让高职院校学生在浓厚的文化氛围熏陶下接受“四史”教育。沉浸式的教育如春风化雨、点滴入土壤，引导高职院校学生自觉地树立起民族自信心和自豪感，进一步提升“四史”教育对高职院校思政课程的促进作用。

高职院校学生在知识储备，特别是历史知识储备方面还存在着明显短板，在“四史”教育开展过程中，要采取“四史”教育与思政课程融合的方式来弥补高职院校学生历史知识短板。一方面，要开展有针对性的“四史”课程，对“四史”教学内容进行系统讲解，对课堂上涉及的宽泛笼统的知识点要讲深，要让高职院校学生吃透“四史”知识，形成正确的历史逻辑和历史观点。同时，要邀请“四史”专家、老红军、老战士、老干部对所经历的重大历史事件和重要历史时期进行现场讲解，让学生在情感和思想上有共鸣，在灵魂上有触

---

① 梁冰. 新时代高校思政课强化党史学习的四个维度［J］. 思想政治教育研究，2022，38（1）：104-107.

② 徐阳，徐文倩. 以党史学习教育深化大学生思想政治教育的三重视角［J］. 学校党建与思想教育，2022（3）：56-58，84.

动，进而更好地发挥“四史”教育在思政领域的育人功能①。另一方面，高职院校要将课内教学与课外教学相结合，要通过历史名胜参观、名人故居参观、红色圣地游览等多种方式，加深学生对“四史”教育内容的理解。同时，通过“‘四史’知识竞赛”““四史”微视频”制作考核学生对“四史”知识的掌握情况，让“四史”教育真正地与学生日常生活和学习紧密相连。

高职院校“四史”教育的开展具有其必要性和紧迫性，特别是要将“四史”教育与思政课程相融合，更好地发挥“四史”教育的育人功能。一方面，要打破传统教学模式的束缚，对“四史”教育与思政课程融合的制度机制进行创新，让高职院校学生深刻地领会“四史”教育的特殊意义。要围绕立德树人根本任务，落实好“四史”教育与思政课程融合工作；要联系高职院校学生实际，进一步提升“四史”教育的针对性和有效性。当前网络上的很多负面价值对高职院校学生的思想产生了侵袭，这些错误思潮（如历史虚无主义）对高职院校学生成长影响颇大。针对这些问题，有必要发挥“四史”教育的作用，引导高职院校学生树立爱党、爱国、爱社会的政治认同和历史认同，自觉抵制针对“四史”的错误言论和错误思潮。另一方面，高职院校要围绕思政工作开展实际，在“四史”教育融入思政教育中主动作为。不仅高职院校教师要从历史中汲取精神力量、汲取智慧，高职院校主要领导也要善于从历史中把握大势，学会用历史的思维来解决“四史”教育融入高职思政课堂的各种问题，解决当前高职院校在思想政治教育工作开展中的各种困境，进一步提升高职院校办学本领和能力，进而为培养德智体美劳全面发展的高职院校人才提供扎实的政治保障。

---

① 李飞龙. 中共党史党建一级学科理论体系构建刍议［J］. 思想理论教育，2022（2）：66-71.

第五章　高职思政课融合发展的载体创新

在明确“四史”教育融入高职思政课基本范式的前提下，需要进一步明确融入载体。结合高职院校思政课教学的实际情况，在推进“四史”教育融入理论课、实践课和校园文化的同时，立足于校企政社协同育人背景，深化高职“四史”教育之于学生成长成才、课程引航铸魂、师生思政素质提升的功能，将“四史”教育向企业延伸，向网络阵地扩展，打造更立体的“四史”教育空间。

一、明确高职融合教育功能定位

当前，国家越来越重视现代职业教育，出台了大量的政策支持职业教育发展创新，职业教育的快速发展为我国经济建设输送了大批高素质的技术技能型人才。新时期，高职院校在人才培养过程中既要符合高等教育的发展规律，也要体现出高职院校鲜明的职业特色，将专业性和特殊性融为一体。为进一步提升高职院校人才培养质量，有必要开展系统的思政教育。而“四史”教育完全能够成为思政教育开展的重要助力，成为培养高职院校学生道德素养和职业道德素质的重要素材。

（一）高职院校学生成长成才的“加油站”

高职院校应严格执行立德树人的根本任务，将“四史”教育资源切实转化为高职院校思政育人优势，进一步提升高职院校思政课的实效性和针对性。青年是国家和民族的希望。针对高职院校学生的特点，在思政教学过程中要对“四史”教育资源进行深入挖掘，以“四史”教育引导高职院校学生健康成长。习近平总书记说，“心有所信，方能行远”，“在学思践悟中坚定理想信念，在奋发有为中践行初心使命”①。按照总书记的讲话要求，高职院校要结合学生的思政教育情况，进一步增强学生的政治认同。通过“四史”教育与思政课的深度融合，引导高职院校学生树立崇高理想，坚定“四个自信”，在深入学习“四史”过程中助力高职院校学生健康成长，坚定为社会主义事业奋斗的信念。

高职院校学生正处于成长的关键期，无论是信仰还是信念，都不是凭空产生的，需要对历史规律进行理解和总结。中国共产党在百年奋斗历程中团结和带领中国人民取得了一个又一个的胜利，特别是在极端艰苦的条件下实现了民族解放，取得了改革开放的巨大成就，在社会主义实践中创造了前所未有的奇迹。只有对“四史”教育规律进行深刻总结，才能够让“四史”教育真正走入学生内心，才能够激发高职院校学生学习“四史”的积极性和主动性，调动学生的主体探究意识，在对“四史”实践和理论认同的基础之上，才能够更好地坚定学生的理想信念和社会主义崇高理想。中共党史是中国共产党的拼搏奋斗史，在奋斗过程中形成了井冈山精神、长征精神、抗洪精神、抗疫精神等。这些精神既是中国共产党顽强拼搏的动力源泉，也是中国共产党带领广大人民群众在实践过程中形成的光荣历史。当前各种文化交织对高职院校学生的思想和价值理念的形成产生了深刻影响，需要高职院校对“四史”教育资源进行深入挖掘，引导高职院校学生从各种精神中汲取养分，使高职院校学生勇立潮头、敢于拼搏、敢于奋斗，在探究“四史”教育过程中助力高职院校学生健康全面发展。

“四史”不仅蕴含着丰富的精神，也蕴含着丰富的人生哲理，有助于提升高职院校学生的思想道德修养，引导高职院校学生树立正确

---

①　心有所信 方能行远 习近平给复旦大学《共产党宣言》展示馆党员志愿服务队全体队员的回信［J］．雷锋，2020（7）：1.

的人生观和价值观。高职院校思政课以立德树人为根本任务，以为社会主义事业发展培养合格建设者为首要目标。在高职院校学生培养过程中，应将“四史”教育蕴含的人生哲理和中国共产党在拼搏奋斗过程中所形成的各种精神全面地展现给高职院校学生，进而激发高职院校学生的报国情怀。“四史”教育融入高职院校思政课，不仅能够让高职院校学生了解历史、掌握历史，更重要的是能够借助“四史”学习契机，实现高职院校学生的自我教育、自我提升和自我发展，从而将自身打造成为新时期中国特色社会主义建设合格的接班人。高职院校要将社会主义核心价值观嵌入人才培养全过程，要充分认识到当前部分腐化的西方价值观念和思想通过网络途径对高职院校学生的成长产生了负面影响。我们既要时刻警惕，也要对高职院校学生进行系统教育，在实际教育过程中要尊重高职院校学生的个体差异性，主张积极的自我价值肯定，充分发挥高职院校学生党员的示范带动作用，充分发挥校园文化的引领作用，以及“四史”教育的育人作用，使社会主义核心价值观实践化、层次化，通过实践将社会主义核心价值观内化，强化学生价值信仰。我国著名心理学家金盛华提出的“自我价值定向论”在高职院校学生价值观培养方面能够发挥重要作用，在“四史”教育与思政课融合过程中可以以社会主义核心价值观为主导价值观念，引导高职院校学生主动地投身到社会主义核心价值观的学习和实践之中，进而帮助高职院校学生树立正确的价值观。

高职院校学生世界观、人生观、价值观还处于变动成长阶段，且社会经验不足，很容易受到外部不确定因素的影响，这就要求高职院校要结合学生具体需求对学生开展有针对性的思政教育，并将“四史”内容融入其中。第一，强调自我教育的主体性。“人生的真谛确实在于认识自己，而且是正确地认识自己，自我教育正是从这里开始。”① “就个别人来说，他的行为的一切动力，都一定要通过他的头

---

① ［俄］苏霍姆林斯基．少年的教育和自我教育［M］．姜励群，等译．北京：北京出版社，1984：235.

脑，一定要转变为他的愿望和动机，才能使他行动起来。”① 自我教育强调主体性，在高职院校思政教育过程中要充分尊重学生的主体地位，确保思政教师与高职院校学生的平等性。这样高职院校学生的自我意识才会觉醒，才能够最大程度发挥主体潜能，才能为自我教育提供源源不断的动力。第二，调动自我教育的主动性。有学者认为，自我教育以激发学生的积极性、自觉性和主动性为起点，以科学地引导学生思维和训练学生科学的思维方法为手段，从而培养学生良好的兴趣能力和习惯，使其可以独立地提出问题和解决问题②。自我教育与自然教育不同，并不是自然而然的状态，而是一种高度的自觉，充分调动自身的主观能动性，以自律、自教、自觉为保障，通过自我教育提升自我觉悟。第三，坚持自我教育的终身性。新时期，经济社会飞速发展，对人才的要求也越来越高，特别是对人才的定义和内涵发生了深刻变化。这就要求高职院校学生要树立终身教育意识和终身学习意识，通过终身教育更好地适应经济社会发展需求。高职院校学生必须树立终身自我教育意识，充分认识到自我教育的重要性，进而在步入社会之后也能够随着社会发展不断丰富知识结构，提升自身综合素质。

（二）高职思政课引航铸魂的“直通车”

从高职院校思政课的目标看，其承担着政治引领和思想教育的重任。思政工作是一项复杂的工作，在教学过程中要发挥思政课的引航作用。思政课既要将马克思主义最新理论成果传递给高职院校学生，又要对中国革命、改革开放和社会主义建设的重要历程进行全景展示，对高职院校学生进行品德教育。“四史”教育有助于讲好中国故事，而讲好中国故事是当前高职院校思政课重要的教学方式。新时期，高职院校思政课教学就是要用中国声音和中国形象来展示中国改

---

① 中共中央马克思恩格斯列宁斯大林著作编译局. 马克思恩格斯选集（第四卷）［M］. 2版. 北京：人民出版社，1995：251.

② 张晓静. 自我教育论［M］. 哈尔滨：黑龙江教育出版社，2004：115.

革开放之后的巨大成果。可以说，讲好中国故事有助于清晰地阐述中国特色社会主义的建设成果和历史必然性，能够让高职院校学生清晰地了解中国的历史进程。从微观层面看，中国故事要充分体现人民性，始终植根于人民群众之中，体现人民的追求和现实期望，这样才能够更好地引领社会主流价值观。从这一层面看，中国故事背后的“四史”教育与大学生的思政教育具有内在联系。

1. 打造浸润式教学环境

高职院校要围绕学生的学习诉求对思政课的形式进行创新，打造浸润式的教学环境，帮助高职院校学生更好地吸收知识。思政课沉浸式的教学模式要符合课程的内在规律，强调学生的主体地位。要通过沉浸式教学环境使教学内容触及学生灵魂，加强对高职院校学生价值层面和内心层面的教育。要实现高职院校学生认知、体验与认同的无缝衔接，进一步增强高职院校学生对马克思主义理论、社会主义核心价值观的敏感性，增强高职院校学生的政治认同和情感认同，做到对社会主义核心价值观的真学、真信、真懂、真用。同时要将互动式、演绎式、体验式教学模式与教学情境深度融合，在多维学习空间中使教学体验变得更加生动、深刻。在教学过程中，要根据不同的教学内容将朗诵、舞蹈、歌曲、角色扮演等多种形式融入教学活动之中，进而全景式地展现“四史”历史情景。也可以通过开放式教学环境的营造，利用红色文化资源和红色革命教育基地，为学生提供更为生动的教学环境。通过听中国共产党的故事，听新中国的故事，听改革开放的故事，听社会主义建设的故事，使学生零距离地接触历史和现实，同时要利用AI智能虚拟现实、模拟仿真等技术手段将历史场景搬进课堂教学，进一步提升思政教学的动态化和场景化，增强学生的情感体验，使思政课的教学不仅有意思且更灵动，使思科教学内容更具有感染力和吸引力，让高职院校学生看到中国共产党的初心和使命，引导高职院校学生永远跟党走，主动投身到社会主义现代化建设之中。

“四史”内容广泛，时间跨度大，其核心主题是爱国与奋斗。高职院校在思政课教学过程中应将爱国与奋斗作为核心，进行内容和情感输出。中国共产党自成立之初，就受到马克思主义思想的影响，始终将民族独立和国家富强作为初心和使命，在爱国主义感召下，与全国各族人民一道，通过浴血奋战铸就了民族之魂，翻过了“三座大山”，带领全国各族人民走向了民族解放。在社会主义建设时期，涌现出了大量的“民族脊梁”，这些英雄不仅发挥了人民创造历史的伟力，而且在实践中于不同领域创造了一个个令世界瞩目的奇迹。在改革开放时期，在中国共产党精神的引领下，一批优秀中华儿女敢于解放思想，敢于做弄潮儿，在中国特色社会主义现代化建设过程中贡献出了巨大力量，使中华民族伟大复兴道路越走越宽。进入新时代以来，全国上下一心，团结奋进，迈出了实现中华民族伟大复兴中国梦的铿锵步伐。可以说，爱国奋斗精神是中华民族的脊梁，已经深深地植根于中国共产党人和广大人民群众的内心深处。在气势恢宏的“四史”历程中，中国共产党始终保持着旺盛的生命力和为人民服务的情怀，为了中华民族不断地奋勇前进，薪火相传①。“四史”教育也能够使高职院校学生更加深刻地理解爱国情怀背后的精神，学习中国共产党的精神谱系，以先进为榜样，树立起爱国、爱党、爱人民的深厚情感，明确自身需要担负起的历史责任和时代使命，在中华民族伟大复兴中国梦的道路上越走越宽，越走越远，以“小我”融入社会主义现代化建设，进而成就“大我”，展示新时期高职院校学生的青春和活力。

2. 创新思政课话语表达形式

讲故事作为叙事教学法的具体形式，就是在讲述的同时实现情节、结构、语言、语境、合理性及口头叙事与书面文本间的转换②。高职院校教师在思政课程教学过程中可以通过讲故事的方式使高职院校学生深刻领会“四史”教育的精神，产生同理心，理解抽象的概念，进一步提升教学效果。高职院校思政课要想提升教学效果，就需要一定的艺术语言。讲故事既是表达情感的媒介，也是高职院校思政

---

① 琚亮，章根平. 党史教育的“味”与“道”——以“伟大的改革开放”一课为例［J］. 思想政治课教学，2022（7）：29-31.

② 刘万海. 近二十年来国内外教育叙事研究回溯［J］. 中国教育学刊，2005（3）：13-16，18.

课教师开展思政工作的重要手段。通过对教材内容的系统加工，可以将教材内容转化为教学语言。这种转化并不是直白的翻译，而是要将晦涩难懂的理论用学生能听得懂、愿意听的语言进行表述，从而更有利于高职院校学生理解和掌握。高职院校思政课需要大量的有事实依据的故事作为支撑。因此在教学过程中可以通过讲故事的叙事教学方法，摒弃传统的单向灌输，通过叙事的方式对“四史”教学内容进行重新架构和科学设计。有学者表示，可以通过叙述和重建来帮助教学实践，让学生充分投入学习之中，提高自身的理论修养，并运用马克思主义的立场、观点、方法分析解决生活世界中存在的现实问题①。例如，在“马克思主义基本原理概论”课程中，需要在基本理论和逻辑框架的基础之上对教材中的重难点进行整合②，为进一步提升教学效果，有必要将“四史”中的案例融入教学内容之中，进而分析案例背后的精神和现实问题，引导学生学会用马克思主义的基本原理和方法来解读“四史”的精神内涵，进而实现理论联系实际、进一步提升高职院校思政教学效果。

社会语境下，语言成为人们交际的行为和活动。从这一层面看，语言具有明显的社会属性。不同学科领域语言被赋予了不同的内涵，并形成了不同学科、学术派别。从政治研究的角度看，语言是主体对客体有目的、有计划、有组织的文化科学知识和能力培养的社会实践工具。从高职院校思政课的开展看，主体就是思政课教师，客体是高职院校学生，语言则成了二者进行交际活动的重要载体和工具。作为思政教育的重要载体，好的语言能够提升交流效果，而平淡的语言很难激发高职院校学生学习的积极性和主动性。就当前而言，思想政治教育话语仍在一定程度上存在脱离现实的抽象化、与现实契合度不够

① 潘莉，代长彬. 高校思想政治理论课叙事教学法研究［M］. 合肥：合肥工业大学出版社，2016：15.

② 齐鹏飞. 努力打造具有影响力和引领力的思想政治理论课“金字招牌”［J］. 思想教育研究，2022（6）：3-7.

的空洞化、多重话语形态张力不足等问题①。从思政课的教学效果看，有必要对教学过程中的语言表达进行优化和完善，这有利于思政课程内容的输出，也有利于提升“四史”教育效果。

思政课程内容非常理论化、抽象化和政治化，在教学过程中一定要注重课程内容的严谨性。一方面，教学过程要体现出思政课程的政治性；另一方面，很多内容很难被学生彻底掌握，这就需要思政教师对其进行加工，以大众化、通俗化的方式对教材内容进行解构和解读，实现政治话语与大众话语的统一，进而更好地将思政课程内容输送给学生，实现思政课的教育学目的。讲故事的形式是思政课实现政治与群众对话的最好途径，特别是在“四史”教育过程中，用通俗易懂的语言来阐述马克思主义中国化的最新理论成果能够起到很好的效果，能够让高职院校学生听得懂、学得会，进一步提升思政课程教学效果。马克思主义理论话语的表达，只有充分体现中国特色、中国风格、中国气派，才能获得广泛认同和创新发展。“四史”教育融入高职院校思政课程，需要用好的教学方式灵活地对“四史”教学内容加以传递。讲故事的方式一方面对思政课教师讲故事能力提出了较高要求，教师要摒弃传统的讲授模式，围绕“四史”教育对表述方式进行创新，注意将“四史”内容融入故事细节之中，这样才能够使故事背后的精神和理论更加生活化、通俗化。另一方面，讲故事的方式要求思政课教师估计学生的现实情况，从学生的接受能力角度出发，运用大众化的语言对“四史”教育内容进行重新编排，通过“四史”故事引导学生看到思政课背后的知识性、理论性，更好地揭示马克思主义真理，防止课堂过于娱乐化。任何时候，任何教学手段只有满足学生的需求、服务教学目标，才能够发挥其应有作用。

（三）提升高职师生思政素质的“蓄水池”

高职院校思政课程的开展要充分尊重学生的主体性，让学生在课

① 郑敬斌，刘敏．思想政治教育话语亲和力提升问题研究［J］．思想理论教育导刊，2020（03）：133-137．

程教学过程中能够有获得感、融入感和认同感。高职院校思政教师要引导学生对教材内外的鲜活故事进行挖掘：一方面，要围绕思政教学和“四史”教育的相关内容，对相关题材和故事进行深入挖掘，让学生掌握“四史”教育的更多内容；另一方面，也要对典型案例进行系统分析，引导学生思考“四史”背后的精神，通过混合式课堂教学实现师生的有效互动，进一步活跃课堂气氛，提升课堂教学效果，将“四史”内容作为源头活水。

1. 从历史记忆元素中找寻初心和使命

“四史”的基本经验是涵养文化自信的深厚根基。近代以来，中华民族为了实现独立富强进行了艰苦卓绝的斗争，形成了革命战争年代的奋斗史、改革开放的成就史等。这些历史都是宝贵的文化资源，对“四史”的学习和总结有助于高职院校学生寻找初心和担当，更好地把握中国共产党从诞生到成熟的光辉历程，充分认识改革开放之后新中国出现的沧桑巨变，进而从历史中汲取文化自信，培养文化自豪感。“四史”的记忆元素既深沉又深刻，是无数仁人志士用鲜血浸染而成的，是无数英雄儿女用生命铺就的。高职院校学生在“四史”的学习过程中要深刻领会英雄故事背后的精神，主动地向英雄看齐，主动地投身到社会主义现代化建设之中。

“四史”的记忆元素是找寻初心使命的精神源泉。“四史”历史事件记录着中国共产党从弱变强，记录着中华民族走向独立富强的整个过程。“四史”包含着丰富的记忆元素，学习“四史”有助于高职院校学生寻找文化脉络、文化根基和文化记忆，能够让高职院校学生看到中国共产党为了实现宏伟目标所做出的巨大牺牲，进一步坚定高职院校学生的理想信念。从客观层面看，任何人对某一事物形成坚定不移的信念都需要经过历久弥坚的过程，在信念构建过程中要把握方向、找准脉络，这样才能够建立起正确的理想信念。新时期，部分高职院校学生受到外部因素影响，理想信念价值飘忽不定，很大原因就是没有接受系统的历史教育。习近平总书记提出，要将“四史”学习教育作为当前高职院校思政课程的重要方面。这为高职院校开展思政课程与“四史”教育融合提供了理论根基。高职院校学生要以历史思维来分析行动方向，厚植爱国情怀。

正确认识“四史”教育在实现大学生对美好生活追求过程中的价值功能，通过“四史”教育更好地满足高职院校学生的多元化诉求，化解当前高职院校学生在精神层面、理想层面和情绪层面的问题，更好地激发高职院校学生对美好生活的向往，使高职院校学生在“四史”教育中获得幸福感。同时，“四史”教育还能够解决高职院校学生的思想浮躁、情绪焦虑、精神空虚问题①。系统的“四史”教育，能够让学生明白中国共产党的性质和历史贡献，讲清“四史”之间的逻辑关系和背后的规律，能够进一步增强高职院校学生对历史的深刻把握，引导高职院校学生关注社会现象和热点问题，增强高职院校学生的政治认同、文化认同。高职院校在思想政治教育工作开展过程中要构建符合青年学生的话语体系，要结合高职院校青年学生的生活需求和群体特征对“四史”教育的话语体系进行转换，找到“四史”教育与青年学生的契合点，以新时代的话语体系和喜闻乐见的传播风格使“四史”教育内容变得更加生动，进一步提升高职院校学生对“四史”的接受度和满意度，更好地发挥“四史”教育在师生思政素质“蓄力”方面的价值和作用。

2. 在师生双向共讲过程中增进领悟能力

高职院校传统思政教学模式主要以教师讲授为主，本质上很难激发学生的主观能动性。这种教学方式虽然对“四史”教育有一定的积极影响，但由于抑制了学生的主体性和主观能动性，导致“四史”教育难以取得理想的教学效果。习近平总书记指出，思政课要始终坚持以人为本，要将学生的主体地位激发出来，实现教师主导与学生主体相结合。高职院校思政课教育不仅要传授理论知识，还要注重对学生的培养，建立以理论为核心的思想政治教育体系。在“四史”教育过程中，要善于利用“四史”教育的好故事延展学生的讨论和思考，让学生在讨论和分享观点的过程中对“四史”教育产生更为深刻的理

① 周家彬．新中国成立以来高校“历史与理论相结合”类思想政治理论课的历史沿革［J］．思想教育研究，2022（6）：114-120.

解，真正地实现“四史”教育入耳、入脑、入心。

要想将“四史”教育融入思政课程体系之中，既要坚持教师的主导性，也要坚持学生的主体性，这样才能够使单向的理论知识灌输变成双向的师生互动，更好地激发思政课堂活力。在具体实施过程中，一方面，思政课教师在课前对“四史”教育内容进行遴选，挖掘与思政课相匹配的教学资源，在课堂上要充分发挥教师的主导性作用，以问题为导向，通过抛砖引玉的方式选择合适的课堂案例，引导高职院校学生用马克思主义的观点去认识问题、思考问题，并对高职院校学生进行引导。另一方面，高职院校思政课要想提升“四史”教育效果，就必须坚持以学生为中心，充分尊重学生的主体性，利用多种教学方式使“四史”教育深入人心。学生在课前也需要查阅相关资料，梳理“四史”教育的相关知识脉络，并以自己的视角去体会教师所讲的“四史”教育内容。在这一环节，要重视学生的主体参与性，进一步提升学生的自我教育能力，同时要以“四史”教育作为切入点，以学生视角来观察问题，思考当代高职院校学生对“四史”教育的具体需求，提升教学的针对性。从整体看，高职院校思政课融入“四史”教育，要注重教师的主导性和学生的主体性相统一。只有让学生真正参与进来，变被动学习为主动学习，才能够使其融入“四史”课堂教学之中，对“四史”教育有所领悟，有所理解，有所感悟。

二、加强校企政社协同育人

将“四史”教育融入思政课程之中，能够更好地发挥思政课程铸魂的作用。“四史”教育与思政课程的深度融合不是一蹴而就的，要一以贯之地落实下去，需要多元主体的共同参与，发挥不同主体的育人优势，形成统一开放的教育模式，激发“四史”核心教育元素，形成育人合力，进而为社会主义事业发展培养合格的接班人①。要加强校企政社协同育人机制建设，充分发挥企业、政府和社会的特殊作用，为“四史”教育融入思政课程营造良好的外部环境。

（一）体现高职院校特色

“四史”教育融入高职思政课程体系，要充分体现高职院校特色，要对本地区的“四史”教育资源进行深入挖掘，打造具有地域特色和高职院校特色的“四史”教育体系，进一步提升高职院校思政课程的层次性和系统性。首先，提升思政课教师教学能力和教学水平。一是教师要善于发掘“四史”中的典型素材，在课程教学过程中要结合本地区的“四史”资源优势，组织高职院校学生深入博物馆、红色教育基地开展实践活动，深刻理解中国人民的“四个选择”的历史必然性。二是要提升高职院校教师新媒体素养。要想让“四史”教育素材活起来，高职院校教师就需要利用新媒体技术和平台优势创新实践式教学、体验式教学和情景式教学，更好地激发高职院校学生参与思政课堂的积极性和主动性，更好地对“四史”教育内容进行输出。其次，提升高职院校思政教师的“四史”素养。高职院校思政教师要想讲好思政课，要想挖掘“四史”素材，就需要不断地提升自身的“四史”教学素养。思政课教师在学科背景、从教年限等方面存在着明显差异，而“四史”教育融入思政课属于新问题，这就要求思政课教师要主动学习“四史”相关知识。同时高职院校也要注重思政课教师队伍的专业化建设，通过教育培训，进一步提升思政教师“四史”教育素养。

将职业教育融入思政教学。一方面，现代职业教育具有鲜明的职业属性。在人才培养过程中，既要服务产业发展，也要服务社会生活，双重属性背景决定了职业教育方式与传统的教育方式截然不同，要将职业教育融入产业发展和社会生活之中，就要求高职院校在职业

---

① 陈宇翔，冯帆．党的十九届六中全会《决议》是思政课高质量发展的重要遵循［J］．思想理论教育导刊，2022（6）：93-97.

教育过程中将思政教育作为重要方面，将“四史”学习教育常态化，突破现有的边界限制，通过相互交流、相互合作的方式，进一步提升思政教育质量，有效地解决当前思政教育学习“虚化”“弱化”的问题。另一方面，高职院校在推动职业教育过程中要始终坚持社会多元办学，始终坚持政府统筹领导，始终坚持企业社会参与原则。在多元主体共同参与之下，才能够实现职业教育课程标准与内容对接、专业人才培养与产业需求对接。课程改革要求高职院校要促进学生全面发展，而职业教育与思政教学深度融合，有助于提升学生的综合素质。

建设高职特色校园文化。校园文化对高职院校开展思政教育有至关重要的影响，这种影响是潜移默化的。为了更好地发挥校园文化的助力作用，在思政课程教学开展过程中应与校园文化建立起紧密联系①，以“四史”教育为主题，开展形式多样的校园文化活动，进一步提升“四史”教学效果。一是要依托党团组织。高职院校党团组织是联系学生的重要桥梁，在校园文化中占据着重要位置，各级党团组织应充分发挥学习“四史”排头兵作用，通过模范带动，在高职院校形成良好的学习“四史”氛围。特别是广大党员更应该担负起先锋模范带动作用，用自己的实际行动去感染和引领其他学生，进一步激发其他学生学习的积极性和主动性，在校园范围内形成全员学习的良好氛围。二是要充分发挥高职院校各职能部门作用。在校园文化建设过程中，各职能部门要积极落实“四史”宣传和动员工作，增强“四史”学习氛围，通过宣传教育使“四史”学习教育深入人心。三是要充分发挥校园文化活动作为“四史”教育载体的作用。高职院校在校园文化建设过程中要紧跟时代发展潮流，积极探索校园文化建设，充分利用现代信息技术手段使学习教育常态化，使校园文化建设成为“四史”教育的新手段，进一步提升“四史”教育的科技感、时代性。

打造高职院校特色“第二课堂”。“第二课堂”是“第一课堂”

① 李中华，刘翠芬. 基于学习进阶的高校思政课程资源开发初探［J］. 黑龙江高教研究，2022，40（2）：110-115.

教学内容的有效延伸，也是“四史”学习教育的重要途径。高职院校在开展“四史”学习教育过程中要想实现与思政课程的有机融合，就要引导学生在实践中领悟“四史”教育资源所承载的号召力、感染力和向心力，因此在“第二课堂”教学中应注重丰富“四史”学习教育的形式和内容，推进“四史”教育资源融入高职思政课程之中。一方面，要组织学生开展形式多样的实践活动，将“四史”学习与高职思政课主题活动相契合，通过主题征文、主题讲座、主题晚会等多种活动，加深学生对“四史”内容的理解。另一方面，要与红色教育基地、博物馆、展览馆合作，将馆藏真品搬到校园，通过组织一系列的参观活动、志愿服务活动，让学生见物思情，加深对“四史”教育的认知。同时，要围绕“四史”积极推进校园文化建设，组织学生围绕“四史”学习教育主题开展短视频、绘画、诗歌等多种比赛，激发高职院校学生对“四史”的学习热情①。同时，广泛的社会实践活动和实地考察调研，也能够让高职院校学生身临其境地感受“四史”的历史厚重感，进一步增强“四史”教育对高职院校学生的号召力和感染力。

（二）强化政策激励导向

高职院校“四史”教育融入思政课程需要对思政课程教学体系进行重新设计，要结合高职院校学生的具体需求创新教学模式。新时期，高职院校在思想政治教育工作开展过程中应树立“大思政”观念，将各方面有利于培养高职院校高素质人才的资源进行有效整合，将促进学生成长作为思政工作的出发点和落脚点，将思政教育融入高职院校办学全过程，充分发挥政策的激励和导向作用，进一步提升高职院校“四史”教育与思政课的融合深度。

1. 强化目标导向

推动“四史”学习教育与思政课目标协同。高职院校在“四史”

① 班永杰. 建立党史学习教育常态化长效化制度机制［J］. 红旗文稿，2022（2）：23-25.

学习教育与思政课程融合过程中要明确教育目标，充分发挥目标的导向作用。一是以培养高职院校学生理想信念为目标。通过“四史”教育，让高职院校学生对“四史”知识掌握得更加系统，通过社会实践、服务体验等多种方式，将理论转化为行动。二是以培养高职院校学生爱国主义情感为目标。开展“四史”教育不只是对学生进行简单的知识传授，更重要的是让高职院校学生通过“四史”学习教育，知道中国共产党乃至中华民族在近代的不易和苦难，在学习过程中培养他们的爱国主义情怀。三是以唯物史观培养为目标。高职院校开展“四史”学习教育，要让高职院校学生理解以人为本的核心要义，要充分认识到人民是历史的创造者，是历史车轮前进的真正动力。在“四史”教育过程中要将知识属性和价值属性相融合，既要让学生掌握大量的“四史”知识，也要培养学生正确的理想信念和爱国情怀，帮助学生树立科学的唯物史观。

2. 完善管理制度

高职院校要通过制度的完善为“四史”教育的开展营造风清气正的校园环境。高职院校无论是开展思政教育，还是开展“四史”教育，都是为了继续巩固马克思主义在意识形态中的主导地位。如果在“四史”教育和思政课程融合过程中没有凸显马克思主义理论创新属性，多元文化价值的冲击就会影响高职院校学生世界观、人生观、价值观的树立。因此，高职院校要正确地处理制度机制“立”与“破”的关系，要充分发挥马克思主义在社会思潮中的引领作用，不断厚植高职院校学生的爱国主义情怀。一是要通过完善制度机制筑牢高职院校学生的政治信仰。高职院校是人才培养的重要阵地，正确的理想信念是否牢固会影响人才培养质量。这就要求高职院校要通过完善制度机制，将“四史”教育贯穿立德树人全过程，引导高职院校学生将“小我”融入祖国的“大我”之中，培养高职院校学生的爱国之情、强国之志①。让高职院校学生在“四史”教育的熏陶之下坚定正确的

① 杨有平，彭秋艳．思政课讲好党史故事的四维度——以“始终坚持以人民为中心”为例［J］．思想政治课教学，2022（1）：14-16.

政治信仰。二是要通过完善管理制度牢牢把握正确的舆论导向。当前网络空间充斥着多元价值，这也对高职院校人才的培养提出了新要求。特别是在意识形态领域，斗争更为激烈，对高职院校学生的理想信念产生着深刻影响。高职院校必须完善制度机制，用实际行动捍卫“四史”的正确观念，引导学生学习“四史”内容，不断地提升高职院校学生的思维能力和历史思辨能力，使学生自觉地抵制各种错误思潮。三是要通过完善制度机制强化学生的法治思维。当前网络空间治理还存在着很多漏洞和不足，这就需要通过完善制度机制，与政府相关部门密切配合，加强对网络空间的治理，为高职院校学生营造风清气正的网络环境，协助公安机关打击网络犯罪，引导高职院校学生自觉地与违反社会公德和社会秩序的行为作斗争。

3. 创新课程模式

高职院校学生之前“四史”学习经历相对较少，“四史”学习基础相对较差。“四史”教育融入思政课程时需要从学生的实际情况出发，要在教学内容上下功夫，对课程模式进行创新，更加契合高职院校学生的学习情况和学习能力。高职院校在思政课程开展过程中要充分认识到“四史”教育的特殊性，要始终坚持以立德树人为先导，可以将教学内容划分为理论讲坛、热点关注和职业发展现实启示等不同教学模块，形成更为系统的“四史”教学体系，引导学生学会用历史唯物主义的观点和方法来分析问题、解决问题，帮助学生树立马克思主义历史观，让学生深切地体会到“四史”教育学习的现实意义。

充分发挥理论讲坛在重点理论问题上的权威作用。高职院校思政教师要充分发挥自身的主动性，通过对比分析、案例教学等不同形式将中国共产党涌现出的英雄事迹以故事的形式呈现出来，用社会主义发展史和中共党史对理论问题进行系统阐述，分析坚持马克思主义信仰的力量来源①，分析爱党、爱国、爱社会主义的现实背景。同时，教师也可以借助微视频和纪录片等形式，让学生看到中国共产党党员

---

①　王传峰．党史教育融入高校思政课教学的三个向度［J］．中国职业技术教育，2022（2）：30-34.

在不同历史时期的奋斗故事和爱国情怀，让高职院校学生感受英雄们的奉献精神和奋斗情怀。

热点关注要与“四史”教育的热点问题紧密相连，通过辩论赛、讨论会等多种方式让学生辨析问题，从热点问题中正确地认识爱党、爱国的力量源泉，正确地认识深化改革的重要性和必要性，正确地认识“摸着石头过河”，正确地认识红色精神谱系。要采用辩证唯物主义和历史唯物主义的观点立场来辨析问题，让学生掌握科学的方法，从而使学生能够克服历史虚无主义的影响，进一步提升学生的问题解析能力。

职业发展现实启示有助于提升学生的专业素养，通过“四史”中的行业榜样学习，能够更好地传递爱岗敬业理念。高职院校思政课要充分体现职业教育特色，在思政课教学过程中应将榜样力量和榜样故事作为重点内容加以讲解，同时要结合党史和新中国史的内容，以时间作为“串联线”，让高职院校学生对“工匠精神”“劳模精神”有更为深刻的理解。可以说，通过不同教学模块的设置和优化，能够进一步提升课程的层次性。通过层层递进，使“四史”教育的价值取向融入思政课程之中，进而使学生在职业发展道路上进一步坚定理想信念。

4. 构建衔接机制

高职院校学生学习能力和自身知识储备存在着明显的差异。在“四史”教育融入思政课程教学过程中，教师要结合学生的特点和知识储备情况，采取灵活多样的教学方法，让思政课“活”起来。在实际教学过程中，教师除了要将“四史”教学内容巧妙地串联进思政课程以外，还应该通过实践教学让理论与实践融合得更为紧密。

首先，教师在课堂教学过程中要善于将“四史”内容融入思政课程之中，充分利用“第一课堂”讲好“四史”故事，将党史故事和思政教学知识点相融合，进一步提升思政课教学质量。同时可以开设各类专题课，邀请重大事件经历者、老红军、老战士到学校与高职院校学生进行互动交流，让学生在了解感人故事的同时，能够在灵魂上有所触动，在思想上有所共鸣，充分发挥“四史”教育的育人功能①。其次，充分利用“第二课堂”开展实践教学，更好地把握“四史”的价值意蕴。高职院校学生只有将理论知识加以内化，才能够以此指导行动。因此，在思政课教学过程中要善于设置实践项目，通过品读红色故事、传唱红色经典歌曲、寻访红色印记等实践活动，让高职院校学生切身感受到中国共产党在奋斗过程中的艰辛和不易，让学生能够触景生情地感受中国共产党的初心和使命。同时，学生在沉浸式体验的过程中不仅认知水平会得到提升，还可以通过总结的方式将所看到的知识和体验到的精神加以升华，深刻领会红色精神的精髓，更加珍惜当前的幸福生活。最后，充分利用网络课堂，进一步拓展“四史”教育的广度和深度。高职院校在思政课教学过程中可以开设微信公众号，开设“四史”教育专栏，对学生在“四史”学习过程中的好经验进行分享，对优秀实践作品进行展播。同时，思政课教师也可以录制专题“四史”教育课程，让“四史”教育能够真正地融入高职院校学生的生活之中。

（三）打造校企政社思政协同育人共同体

“协同”是指系统内部各个要素能够协调互补，充分发挥要素之间的协作作用。协同是组织理论的重要思想，通过协同，要素之间能够发挥“1+1>2”的效应。高职院校思政课教学涉及教师、学生、教材、课堂、学科、方法、保障设施、评价等多个要素。要想实现高职院校复杂系统的有效整合，充分发挥不同要素同频共振的作用，就需要对各个要素之间的关系进行梳理，进而达到协同效应②。将“四史”教育融入高职院校思政课教学，需要从方法体系、相关主体、内容结构、方式方法等多个层面入手，实现要素之间的有效衔接和合作联动，这样才能够确保融入取得实效。为此，有必要围绕高职院校思

---

① 胡永强，王宇．图书馆党史学习教育与红色文化推广融合路径探究［J］．图书情报工作，2022，66（2）：66-73.

② 齐卫平．加强思想政治课教学的党史资源利用［J］．学校党建与思想教育，2022（1）：22-26.

政协同育人实际情况，打造校企政社协同育人共同体。

1. 构建多主体协同育人生态

从宏观层面看，推进高职院校思政课多主体协同育人格局建设。“四史”教育与高职院校思政课程的深度融合，既需要高职院校党委和各院系的宏观把关，也需要思政课教师的主动作为。通过构建多元主体共同参与的育人格局，能够更好地完成思政课程育人目标。思政课教师在“四史”教育融入高职院校思政课程中扮演着关键角色，教师能力水平的高低直接决定了学生历史思维能力的培养效果。这就要求高职院校思政课教师在讲述“四史”知识点过程中要进一步突出“四史”的学理性和价值性，准确地把握“四史”教育背后的主线，对历史的曲折发展要有正确的评价，引导高职院校学生树立正确的历史观。习近平总书记指出，在思政课程体系建设过程中，党委书记和校长要带头推进思政课程体系建设，要主动联系思政课教师。高职院校在思政课程体系建设过程中要以高度的政治视野和深层次的理论分析推动思政课程走深走实，要充分利用好思政课教师和学生两大群体力量，积极鼓励各院系开展形式多样、内容丰富的思政课程体系，将“四史”学习与思政课程体系深度融合，进一步增强“四史”教育的针对性和系统性，更好地激发高职院校学生的使命担当。高职院校思政课教师要深入学生中间，了解学生的思想和行动情况，对“四史”教育内容进行深入挖掘，对学生进行个性化教学，打造适合不同年级、不同专业的“四史”教育主题，以“四史”教育作为切入点，进一步提升高职院校学生的职业素养和职业精神。

从中观层面看，高职院校思政教学体系要充分体现其覆盖性。要将思政课教师、专业课教师、辅导员、后勤人员、行政人员都纳入协同育人主体之中，通过分工协作、相互配合，充分发挥不同主体的特殊育人作用。以教书育人、服务育人、管理育人，形成多维育人合力。要将“四史”教育渗透到思政课程及常规学生管理和服务过程中，特别是要发挥班主任和辅导员的配合作用。辅导员和班主任是学生学习和生活场域的重要参与主体，对学生的情况比较了解。但思政课教师与班主任和辅导员分属不同管理体系，在考核标准、工作方式上还存在着一定差异性，很少有沟通互动机会，这种育人模式势必会出现人力物力浪费。因此，有必要围绕“四史”教育与思政课融合搭建线上线下协作平台，通过合作研究等方式发挥不同主体的特长，通过配合联动了解学生的所思所想和行为偏好，对学生的思想动态进行跟踪和调查，为思政课教学提供最新的教学依据。思政课教师也应该紧跟时代发展，着重将辅导员作为“四史”教育的重要参与主体，围绕学生学习和生活两大场域推进“四史”教育融入各项活动之中。

从微观层面看，应加强主体之间的协同性。协同主体包含思政课教师、专业课教师、班主任、辅导员、学生、校外实践导师等，在协同过程中围绕“四史”教育有效融入思政课这一核心命题，在相关制度措施保障下，各个主体通过联动合作方式有效地解决“四史”教育融入思政课的各种问题，推进“四史”教育有效地融入高职院校思政教学之中。协同主体只有相互配合、优势互补才能够更好地结合学生需求进行精准教育①，更好地克服思政课与“四史”教育的界限问题，有效地解决“四史”教育融入思政课“各管一段”的问题②，有效地解决“四史”教育融入思政课的内容重复问题和远离需求问题，进一步提升“四史”教育融入高职院校思政课教学的实效性。主体协同是学生与教师合作的过程，在这一过程中要围绕学生的需求，充分发挥教师的主导作用，调动学生的主体意识，切实保障教师所提供的“四史”教育内容能够满足学生需求，通过民主、交流、互动，实现教学相长。要通过主体之间协同，有效地解决传统教学片面强调教师主导性而忽略了学生民主性的问题；也要避免过度突出学生的主体性而忽略了教师的主导性、只是一味地迎合学生需求的问题。要坚持双主体原则，进一步突出教师的主导性。教师是整个课程教学的组织者和实施者，要根据“四史”教育融入思政课程的具体情况，设计教学计划、教学内容，实施教学策略。同时，教师要防止过分主导，要采

---

① 吴林龙. 高校思政课讲好百年党史的有效进路［J］. 中国高等教育，2021（23）：26-28.

② 刘雨亭. 党史学习教育融入高校思想政治理论课的沿革、经验与优化路径［J］. 思想理论教育导刊，2021（11）：89-94.

取多种措施挖掘学生的内生动力，切实保障学生的主体地位，例如可以用问卷、访谈等多种形式让学生参与到“四史”教育资源遴选之中，还可以同学生共同研究“四史”内容，制作“四史”教学案例，提升学生的获得感和满足感，还可以根据学生不同专业、不同偏好，组织与红色文化相关联的主题学习活动和小组活动，实现学生的自我教育、自我管理、自我提升。思政课教师只有发挥好主导作用，在教学过程中才能够与学生“打成一片”。而要想让学生真正信服教师所讲述的内容，教师不仅要提升教学能力，还要展现出良好的政治素质和积极向上的人格品质，这就要求教师要始终坚持学习，以渊博的知识、宽广的视野成为学生的“领路人”。在这一过程中，教师要总结和掌握学生的成长规律，要研究和总结思政课程教学规律，要研究和总结教书育人规律，这样才能够实现教师的自我成长，才能够从“四史”教育中淬炼精华，融入思政课程之中。

2. 践行多主体协同育人策略

第一，实现校内外活动协同。高职院校在校内开展思政教育实践活动时也可以融入“四史”元素，围绕思政课程教学目标，对教学内容进行深入挖掘和创新，打造新时代学生“四史”教育平台，加强红色文化传播，最大限度地为高职院校学生整合教学资源。充分利用网络信息技术，共享校内外实践活动成果，让学生对“四史”教育有更为清晰的认知，为“四史”教育的开展奠定坚实的文化基础。校外媒体也可以对校内开展的思政教育实践活动进行报道，进一步提升高职院校思政教育和“四史”教育融合的宣传效果，让学生关注“四史”教育内容，在丰富学生教育资源的同时，也有利于形成多主体协同育人架构。

第二，课前学习和课后实践协同。高职院校在思政课程中开展“四史”教育，如果仅仅依靠课堂时间，面对庞大的“四史”资源，很难实现“四史”教育与思政课程的深度融合，因此教师要对“四史”教育的内容重点加以提炼，进而有所侧重地进行讲解，使学生对历史事件背后的深刻含义有全面的认知和了解。一方面，要引导学生在课余时间开展自主学习，让学生阅读“四史”内容，通过上网查、观看影视作品等多种方式加深对“四史”的理解，了解“四史”历史脉络，进而为课堂学习打下坚实基础。另一方面，要打造红色研学旅行与高职思政课程协同育人阵地。要充分认识到课后实践对学生培养的重要意义，通过红色研学旅行能够让学生将所学到的“四史”教育内容在实践中加以运用。此外，高职院校还要加大对“双师型”思政教师的培养力度，从学生全面成长的角度出发，实现“四史”教育与思政课程的有机融合，进一步提升育人效果。

第三，家校之间的协同。高职院校在开展“四史”教育融入思政课程教学之中既要注重“第一课堂”，也要注重“第二课堂”，将“四史”教育内容渗透到学生的学习和生活之中。只有这样，才能够更好地挖掘“四史”教育的内在潜能，更好地服务学生，引导学生不断地努力拼搏，为实现中华民族伟大复兴中国梦而不断奋斗。“四史”教育融入学生的日常生活可以从两方面入手。一方面，学校要积极组织各种形式的“四史”教育活动，比如通过辩论赛、知识竞赛、参观红色教育基地等让学生感受“四史”教育的魅力，对“四史”教育有更为深刻的认知，进一步增强学生学习“四史”的热情，进而加深学生对“四史”文化的理解，使“四史”教育成为学生努力学习的重要驱动力。另一方面，要注重家校协同育人，加强学校与家庭沟通，了解学生成长环境。通过家庭教育的方式，可以使学校“四史”教育与家庭教育保持一致，进而形成教育合力，进一步增强“四史”教育的实效性。

第四，校企之间的协同。高职院校是技术技能型人才培养的摇篮，而企业是人才就业的主要渠道，是高职院校学生实现自身价值的重要载体，因此促进校企之间协同育人符合人才培养需求，也是促进经济社会发展的有效手段。校企协同要坚持“学生至上”的育人理念。一是在人才培养过程中引入企业标准，实现校企联动，将企业作为高职院校思政课程育人共同体建设的重要主体，邀请企业管理人员参与到学校人才培养之中，结合岗位需求对课程内容、人才培养方向进行调整，进一步提升企业协同育人效果。二是构建多元协同思政课程育人共同体。高职院校在育人过程中要善于将“四史”内容融入思政课程体系之中，通过对教学内容的精心设计，实现理论教学与实践教学的有效衔接。通过校企合作方式共同培育实践型人才，校企深度合作可以形成“一校一企一特色”，让理论课教师授课与实践导师技能培养相融合，进一步提升学生的专业技能。三是对思政课程教学体系进行优化和完善，加强校企联动，广泛听取企业的意见和建议，对思政课程设置进行优化和完善，进一步提升高职院校学生的思想道德素质，有针对性地培养学生的创新创业技能，进而为社会输送合格的技术技能型人才。

此外，打造多层次实践育人平台。一是要明晰责任目标。在高职院校人才培养过程中要加强顶层设计，将文化传承、劳动体验、德育实践都融入思政课程实践育人体系之中，将“四史”教育贯穿思政课程实践育人体系全过程，加强高职院校与企业、政府互动，统筹推进育人平台建设，为实践育人项目和开展活动提供必要的资源供给和专项计划①。二是要加强全过程监管。一方面，要结合高职院校育人实际，对高职院校思政课程育人共同体所涉及的各个环节可能出现的风险点进行全面梳理，形成系统监管。另一方面，要制定更为完善的监管制度和措施，形成各司其职的监管体系，对在监管过程中出现的问题要通过协商机制加以解决。三是要落实各种保障措施。多层次实践育人平台是提升高职院校学生综合素质的重要手段，要充分发挥不同主体在多层次实践育人平台的优势，从场地保障、政策保障、资金保障等多方面入手支持高校与企业合作，支持社会公益组织参与到实践育人共同体建设之中，支持将“四史”教育与思政课程融合成果转化到实践育人之中。

三、向网络思政育人领域延伸

高职院校在人才培养过程中要充分认识到高职院校学生的成长特

---

① 王管．伟大建党精神融入大学生思想政治教育的理论审思和实践路向［J］．国家教育行政学院学报，2021（11）：46-52．

殊性。高职院校学生成长在信息化浪潮中，喜欢接触新事物，实践动手能力强，受互联网影响深，本身具有较强的接纳能力。他们喜欢网络空间，并善于利用网络来表达自己的所思所想，网络已经成为高职院校学生学习生活密不可分的重要空间。因此，在思政育人过程中要充分重视网络空间，利用网络新载体、新工具对学生进行思政教育。新形势下，高职院校开展思政教育既要在方式方法上契合学生需求，也要在内容形式上进行创新，与时俱进，体现出“四史”教育的特点和优势，进一步提升思政教学效果。

（一）发挥网络思政育人功能

互联网时代，高职院校学生的生活变得丰富多彩，互联网空间成了学生学习、社交、娱乐、工作的重要空间。高职院校在思政课程开展过程中也应该主动地适应互联网时代发展趋势，由原来的课堂教学走向混合教学，构建更为立体的思政教学体系，更好地适应时代发展趋势。思政课程是完成立德树人根本任务的关键环节，要强化高职院校学生的“四史”教育效果，就必须充分发挥思政教学的主渠道作用，要以网络为载体对“四史”教育资源进行整合，融入线上思政课程平台，将“四史”教育内容搬到线上思政课程教学之中。近年来，高职院校在思政课程线上教学方面也在不断地尝试创新，很多高职院校通过“慕课”等平台对思政课程精品进行推送，不少思政课程已经实现了线上线下相融合。高职院校可以根据“四史”教育内容对思政课程教学设计进行调整和完善，通过短视频、电影、歌曲等多种形式对“四史”故事进行分享，运用现代信息技术提升线上教学的生动性、系统性。

1. 打造思政课“案例库”

网络环境背景下，青年学生获得信息的渠道越来越多样化，教学手段和教学方式也更加丰富，为“四史”教育融入思政课程提供了有利契机①。通过打造思政课案例库能够为思政课教学提供更为丰富的内容，进一步活跃课堂气氛，用鲜活的案例来诠释中国共产党的初心和使命。在案例库建设过程中应遵循启发性、针对性原则，在案例选择上既要契合高职院校区域特色和专业特色，选择与学生相关的鲜活“四史”案例，也要体现出思政课程的针对性和学科性。高职院校在具体思政案例选择应用过程中要防止思政课程内容与“四史”教育内容重复，以免影响学生对课程界限的界定和内容的解读。案例选择要紧扣专题，紧扣课程目标，使案例教学真正活灵活现。从理性层面看，案例选择能够配合思政课程内容，提升授课的广度和深度，引导学生对案例产生的历史背景、内涵、外延有所了解和认知，帮助整个课程体系向高阶拓展。此外，在案例选择上还要坚持启发性原则，通过探究式和自主式学习，满足学生对知识的期望，同时借助新媒体技术对案例教学进行整体优化。为了更好地推动“四史”教育与思政课程的深度融合，在思政课案例库建设过程中可以依托已有的教学平台，利用思政课程微信公众号对“四史”典型案例进行推送，为教师开展思政教学提供更多的案例教学触点，同时可以增加课堂实践环节，对教学模式进行创新，通过虚拟仿真实践平台，让学生在思政课程教学过程中有更深刻的感触和体验。通过理论与实践互动、教师与学生互动、虚拟与现实互动，进一步增强思政课程的时代感召力，用党的最新理论培养高职院校学生解决实际问题的能力，进一步坚定高职院校学生对中国特色社会主义的道路理想和信念自信。

2. 组织开展“模块化”教学

“四史”教育融入思政课要善用线上资源。当前网络平台拥有大量的“四史”教育资源，包含传统的文献资料、影视作品和音频作品，还有红色景区和博物馆开发的各种网络小程序、全景地图等。这些网络资源完全可以成为高职院校学生学习的重要素材，也可以为思政课教育提供丰富的教学形式。思政教师要充分利用线上资源优势，

---

① 胡秋梅，傅安洲，束永睿. 讲好百年党史“思政大课”略论［J］. 学校党建与思想教育，2021（21）：56-58.

实现线上资源与线下教学的有机结合，进一步增强思政课程的理论说服力①。例如，在学习“毛泽东思想和中国特色社会主义理论体系概论”课程中，就可以将“遵义会议纪念馆线上全景图”“VR重走长城路”等资源融入课程教学之中，引导广大高职院校学生更加深刻地认识到毛泽东同志在中国共产党从弱小走向强大中的决定性作用。同时，思政课教师也要借助云课堂App、微信群等多种载体，在不同时间为学生推送网上“四史”教育资源，引导学生感悟“四史”理论，学习“四史”精神，总结“四史”经验。例如，在微信群向学生推送“四史”纪录片，要求学生在观看纪录片后撰写观后感并在课堂上进行分享，加深学生对“四史”的理解。此外，思政课教师还要善于利用“四史”学习融媒体资源，进一步增强思政课程的趣味性，让学生在融媒体背景下更好地掌握“四史”知识，坚定理想信念。

将“四史”教育融入思政课程体系之中应以“四史”专题形式对“四史”教学内容进行输出，要对高职院校学生学情进行分析，进一步明确不同教学内容的重点。通过对教学内容的规划处理，借助网络平台提供的各种材料和视频，向学生推荐《中国共产党历史》（第一、第二卷）、《中国共产党的九十年》、《新中国70年》、《中华人民共和国简史（1949—2019）》、《伟大的开端》、《中国对外开放40年》、《中国改革开放全景录》、《中国特色社会主义》、《马克思主义五十讲》等经典原著。让学生通过网络阅读、观看视频，以小组为单位展开热烈讨论，随着讨论深度和广度的不断加深，使整个教学过程的价值导向更加明晰。在认真思考和系统讨论之后，高职院校学生会对“四史”教育有自身的理性判断。线下课堂是“四史”学习教育融入思政课的重要环节，其价值在于：一是教师可以对线上学生讨论结果进行总结，进一步突出专题教学的重点内容，帮助学生对“四史”知识点进行更为系统的了解和总结；二是教师可以根据学生线上学习存在的问题及阅读材料中的困惑进行针对性解答，尤其是可以对一些错

---

① 李静宜，刘宏达．党史学习高标准赋能思政课高质量发展的基本逻辑［J］．学校党建与思想教育，2021（21）：65-67.

误观点（如历史虚无主义）进行辨析，并对其进行全面否定，以正确的思想理论和学理分析来解答学生的困惑，实现政治性和学理性的有机统一①；三是实现线上课程内容与线下课程内容的有机联动。思政课教师在教学过程中既要与社会热点问题相呼应，也要了解学生的兴趣点，通过对课程内涵的延展，使理论更有深度，这样才能够实现线上线下内容互补，实现“四史”学习教育与学生的学习需求有机统一，才能够让学生从内心认可“四史”教育学习，才能够实现显性教育与隐性教育的有机统一，进而让学生终身受益。

3. 打造思政课虚拟仿真教学体验平台

新时期，高职院校在“四史”课程教学过程中应引入互联网技术，基于“互联网+课堂”的联动对思政课的教学模式和教学样态进行创新，利用现代信息技术对思政课教学资源进行有效整合，实现虚拟与现实技术融合、线上与线下教育融合，充分发挥网络的交互性、开放性特征，着力构建思政课程虚拟仿真教育学体验平台，将其作为新时期思政课程“第二课堂”的重要载体之一。在 VR 和 AR 等新兴技术的支撑下，思政课程虚拟仿真教育学体验平台能够对接思政课教材内容和教学要求，能够将思政课实践教学内容进行系统转化，通过丰富的图片、视频，以及情景模拟、情景在线等多种方式让学生在虚拟仿真实践平台上就能够身临其境地学习，能够将思政课实践教学内容以立体化、多维度的方式呈现出来，符合当前高职学生的学习习惯和认知模式。例如，浙江机电职业技术学院马克思主义学院就借助了 3D 建模技术，构建了虚拟仿真实践课程教学体验馆。该馆对“思想道德与法律修养”课程内容进行了创造性转化，学生实践参与率高达 100%，满意度超过 90%，进一步提升了思政课程教学效果。

网络技术浪潮下，现代信息技术所构造的虚拟空间为高职院校思政课程实践教学开展提供了多种可能，推进高职院校思政课程教学与现代信息技术的深度融合，有利于解决当前在思政课教学过程中因理

① 辛艺萱，盛林. “中国近现代史纲要”课用好红色资源传承红色基因的教学思考［J］. 思想教育研究，2022（7）：3-8.

论过于抽象而难以表达的现实困难，能够让高职院校学生在虚拟空间中借助视觉、听觉、触觉等多种感官更好地吸收课程内容，进一步提升高职院校学生学习的趣味性和主动性，进而让学生将零散的感性认知形成理性知识体系，进一步拓宽高职院校学生隐性教育学习途径，让显性教育和隐性教育实现有机融合，缓解高职院校思政课程在实践教学组织和场地、经费等方面的痛点。高职院校学生可以围绕学校提供的各种实践学习资源，自主地选择学习途径和学习时间，使思政课程实践教学过程突破时空限制，使高职院校学生可以随时随地接受思政课程实践教育。虚拟实践教学模式能够为“四史”教育与高职院校思政课程有机结合提供载体，进一步坚定高职院校学生的社会主义核心价值理念，增强高职院校学生对中国共产党的认同，更好地完成高职院校立德树人根本任务。

（二）打造网络思政育人品牌

网络思想政治教育工作是“互联网+教育”的必然选择。新时期，高职院校要注重网络思想政治教育工作的开展，打造网络思政育人品牌，在具体落实过程中要加大对思想政治教育供给侧改革，主动引进先进信息技术对育人方式方法进行完善。在立德树人的总目标下，统一思想，深化认识，完善政策机制，牢牢把握网络思政教育的主动权，引领学生在思想上进步，在成长道路上明辨是非，让学生始终保持谦虚的人生态度。

如果把网络思想政治教育在高等学校中的实践发展进行阶段划分，可将其分为“以遭遇和应对网络负面信息冲击为特征的被动适应阶段，以各类德育网站建设为特征的阵地抢占阶段，以综合性网络社区发展为特征的圈子深入阶段，以教育对象自媒体发展为特征的主动供应阶段”①。要打造网络思政育人品牌，可以从以下几个方面开展。第一，完善思想政治教育网络教学平台。马克思、恩格斯曾一针见血

① 高山，胡杨．网络思想政治教育创新与实践——以中南大学网络思想政治教育探索为例［J］．思想理论教育导刊，2015（3）：116.

地指出，“统治阶级的思想在每一时代都是占统治地位的思想。这就是说，一个阶级是社会上占统治地位的物质力量，同时也是社会上占统治地位的精神力量”①。高职院校在育人过程中应将巩固马克思主义在意识形态领域的指导地位作为重要职责，更好地推进思政课程体系建设。《关于进一步加强和改进大学生思想政治教育的意见》中明确指出，要加强网络空间思想政治教育新阵地建设，将网络空间作为思想政治教育的重要载体。高职院校要围绕职业特色，借鉴全国思政课网站建设经验，实现高职院校网络资源高度共享，更好地构建思想政治理论网络课程和微信公众号学习平台。第二，建立师生互动的网络平台。教学在师生互动的交往关系中得以完整表述，这本质上是一种交互主体性关系。“在交互共同体中，教师与学生不是互相独立彼此分离的个体，而是教学活动的主动参与者与构建者，相互承认对方的尊严与价值、品质与能力”②。在这一背景下，高职院校要充分利用视频网站、微博、微信、校园论坛等网络平台，注重师生之间的有效沟通和互动，进一步增强高职院校学生的主体意识，克服高职院校学生心理落差和情绪调控能力差的弱点。通过互动交流，进一步提升思想政治教育效果。第三，建立网络测验平台。高职院校学生属于互联网“原住民”，对网络测试非常感兴趣。高职院校完全可以在网络平台进行期中测试、课后作业布置和网络讨论等，及时地了解当前高职院校学生的思想动态，对存在的问题进行具体分析，有针对性地提出解决策略，进一步提升网络思想政治教育效果，为经济社会发展输送优秀人才。

创建精品课程，塑造“互联网+思政育人”品牌。高职院校在思政课程建设方面应充分尊重学生的主体地位，以落实立德树人根本任务为目标，以持久创新为动力，创建“互联网+思政育人”精品课。同时，应充分发挥精品课程传播速度快、共享效果好的特点，充分利

---

① 中共中央马克思恩格斯列宁斯大林著作编译局．马克思恩格斯文集（第一卷）[M]．北京：人民出版社，2009.

② 杨勇．高校思政课交互主体性师生关系的基本内涵 [J]．前沿，2010（10）：23-25.

用这些优势和特点，建立“互联网+思政育人”品牌，提升精品课的社会影响力和号召力。要重视“四史”教育与精品课程的有机结合，进一步拓展“四史”教育的深度和广度，利用精品课的平台优势创新“四史”教育模式和载体，打造“四史”教育线上公共学习平台。一是高职院校要充分利用官方网站、微信公众号等平台，对“四史”教育精品课程进行专门介绍，引起学生对“四史”学习教育的关注。二是要充分发挥学习强国App、“网络大讲堂”等公共平台的作用，让学生通过这些优秀平台接受“四史”教育。三是要打造“四史”精品课程网站，要将“四史”优秀课程进行录播并上传到网络平台之上，形成一定规模的网络学习视频资源，组织学生对这些视频资源进行观看并发表感想。还可以依据“四史”学习相关要求，利用社会实践、情景表演、现场教学、红色家书朗读、观看红色影视作品等方式，进一步提升“四史”教育吸引力，提升“四史”教育效果。例如，广西科技大学马克思主义学院就充分利用了当地丰富的红色文化资源，借助技术创建了柳州红色文化虚拟仿真体验馆。学校可以与体验馆进行接洽，分批次地组织学生到场学习，让学生身临其境感受柳州工业从无到有、从弱到强的变化过程，让学生看到柳州工业不屈不挠的精神，进而激发学生热爱家乡、热爱祖国的情感体验。

新时期，在推进“四史”教育与思政课程融合过程中，需要打造校园网络文化育人品牌，充分发挥校园网络文化育人的价值和作用。在推进“四史”教育与思政课程融合的过程中，要进一步厚植文化内涵，通过多维度发力，进而达成师生对校园网络文化的高度共识，形成品牌信仰，进一步提升品牌效应。高职院校形成校园网络文化育人品牌建设，需要学校的持续投入，并形成文化积淀，力求使学校的网络文化育人环境能够契合学生需求，形成学生和教师的情感归宿空间。一是要明确校园网络文化育人的品牌定位。要围绕学校特色元素（包含精神、物质、制度层面的校园文化架构）为校园文化育人环境创造三维空间，进一步凸显校园文化特色。高职院校要严格落实立德树人根本任务，研究与高职院校相契合的文化体系，既要突出亮点，也要对价值理念进行提炼，多维度地呈现出高职院校的品牌凝聚力、号召力和辐射力，进而创建尽人皆知的共同语境，让广大师生能够将高职院校的文化品牌讲清楚、讲明白，进而更好地起到宣传作用。二是要深挖校园文化内涵。校园文化内涵是文化品牌构建的核心要素，具有深刻的价值寓意和情感寓意。校园文化品牌凝聚着学校的文化精髓和办学理念，校园文化品牌的塑造需要围绕科研实践、组织制度、专业设置等文化融合创新，进而实现学校在物质层面和精神层面的文化品牌的高度统一，成为学生的精神寄托，使学生从内心深处对校园文化产生更强的认同感和情感依恋。三是要积极推进校园文化品牌宣传工作。高职院校既要利用常规手段对校园文化品牌进行宣传，也要借助互联网平台对文化资源进行整合，将网络空间作为宣传的重要阵地。互联网的本质在于连接，而连接也是互联网价值的主要体现。与传统的日常文化宣传相比，校园网络文化育人品牌宣传更应该注重网络空间的全覆盖。校园文化育人品牌的网络连接既要契合校内日常文化活动，也要向社会公众进行宣传，主导社会公众视听场，让社会公众对校园网络文化符号特色办学理念形成标志性印象。

此外，学校要将打造校园网络文化育人品牌上升到战略高度，全方位打造与高职院校发展相契合的新形象。为此，一方面，要加大对校园文化的开发力度，深挖校园文化的当代价值，并结合校园文化建设形成一系列的创新成果，不断丰富校园文化的理论和内涵，进一步提升校园文化的阐释力。另一方面，学校要借助主流媒体对校园网络文化育人成果进行多方位的报道，彰显校园文化底蕴，提升校园文化品牌影响力和社会认可度。

（三）建强网络思政育人阵地

当前，高职院校学生对网络环境非常熟悉，网络教学打破了时空限制。通过网络能够将“四史”教育融入网络思政育人阵地之中，以更贴近学生实际的方式来展现“四史”教育的特点和优势，既可以向学生传播“四史”知识，也可以增强学生的理论水平和理论素养。网络思政育人阵地的建设，要充分发挥网络平台的功能和作用。一方面，高职院校可以建立“四史”知识教育网站，设置“四史”学习模块，以师生 PK 答题挑战、知识竞赛等多种方式吸引学生参与到“四史”知识学习中来。另一方面，在宣传过程中要增加“四史”内容，通过相关活动，让学生铸牢理想信念之魂。思政课教师要善于利用网络平台与学生讨论特定话题，让高职院校学生对“四史”有更为全面的认知。高职院校还可以利用微博、微信、论坛等不同方式，了解学生当前关注的热点话题，引导学生对社会问题进行思考，实现对“四史”教育的有效延伸。职业院校学生多为“00 后”，这些学生成长在新的时代背景下，与革命先辈的事迹存在一定的时空距离。为了弱化这种距离感，让学生从内心深处对“四史”教育有更强、更深层次的认同感，高职院校要通过思政课开展“四史”学习教育，成立专门的科研小组，对“四史”教育的育人资源进行整合，寻找更契合学生生活和学习的典型案例，将这些典型案例融入思政课教学之中，更好地激发学生学习兴趣。让学生通过对“四史”知识的学习，认识到自身成长与国家发展之间的紧密联系。此外，高职院校还可以利用主题班会等形式开展“四史”教育，组织学生观看《亮剑》《大决战》等经典影视作品，带动学生对影视作品的相关剧情及其背后的历史进行讨论，引导学生对“四史”学习产生浓厚兴趣。

当前高职院校在思政教育开展过程中仍然受到传统教育思想的影响，很多课程内容缺少实用性和指导意义，加之社会对职业教育的认可度还偏低，高职院校学生文化基础还相对薄弱，学生难免在学习过程中遇到很多学习困境，很容易产生自卑情绪。因此高职院校在思政教育开展过程中应充分利用网络空间，对高职院校学生进行积极鼓励，充分尊重高校学生的主体地位，并适当地结合当前教育政策相关要求，对教育内容进行调整和完善，将“四史”教育融入其中。针对高职院校学生文化层次参差不齐的具体现状，思政理论课程更应该成为“四史”教育的核心关键，补齐“四史”教育短板，构建多层次、全方位的思政教育体系，以通俗易懂的方式，增强思政教育的实用性和针对性，进一步提振高职院校学生的自信心和自豪感①。

习近平总书记指出："坚持团结稳定鼓劲、正面宣传为主，是宣传思想工作必须遵循的重要方针，必须坚持巩固壮大主流思想舆论，弘扬主旋律，传播正能量，激发全社会团结奋进的强大力量。"② 高职院校在思政课程开展过程中要坚持以正面宣传为主，充分发挥思政课程的育人作用，要讲好中国故事，发挥正面故事的信心激励作用。而要想讲好中国故事，就需要对"四史"教育资源进行深入挖掘，将"四史"教育融入思政课程教学之中。一是要讲好正面故事。讲好正面故事就要围绕中国共产党，围绕马克思主义，围绕中国特色社会主义来总结。讲好正面故事，就是要讲好中国人民自强不息的奋斗故事，讲好中国共产党不忘初心、牢记使命的故事，讲好中国在改革开放过程中艰苦奋斗的故事，讲好中国精准扶贫、共同富裕的故事，讲好新冠疫情下的抗疫故事，等等。通过正面宣传和总结，引导学生正确地理解"中国共产党为什么能""马克思主义为什么行""中国特色社会主义为什么好"等道理，进一步激发高职院校学生的爱国情怀和责任担当。二是不回避反面故事。当前，在推进社会主义现代化建设进程中，部分领域出现了腐败问题、分配不公平问题，这些问题的客观存在，要求我们在正面宣传的同时，也要通过反面故事的教育作用来教育和警醒高职院校学生。因此，在思政课教学过程中也要将这些故事融入其中，并引导高职院校学生分析社会主义现代化建设现阶段存在的主要问题及其背后的原因，让高职院校学生认识到，随着中国的发展，这些问题都将得到有效解决。同时，在参与全球治理过程中，中国智慧和中国方案将展现出更磅礴的生命力。教师要引导高职院校学生学会用马克思主义立场、观点和方法来分析问题、解决问题，在讲好中国故事的过程中让学生辩证地看待事物的两面性，进一步提升学生的理性判断能力。

---

① 蔡志梅，肖行．伟大建党精神何以融入思政教育［J］．中学政治教学参考，2022(28)：68-71.

② 习近平在全国宣传思想工作会议上强调 胸怀大局把握大势着眼大事 努力把宣传思想工作做得更好［N］．人民日报，2013-08-21（1）.

1. 基于大数据推动线上线下教育贯通

大数据时代背景下，高职院校思政课程的内外部环境发生了巨大变化，这些变化的影响因素或单独或共同作用于高职院校思想政治教育全过程。相应地，高职院校思想政治教育也要与时俱进，在内容上要不断拓展以适应时代发展变化。“自适应动态教育”是以大数据技术为基础，将教育学、心理学、马克思主义等学科进行兼容所形成的教育体系，能够根据教育目标的需求、兴趣爱好对教育内容进行调整，投放更积极的内容。“自适应动态教育”与传统的灌输式教育相比能够更好地了解学生的需求和行为习惯，按照学生的成长规律进行教育。“自适应教育”并不是让学生来适应教育系统，而是教育系统为学生提供更精准的教育内容，在大数据技术的支持之下，自适应动态分析系统能够对学生的知识掌握状况、学习态度、学习环境等数据进行分析，进而为教师开展教育活动提供数据依据，也可以为思想政治教育活动的开展提供虚拟环境，进一步提升教育主客体之间的交互性。

搭建“互联网+思政育人”平台。在平台搭建和使用过程中应从以下几方面入手。一是要完善运行保障机制，确保整个育人平台正常运转，能够对教育资源进行合理加工和配置，充分发挥教育资源的最大效用。二是要完善监督机制，对整个平台的运行环节进行全面监督，通过大数据分析对平台进行科学化管理。三是要优化评估机制，结合用户反馈及平台运转发现的问题，对教学内容、教学手段进行科学评估，进一步提升思政育人的生命力和针对性。四是要优化队伍评价机制，对平台运行的不同团队进行科学评价。五是要完善应急管理机制，对平台出现的突发事故及网络故障能够按照相关应急措施进行及时处理。六是要完善网络安全机制，切实保障用户隐私，维护网络平台信息安全。七是要完善舆论监控机制，对高职院校学生的思想动态进行动态把握，加强对网络空间舆情引导的力度。高职院校“互联网+思政育人”平台的构建要充分尊重学生的主体地位，对网络媒介各种资源进行有效整合，实现对学生的全面系统教育，促进学生成长。

实现“线上”与“线下”教育的贯通。高职院校在“四史”教育与思政课程融合过程中要实现线上与线下教育的有效贯通，有效克服传统课堂教育“慢”的缺点，要紧跟国家教育改革的动态变化，积极推进现代信息技术与高职院校思政教学的深度融合。大数据技术与高职院校思政课程体系的深度融合，能够对“四史”教育资源与思政课程资源进行有效整合，进而为学生提供更为系统的教育内容。“以学生为中心”理念的落实，需要改变当前的教育生态。教育是为国家培养优秀人才的主渠道，更应该走在信息化发展浪潮的前沿。而要实现教育和现代信息技术的深度融合，就需要利用技术构建以学习者为中心的教育行为体系，实现教育模式之间的相互补充。从古代私塾式的教育模式到现在“触网”式的教育模式，可见在历史长河里洗刷千百年的思想政治教育模式并非亘古不变。传统的面面相授、口口相传，以及借助黑板、粉笔进行班级授课的那种单一的教学手段，只能将教育限制在课堂内进行①。大数据背景下，现代信息技术深刻地影响了传统教学方式，从最初的多媒体教学到现在的微课教学、在线教学等，进一步提升了教育方式的现代化水平，也促成了个性化教学，为教育事业的发展提供了新的路径。不同教学模式之间可以相互补充，相互作用。大数据时代背景下，互联网为社会公众提供了很多免费信息和知识。在线教育领域的很多免费资源提高了教育事业的公平性，高职院校思想政治教育的开展也需要对这些资源进行整合，这也是未来思想政治教育发展的重要趋势，需要借助各种工具和各种在线平台为学生开展思想政治教育活动。中国科学院院士戴汝为指出，“到了信息社会，人机结合的思维体系将会取代以个人为主的思维体系”②，而线上线下融合补充成为人们获取知识的关键。当前，高职院校在思政课堂教学过程中仍然主要以面授的形式向学生传输知识，而各种线上直播、远程教学则成了学生获取知识的额外补充。知识获取方式的相互补充，在客观上肯定了线上教育与线下教育具有同等重

① 王日升. 新时代高校网络思想政治教育新探［D］. 长春：东北师范大学，2009.

② 余胜泉. 技术何以革新教育［N］. 中国教育报，2015-02-08（3）.

要的地位。大数据的广泛应用使网络中产生的沟通更加透明，为资源的整合和优化带来了前置条件。例如，当前学生更习惯用微信进行沟通，微信中会产生大量信息数据。通过对这些信息数据的分析，能够看到当前高职院校学生的所思所想，可以以此作为教学方式和教学内容调整的重要依据。通过线上线下的有效联动，能够实现思想政治教育运行机制的有效整合，进而发挥好思政教育与“四史”教育“1+1>2”的作用。

2. 借助网络载体实现全方位思政教育

第一，网络思想教育。随着互联网的发展，高职院校的教育模式也在发生着日新月异的变化。借助网络平台对高职院校学生开展思想层面教育已经是当前教育改革的重要趋势。高职院校在推进“四史”教育与思政课程融合的过程中，可以利用各种网络宣传手段对高职院校学生进行思想层面的教育。通过网站、电影、新媒体平台等辅助渠道，更好地帮助高职院校学生塑造正确的思想价值观。

第二，网络政治教育。高职院校思政教育要坚持正确的政治导向，网络政治教育应成为高职院校思想政治教育的重要组成部分。学校不仅要将高职院校学生作为教育对象，更应该将学生的政治信念和价值取向作为教育重点。“四史”教育完全可以成为高职院校学生政治信念和价值取向教育的重要素材。政治层面教育的主力是思政教师，教师要善于将“四史”教育与思政课程有机结合，通过小组合作等方式对“四史”教育内容进行探讨，使学生对“四史”教育有更为深刻的认知，然后针对各种问题各抒己见，教师对学生的意见进行深刻剖析，进而引导学生形成正确的政治信念和价值取向。当前，网络已经成为思政教育的重要手段和工具，通过正确的政治思想传导能够达到对高职院校学生进行政治教育的目的。

第三，网络道德教育。互联网时代背景下，网络上的各种信息非常复杂，既有正能量信息，也有低俗信息，这些信息对高职院校学生的成长都有着重要的影响。学生对这些信息如何选择，会直接影响高职院校学生价值理念的养成。例如，部分高职院校学生沉迷于网络游戏或浏览一些不健康的网页，这不仅会影响他们的正常学习，也会影响他们的健康成长，一旦约束不严，可能会出现道德失范问题。对于高职院校而言，如何对学生开展网络道德教育成为当前思想政治教育必须思考的现实问题。为此，高职院校必须通过线上线下教育相结合的方式提升学生的网络道德修养。一方面，要加强网络监管，要对在网络空间发表过激言论或在现实生活中有过激倾向的学生进行劝导。另一方面，通过线上线下教育方式加强与学生沟通互动，了解学生的思想动态及出现过激行为或不健康思想的源头，进而有针对性地对坏思想进行“拔根”。还可以通过一对一交流的方式，引导学生树立正确的网络道德观。

第四，媒介素养教育。媒介素养可以分为能力、知识和理解三个部分，是个体对媒介信息进行获取、传输、解读、理解的能力。媒介素养会影响社会个体的生活和发展，也会影响社会个体的思想观念。当前高职院校对学生的媒介素养培养还不够全面，这不仅会影响高职院校学生的信息接收手段，也会影响高职院校学生对信息的解读和内化。因此，高职院校在网络思想政治教育工作中要培养学生的媒介素养，强化学生的媒介信息分析解读能力，进而将有价值的媒介信息内化为学生的价值理念。这也就要求高职院校思政教师既要熟练掌握包括 PPT、Excel、微信、QQ 在内的软件的使用，也要不断提升自身媒介素养，通过教师的人格魅力，引导学生关注媒介素养培养。

第五，网络文化培养。高职院校在网络思想政治教育过程中应为学生营造积极向上的网络文化，更好地促进高职院校学生全面健康成长。高职院校在开展思政教育时要对“四史”教育资源进行挖掘和整合，进而提供相对应的文化资源。对“四史”教育文化资源的筛选和优化，将有助于高职院校学生通过网络平台学习，陶冶学生情操，潜移默化对学生“三观”进行塑造。同时，高职院校要善于通过网络文化建设对相关问题开展理论研究，深化思想政治教育工作，进而更好地影响学生的精神世界，充分发挥新媒体、新平台的作用，为我国经济社会发展培养合格的建设者和接班人。

四、红色基因全程融入高职立德树人

红色基因是中国共产党在民主革命时期、社会主义建设初期及改革开放时期形成并植根于中华优秀传统文化，能够代表党的政治理想、政治灵魂的优秀基因。红色基因具有鲜明的中国特色和人民属性，在形成过程中又兼具了创新属性、民族属性和革命属性。

“四史”是珍贵的红色基因宝库，红色基因蕴于“四史”中，是“四史”精神价值的典型体现。整个“四史”就是中国共产党人赓续红色基因，并在红色基因的鼓舞感召下坚守初心使命，坚定理想信念，为实现中华民族伟大复兴而不懈努力的奋斗史。因此，将红色基因全过程地融入高职院校立德树人工作之中，既能够使立德树人工作具有红色底色，也能够为立德树人目标的达成提供丰富的育人素材。

（一）在融合发展中坚守红色基因的政治底色

作为社会主义国家，我国国家性质决定了我国高职院校要为推动社会主义现代化建设培养合格的时代新人。因此，高职院校思想政治教育也要将“爱国爱党、德才兼备、全面发展”作为人才培养的根本需求，要按照立德树人的根本原则，为中华民族伟大复兴中国梦的实现培养优秀合格人才①。高职院校在人才培养过程中要将政治方向正确和理想信念的坚定作为两大基本要求，融入人才培养全过程。而要想完成上述目标，就需要打牢红色基因政治底色。

1. 融入红色故事和红色经典，培育政治观念

中国共产党在革命战争时期形成了红色基因，并在社会主义改造和社会主义现代化建设时期丰富了红色基因。红色基因植根于人民群众，具有浓厚的人民性特征，代表着中国共产党人始终不忘初心、牢

---

① 潘加军，孙品．习近平总书记关于社会大课堂重要论述的生成逻辑与践行路径［J］．毛泽东研究，2022（5）：44-52.

记使命。中国共产党带领全国各族人民在新民主主义革命时期反抗压迫、反抗剥削，最终实现了民族独立和人民解放，在这一过程中，革命性特征深深地烙印在了红色基因上。在社会主义建设阶段，中国共产党人始终将实现中华民族伟大复兴作为奋斗目标。面对错综复杂的意识形态斗争，如果没有有效地抵制国外反动势力对我国进行的意识形态渗透和文化渗透，一些带有明显错误的文化思潮，诸如自由主义思想、个人主义理想就会侵害高职院校学生，而高职院校学生本身对各种不良社会文化思潮缺乏正确的辨别能力和必要的社会经验，因此更容易受到这些不良社会思潮的影响。这些思潮进而会扰乱他们的政治信仰，撼动他们对中国共产党和社会主义的信心，成为阻碍高职院校学生成长成才的最大阻碍。而红色基因植根于中华优秀传统文化，成长于革命战火之中，壮大于社会主义建设和改革开放期间，能够增强高职院校学生的文化认同、民族认同和国家认同，提升高职院校学生对各种不良社会文化思潮的免疫力和抵抗力，有效抵御历史虚无主义的渗透。因此，有必要将红色基因融入高职院校思想政治教育各个环节，引导高职院校学生树立正确的价值理念和政治观。同时，也可以将红色基因融入高职院校思想政治实践课教学之中，使理论学习与实践教育有机结合，进一步提升思想政治教育的针对性、渗透性和亲和力，引导高职院校学生在红色基因中锤炼品格，增强“四个意识”，让学生能够在各种思想文化相互涤荡的今天运用先进的理论武装头脑，用马克思主义思想来指引方向，进一步坚定正确的理想信念。

2. 引入革命情怀和革命情感，夯实理想信念

革命情怀是一种追求真理、坚持正义、敢于斗争的情怀①。革命情怀是中国共产党人在革命烈火中锤炼出来的革命执着，是中国共产党人牢不可破的共产主义信念和为共产主义事业努力奋斗终身的价值归宿。情怀不仅体现为为了真理正义努力奋斗，在情感层面也体现为为国家解放、人民幸福而自觉奋斗、坚持奋斗。革命情怀既经常出现在革命战争年代，也会出现在社会主义现代化建设阶段。当前，我国

① 周新民．习近平兴党强国的情怀力量［J］．人民论坛，2019（23）：48-50.

经济发展进入新常态，面对经济社会转型，广大人民群众需求越来越多样化，相应地也需要国家在公共服务方面进行大刀阔斧的改革。而随着社会经济结构的转型，更需要一批能够服务国家、服务人民的具有高素质、职业精神的优秀人才。职业教育本身就承担着高素质人才培养重任①。但从目前看，由于职业教育转型的滞后性，以及经济社会发展的快速性，导致现有人才培养与经济社会发展出现了不匹配问题，高职院校人才培养还存在着缺乏职业精神培养的问题。新形势下，高职院校在人才培养过程中既要关注技能层面，也要关注职业理想层面，要在学生职业理想教育的过程中培养学生职业精神。职业精神具有主体性，也有能动性，“职业精神反映职业性质和特征的思想、观念和价值取向”②。敬业、勤业、创业、立业是职业精神的实践内涵。红色基因烙印着中国共产党人的精神内核，也包含着多种具体精神形态。中国共产党人始终追求梦想、追求真理、敢于创新、善于创新，而这些精神与职业精神具有一脉相承的关系。特别是在推进中国式现代化发展过程中，面对更为激烈的外部环境，高职院校只有在人才培养过程中不断地锤炼学生心性，提升学生的就业创业能力，才能够使学生在激烈的竞争中拔得头筹。这就需要通过职业理想教育培养学生的创新创业精神、革命精神，进一步激发学生的主观能动性，使学生不怕失败、不怕挫折，用自身实际行动来丈量梦想，实现目标。

（二）在全程融入中展现红色基因的鲜明特色

将红色基因融入高职院校人才培养之中，不仅体现出高职院校对人才培养的重视，进一步扩展了高职院校思想政治教育空间，丰富了高职院校思想政治教育资源，也有助于高职院校之间红色资源共享，进而构成更为系统的红色基因育人机制，提升高职院校红色基因育人效果，使高职院校思想政治教育工作更具有说服力和吸引力。

---

① 何珊．新时代大学生思政课获得感的生成与提升［J］．社会科学家，2022（9）：121-127.

② 邱吉．培育职业精神的哲学思考——从职业规范的视角看职业伦理［J］．中国人民大学学报，2012，26（2）：75-82.

1. 在实践中深化理论知识内容

实践学习是提升高职学生知识运用能力的重要手段，有助于提升学生运用理论知识观照社会现实的能力。近年来，很多高职院校都在积极尝试实践教学改革，在实践教学过程中通过全新实践教学体系的构造，对红色资源进行整合，实现红色基因与思政课程深度融合，积极为红色基因融入思政教学创造条件，真正地将红色基因精神融入学生内心深处，让学生能够在实践教学过程中端正态度，主动地参与到实践教学活动之中，切实保证实践教学效果，提升高职院校学生实践能力。新时期，为了凸显高职思想政治教育创新点，着力构建具有高职院校特色的思想政治教育教学体系，部分高职院校开始尝试创新和完善思想政治教育理论课程配套的实训手册，为实践教学开展提供依据和方案。在实践能力培养方面，更加注重学生对自身问题的深入思考及对社会问题的关注和判断，更加关注学生对实际问题的解决能力和综合素质的提升。通过红色歌曲传唱、红色电影欣赏、红色研学、红色阅读会等实践活动，让枯燥的思想政治教育理论课程变得更得丰富多样。校内校外、课上课下的联动，不仅转变了学生的学习态度和学习观念，而且通过实践活动加深了学生对红色基因所蕴含精神的理解，让学生将红色基因内化于心、外化于行，进一步提升学生的学习积极性和主动性。

2. 发挥地方红色文化资源的社会教育功能

红色文化资源完全可以成为思想政治教育资源，而且红色文化资源具有感染力强、生动直观等特点，与思想政治教育具有非常高的契合性。通过对周边地方红色文化资源的深度挖掘，能够因地制宜、因时制宜地将红色文化资源融入思想政治教育，让学生在情感上更好地体悟红色文化，在身临其境的战火硝烟中提高思想认识和品德修养。高职院校完全可以依托本地区的红色文化资源，针对高职院校学生开展理想信念教育和爱国主义题材教育，因地制宜地将这些教育与思想政治教育相结合，使思想政治教育更加接地气，让学生对红色基因由感性认知上升为理性思考，使红色基因入脑入心，从而铸牢学生的思想之魂，进一步提升学生的思想素养。思政课教师也可以借助地方红色文化资源开展形式多样的现场教学，让学生能够跨越时空，重温一段又一段波澜壮阔的红色历史；让学生感悟红色精神，进一步增强学生对红色精神的理解；有助于提升思政课的感染力、渗透力和号召力，更好地激发学生学习积极性和主动性，使学生更加珍惜当前来之不易的生活条件，主动成为国家的建设者和实现第二个百年奋斗目标的主力军。

（三）在引航铸魂中凸显红色基因的价值本色

红色基因与高职院校思想政治教育工作深度融合，有助于思想政治教育工作形成正确的价值判断标准。红色基因是中国共产党在不同历史时期所形成的正确的价值理念、文化形象和基本精神。中国共产党人在革命战争时期所形成的独特的红色基因，是社会主义核心价值观的核心内容，是优秀文化基因，高职院校思想政治教育工作的开展必须坚持这个鲜明的政治导向。将红色基因与高职院校思想政治教育工作深度融合，有利于高校思想政治教育工作解决“培养什么人、怎样培养人、为谁培养人”的根本问题。

1. 红色基因与高职思政课的文化性具有本质上的一致性

红色基因作为优秀精神品质，与高职院校思想政治教育工作深度融合能够进一步丰富思想政治教育工作内容。红色基因包含的“四史”内容，能够为高校思想政治教育工作提供丰富素材。习近平总书记非常重视“四史”学习教育，并号召广大党员干部要将历史作为最好的教科书加以学习。“十四五”规划明确提出要加强“四史”学习，要加强爱国主义、集体主义和社会主义教育，要注重弘扬中国共产党与全国各族人民在不同历史时期所形成的伟大精神，要充分发挥伟大精神的育人作用①。红色基因包含丰富的优秀因子，与高职院校思想政治教育深度融合，能够尊重学生的主体地位，为学生提供鲜活的教学素材，进一步提升思想政治教育工作的实效性、创新性。红色基因

① 宋海儆. 伟大建党精神融入新时代高校思政课教学的三维探讨［J］. 理论导刊，2022（12）：123-127.

作为重要的育人素材，本身也有文化属性，这与高校思想政治教育的文化性具有本质上的一致性，这就为红色基因融入高校思政课程提供了可能。通过红色基因与高职院校思政课程的深度融合，也有助于高职院校学生更好地理解“四史”教育内容。

2. 红色基因融入高职思政课为其提供了合理的价值选择

红色基因与思政课程的深度融合，有助于重新解读红色基因的内涵和意义，为高职院校思政课开展提供更为精准的价值判断，进一步增强思想政治教育工作价值的合理性，为高职院校思政课新问题、新情况的解决提供正确的价值选择，使高职院校思政教育更系统、更完善。红色基因与高职院校思政教育融合，能够使高职院校思政教育系统变成自觉传承红色基因的系统，使高职院校思政系统变成具有坚定价值选择的自主运行系统，进一步巩固高职院校思政课程意识形态教育主阵地作用。高职院校在思政课程教育教学开展过程中，可以对红色基因诠释得更为准确、科学、到位①。借助高职院校校园文化使红色基因传承不偏离方向，真正做到红色基因有序传承、铸魂育人。如果没有系统的讲解和合理的引导，高职院校学生在参观革命圣地、红色遗迹的过程中就难以设身处地感受到当时革命的艰苦性和中国共产党人英勇无畏的奉献精神。只有接受系统的教育和红色文化宣传之后，高职院校学生在重温这些革命圣地和革命遗迹时才能够有效地纠正之前的错误感受和错误选择。特别是高职院校思政课程教师的参与，能够有目的地帮助高职院校学生传承红色基因，将红色基因转化为现实动能，将革命精神转化为学习精神，并使高职院校学生能够正确科学看待社会生活中存在的各种矛盾和冲突，善于运用法律武器维护自身合法权益，在面对各种价值冲突时能够做出正确的选择。

---

① 吴增礼，李亚芹．“大思政课”视域下“社会大课堂”的多维阐释［J］．思想理论教育，2022（12）：73-78．

（四）立体构建红色基因全程融入高职教育机制

1. 红色文化融入校园文化

为使红色基因真正地融入高职院校人才教育全过程，必须为高职院校学生营造良好的育人环境和校园文化。因此，将红色基因融入校园文化之中也是红色基因全程融入高职教育机制的重要方面。红色基因与高职院校校园文化融合，能够将红色基因上升至高职院校校园文化层面，使整个校园文化渗透着红色基因的育人氛围，进一步提升红色基因的说服力和感染力。例如在清明节前后可以举办缅怀革命英雄扫墓活动；五四青年节可以举办向英雄学习表彰活动；10 月可以举办国庆节主题演讲活动；12 月可以举办传承红色基因演讲活动；等等。这些活动的举办可以使红色文化与校园文化结合得更为紧密，为红色基因的传承营造更好的氛围。同时，还可以将红色基因与校园文化的融合作为载体成为高职院校思想政治教育的“第二课堂”，让高职院校学生在红色校园文化熏陶中不自觉地将红色精神力量内化于心、外化于行，更好地激发学生的红色精神力量，实现红色精神与学生生活学习的有机融合。育人环境的塑造是高职院校思政教育的重要环节，通过融入红色基因元素，能够为思想政治教育课程实践教学活动提供育人氛围。通过标志性雕塑、标语、横幅、宣传屏等多种形式，使红色基因烙印在校园的每一处，进一步夯实高职院校红色底蕴，进而实现红色文化育人。

2. 红色教育融入评价体系

红色基因融入高职院校思政实践教学，必须充分发挥红色基因的育人作用，实现过程性与效果性相统一。因此，在红色基因融入高职院校思政课程教学实践过程中要注重感染力和亲和力作用的发挥，为此有必要完善高职院校师生实践教学评价机制。让学生在实践教学过程中切实感受到红色基因魅力，才能够激发高职院校学生参与思想政治实践教学的积极性和主动性。在评价过程中，既要注重学生在实践教学过程中思想道德素质的提升，也要引导学生撰写调研报告和社会实践素材，通过主题座谈会、问卷调查等多种方式①，综合评价高职院校学生在思想政治教育实践教学中的表现，进而结合存在的问题对红色基因教育融入高职院校思想政治教育实践教学进行优化和完善，进一步提升红色基因的育人价值和育人效果。

3. 红色宣传融入校园平台

高职院校宣传平台作为思想政治教育的重要阵地，对高职院校学生价值观的引领有重要影响。因此有必要通过搭建平台的方式将红色基因融入校园文化之中，为高职院校学生传承红色基因营造良好的文化氛围。信息时代背景下，高职院校学生对网络的依赖越来越强烈，高职院校思想政治教育工作也应该顺应时代发展趋势，主动地在手段和方式上进行创新，以学生喜闻乐见的方式搭建多种形式的校园平台用于红色基因文化宣传，提升红色基因育人的时效性和系统性②。近年来，很多高职院校在红色基因与校园文化融合方面进行了努力，并将主流意识形态作为主攻方向，以红色基因作为基调，构建了以红色文化为引领的校园文化阵地，并主动地借助微博、微信等新媒体讲述红色故事、传递红色声音、宣传红色文化。通过多种红色文化宣传，既让高职院校学生接受了红色知识，又提升了网络环境的隐性育人效果。

（五）深化红色记忆，提升“三全育人”质效

当前，高职院校在思想政治教育工作开展过程中应将传承好、使用好红色基因作为时代主题加以探讨。随着网络信息技术的不断发展，高职院校学生思想政治教育工作也出现了新的变化。为了更好地满足新形势下高职院校学生思想政治教育工作的现实诉求，有必要在传统红色基因育人模式的基础上进行合理创新，寻找新时期更适合高职院校学生思想政治教育工作的育人方式和手段。

1. 构建红色基因育人机制

从红色基因育人角度看，要实现理论教育与实践教育的有机统

---

① 苏百泉. 思政课核心概念的论证式教学［J］. 思想政治课教学，2022（11）：39-43.

② 胡中月. 思政课教学话语的一体化建设［J］. 思想政治课教学，2022（11）：22-26.

一，高职院校必须为红色基因育人相关工作的开展完善相应制度机制。一方面，高职院校要充分重视红色基因育人工作，主动地树立红色基因育人理念，高职院校在红色基因育人工作的开展过程中要对红色基因理论育人和实践育人相关工作经验进行总结，从而形成更为正确的育人理念，为红色基因育人工作的开展提供先进的思想引领，进一步提升红色基因育人工作的合理性和针对性。另一方面，高职院校要制定出理论与实践相结合的红色基因育人机制，要善于把握当前高职院校思想政治教育工作实际，结合当前高职院校红色基因育人工作情况制定更为系统的思想政治教育与教学大纲，对教学的方式方法进行创新，合理制定红色基因理论与实践相结合的教学方案，提升红色基因理论灌输的时代张力，让高职院校学生在社会实践过程中对红色基因所蕴含的时代精神有更为精准的把握。

2. 创新红色基因育人方法

一方面，高职院校思政课教师要有创新意识。只有高职院校思政课教师有创新意识，才能够在工作中对教学方式方法进行创新，才能够为红色基因育人寻找到更契合的方式和路径。教学方式创新不仅能够使红色基因思想育人更富有吸引力，也是保证高职院校思政课教学效果的关键一环。因此，高职院校在思政课教师培养方面要将创新意识作为主攻方向，进一步增强高职院校思政课教师在传统教学基础上的创新意识和主动性，使红色基因育人方式更具有时代性，更契合当前高职院校学生的实际需要。另一方面，高职院校思政课教师要充分发挥课堂教学主阵地作用。高职院校思政课教师在教学过程中要敢于创新、善于创新，要根据学生知识、学生学习情况、教学规律和学生成绩，对教学方式方法进行灵活调整，采取情景式教学、小组式教学、启发式教学、引导式教学等多种方式，培养学生学习的主动性和积极性，打开学生学习视野，鼓励学生进行角色转换，加深学生对红色基因内涵的理解。

3. 注重红色基因育人评价

要想使红色基因充分融入高职院校思想政治教育工作之中，发挥红色基因育人价值，就必须实现课程主阵地和“第二课堂”在育人方面的协同推进。一方面，高职院校要在思想观念上将课程主阵地与“第二课堂”放在同等重要位置，科学看待二者在红色基因育人方面的作用。高职院校思政课教师要自觉地树立起传统课堂教学与“第二课堂”教学在红色基因育人方面具有同等价值的理念，科学合理地开展红色基因日常育人工作。另一方面，要及时构建红色基因主阵地和“第二课堂”育人工作的评价机制。高职院校在做好日常培训、提供教育经费、提升师资力量等保障工作之外，还要进一步增强对红色基因主阵地及“第二课堂”育人工作的评价机制建设，要根据两个阵地红色基因育人的最终目标实施情况制定更为完善的考评机制。通过考评机制更好地收集红色基因主阵地及“第二课堂”在育人工作开展过程中的相关信息，找到当前红色基因主阵地及“第二课堂”在育人工作具体开展过程中所出现问题的根源，并制定有针对性的整改措施，更好地激励不同主体参与到红色基因育人工作之中，确保红色基因主阵地和“第二课堂”都能够达到预期的育人效果。

第六章　高职思政课融合发展的保障条件

探索“四史”教育融入大思政课是高职院校的职责所在。经过长期的教育探索，思政课程体系已经形成了较为成熟的课程目标、教学架构、评价机制，学校也逐渐配备了完善的思政教育资源，从制度上保障了思政教学的有序开展和创新改革的行稳致远。在新发展阶段，“四史”教育融入高职思政课将更注重常态化、长效化、品牌化，为实现这一目标，需要构建优质的师资队伍和相对完善的质量监督与评价机制。

一、建立健全管理制度

关于“四史”教育的重要价值，是习近平总书记在2020年“不忘初心、牢记使命”主题教育会议上提出并强调的核心内容。将“四史”教育融入高职大思政课，不仅是我们拓展和丰富思政课理论内容的创新之举，更是高职院校思政课程现代化教学改革的必然路径。2021年是中国共产党成立100周年，借助这一契机，我们在全社会广泛开展“四史”宣传教育。通过“四史”进课堂的举措，将我党的创新理论作为思想意识形态武装的重点，将学习中共党史、新中国史、改革开放史和社会主义发展史与马克思主义基本原理相融合，进行贯通性学习，使青年学子深入了解我们国家是怎样迈向繁荣富强的，在他们心中厚植爱党、爱国、爱中国特色社会主义的情感。

（一）推进融合教育常态化

“四史”教育融入高职思政课是一项丰富多元的系统性工程，要了解和明确“四史”进课堂的现实背景，构建完善的保障机制，强化常态化研究，实现科研、教学、育人的整合效应①，发挥“四史”融入思政课的课堂“主渠道”功能，优化创新教学内容和教学方法，寻找政治性和学理性的最佳契合点，推进建设多层次、立体化、常态化教育体系。

1. 融合课堂需把握现实动态

现阶段世界局势复杂多变，随着经济的发展，我国逐渐走近世界舞台中央，体现了大国担当。与此同时，意识形态领域的坚守也变得尤为重要。中华民族的文化历史源远流长，经历了漫长岁月的打磨和实践的检验，形成了具有中国特色的民族精神文化。通过“四史”进课堂，讲好中国故事，塑造新时代的中国形象，营造良好的国际国内舆论氛围，引导青年学生正确认识中华民族的文明演变，提升民族自信心和自豪感。作为我国思想意识形态工作的核心阵地，高校的思政课堂肩负着运用民族文化教育青年学生的重要使命②。新时代背景下的思政课的重要任务在于全面消除历史虚无主义的消极影响，帮助学生树立正确的历史观念。“四史”教育作为有效对抗历史虚无主义的手段，对正面阐述中共党史、新中国史、改革开放史和社会主义发展史具有重要时代价值。与此同时，在网络媒体日新月异的今天，青年学生很容易在各种社交软件或者短视频平台上片面地了解历史，从而形成错误的认知观念。在这一背景下，思政课的理论梳理和文化育德的现实作用便进一步显现出来。

“四史”进课堂有助于帮助学生系好人生的“第一粒扣子”，是阐明中国特色社会主义事业、贯彻落实习近平新时代中国特色社会主义

---

① 魏倩，师吉金，陈立新.“四史”融入高校思想政治教育课问题研究述评［J］. 公关世界，2022（16）：150-152.

② 杨菲，彭军林. 基于“四史”学习教育的高校思政课改革探析［J］. 科教文汇，2022（16）：28-31.

思想的重要举措。广大青年要深入理解“不忘初心、牢记使命”的时代内涵，强化“四个意识”，坚定“四个自信”，自觉承担起聚民心、兴文化的艰巨使命。青年群体是我们国家的希望和未来，是中华民族复兴大业的主力军。在高职院校学生世界观、人生观和价值观形成的关键期，推进“四史”教育进课堂，是培养时代新人、提升高职院校思政课影响力的科学体现①。中国共产党始终致力于探索中国特色社会主义道路，在革命、改革、建设的不同阶段，坚持中华民族复兴大业，成立新中国、实行改革开放、带领中国人民迈向民主富强。虽然“四史”的历史脉络不尽相同，主要内容也存在一些差异，但是其核心精神文化是相通的，必须一以贯之。因此，“四史”教育要以坚持和发展中国特色社会主义事业作为基本出发点和落脚点，建立整体性和全局性思维模式，强化中国共产党的领导，实现个人命运与国家民族命运的统一。

2. 用好思政课堂主渠道，讲好讲活融合内容

“四史”教育不仅是理论知识的讲授，更是思想意识的洗礼。“四史”教育通过丰富的形式向世人呈现了我们革命奋斗历程中一个个鲜活的英雄事迹和由每一位共产党人的青春和热血铸就的伟大成就。讲好讲活“四史”，可以激活当代青年爱国主义情感，为其汲取精神养分、传承红色文化起到推进作用，使其由脑入心，逐渐形成具有时代特色的理想信念，以及为了追求崇高理想而持之以恒的奋斗精神。这使当代青年能够在正确思想意识的引导下实现自身的人生目标，并为中国特色社会主义事业的发展贡献力量。高职院校需要用好思政课堂“主渠道”，将“四史”教育融入思政课的内容体系之中，把握好“四史”架构中各个主线与支线之间的逻辑关系，提升理论的说服力和亲和力。同时要讲究方式方法，找到合理有效的切入点，使其更好地深入学生内心。要弄清楚现阶段我国的主流社会价值取向和评价标准，旗帜鲜明地反对历史虚无主义，在大是大非面前有坚定的政治立

---

① 张俊生，苏敏．大历史观视域下“四史”学习教育的三重维度［J］．安庆师范大学学报（社会科学版），2022，41（4）：66-71.

场，运用铸魂育人的思维逻辑，将“四史”教育融入高职思政课教学，将这些青年学生培育成具备综合素质的优秀人才①。历史的意义，不仅在于能够为后人提供宝贵的经验，更在于能够通过理想信念和精神品质滋养后人。“四史”教育融入高职思政课，能够细致而真实地还原历史人物和历史事件，带领学生进行情感体验，深入阐明红色精神实质。

科学设计思政课教学内容，解决好“讲什么”的问题。将“四史”教育深入融合到思政课教学中，要把握好中国特色社会主义的主基调，建设科学的教学体系，将各类理论知识系统化、分层次地进行梳理，挖掘优质教育资源，了解学生的个性化特点，及时回应学生的需求，科学设计教学内容。各个教育主体要致力于讲好党的故事、革命事迹、英雄功绩，将丰富的红色资源转化为生动鲜活的“教材”，提升思政课程的吸引力和感染力，最终达到更好的育人成效。百年来，在马克思主义思想的引领之下，中国共产党通过无数革命经验的积累和总结，坚持全面从严治党，构建起了百折不挠、自强不息、锐意进取、守正创新等突出的党性修养，使我国的社会主义事业生机勃发，为实现中华民族伟大复兴奠定了坚实的基础，深刻诠释了中国共产党的“能”和中国特色社会主义的“好”②，通过党中央领导人正确思想观的创设和引领，全方位践行了马克思主义的“行”。高职院校的思政课堂还要秉持校际间的协同合作，共同编撰科学严谨、客观公正的精良教材。在实际教学过程中，要综合考量时代发展形势，与时俱进，聚焦时下热点，使教学内容更加形象化和具体化，要做到立足历史和现实，创造性地使用教材，有效提升思政课教学的针对性。

发挥各类教学形式的优势，解决好“怎样讲”的问题。为了使“四史”教育能够深入融合到高职思政课教学之中，必须掌握有效的教学方法，选择学生容易接受、喜闻乐见的方式。首先，可以全面利

① 吴言．高校“四史”教育的要义、挑战及路径［J］．淮阴师范学院学报（自然科学版），2022，21（3）：229-232.

② 杨镜雅，丁飞，于泓．浅析“四史”育人原则与途径激励民族精神情怀［J］．现代企业，2022（9）：126-128.

用先进的教学手段和教育平台，帮助学生正确了解“四史”。其次，坚持史论结合，引导学生在阅读经典著作的过程中学原文、悟原理，以红色资源启迪思想，用优良传统砥砺前行，扩大“四史”教育的辐射度①。让学生了解这些中国故事背后与中国社会的时代演化、历史变迁相契合的理论逻辑和现实逻辑，引导青年学生用发展的眼光看待我国社会主义事业和民族复兴轨迹。此外，信息化时代，新媒体技术对“四史”教育融入思政课具有重要优势，通过线上教育与线下教学相结合，推进“四史”教育的常态化发展。新媒体资源的应用不只局限于日常的视频展示和多媒体课件，而是延伸到了更具有互动性和体验感的多元化形式中。学校可以建立“四史”教育的虚拟AR智能化教育平台和数据库，运用图像、视频、音频等仿真技术，营造思政教学的立体化体验。让学生深入各种历史情境之中，身临其境地理解和感悟历史，促进对学生多领域、超时空、广互动的历史教育与政治信仰教育的结合，让学生领会历史所带来的震撼，实现与历史故事的“面对面”，提升学生的积极性和教学的实效性②。同时，要清醒地看待新媒体教学手段的双重影响，它既能给我们带来丰富的感官信息，也存在对信息的准确性和可靠性不易把握的应用难点。因此，“四史”教育融入思政课必须科学利用新媒体技术所带来的优势，全面发挥新形势下这些教学方法和资源的积极作用。

（二）推进融合教育长效化

“四史”教育涉及的内容众多，高职院校除了抓好课堂教学主任务之外，还要完善各项协同保障机制，强化顶层设计，兼顾实践教学，促进思政课理论教学的持续和延伸，推进“四史”教育的长效化，完成“四史”教育入脑入心。高职院校要结合自身发展实际，明确思政改革建设目标，坚持问题导向，以“大思政”格局为基本出发点和落

① 赵铮.“四史”教育对中国发展的辩证启示和唯物演进［J］. 晋阳学刊，2022（4）：29-35.

② 孙莹. 高职院校开展“四史”教育的思考［J］. 辽宁高职学报，2022，24（7）：98-101.

脚点，落实“不忘初心、牢记使命”长效机制的科学部署，为“四史”教育融入思政课提供精神动力和方向保证。

1. 加强顶层设计，做好制度性的统筹规划

“四史”教育融入大思政课的改革建设是把握时代发展脉络的新要求。对此，我们要针对资源配置、制度保障、资金投入等方面强化课程体系，实行教学改革的实践探索。

其一，推进思政课教学资源的优化配置。要集合课内课外、校内校外、线上线下全时空领域内的优质思政教学资源，针对我国出台的一系列思政课建设文件的要求，坚持党的领导，及时制定思政课建设的具体政策，加强“四史”教育融入思政课的顶层设计和政治保障。增加科研教研资源供给，完善人力、物力、财力支撑，侧重思政实践活动资源配比①。加强对高职院校思政课制度的贯通和衔接，促进思政课资源与其他专业课资源之间的共享，加强配合，实现循序渐进、稳步提升的制度安排。

其二，深化思政课教师发展制度改革。思政育人的关键在于培养高水平的思政教师队伍，为“四史”教育融入高职思政课提供智力支撑。对此，高职院校要始终坚持战略思维，了解现阶段思政教师队伍建设的重点和难点，结合本院校的发展现状，制定个性化的保障机制和激励政策，激发教师的教学活力和主观能动性，推动新时期思政教育的长远发展。

其三，夯实思政课教学资金保障基础。思政育人需要扩大思政教师队伍建设及思政课程创新的资金供给。“四史”教育融入思政课是一项长期性、系统性的课程改革，为了实现教师队伍持续化的自我提升，发挥其在引导学生成长、优化思政课程内容和方法等方面的积极作用，必须保障稳定的资金投入。在教学设备完善方面、教师专业培训方面、科研项目开发方面、实践活动组织方面提供经费支持，确保

① 叶福林，高哲. 构建大学生党史学习教育常态化长效化机制探析［J］. 思想理论教育，2022（9）：100-105.

"四史"教育融入思政课发展的长效性①。

2. 完善合作化创新平台建设，形成思政课育人合力

为了更好地探寻各个主体之间的密切联系，必须消除资源要素的连通壁垒，实现"四史"教育融入高职思政课的协同联动。根据思政课的发展理念和时代要求，不断完善和创新其合作平台。

首先，搭建理论教学和实践教学的共建平台。在校园内，通过思政课程安排，推进学生组织、思政教师、党政部门之间的沟通交流，对学生社会实践活动实行统一部署，在习近平新时代中国特色社会主义思想的指引下，加强合作，对思政课实践的时间、地点、形式等进行创造性的设计规划。在校园外，利用好全社会资源，建设或者指定思政实践的教学基地，落实政府机关、企事业单位和高职院校的对接。在社会大课堂上，拓展思政教学的形式和载体。

其次，搭建各类教学资源的整合共享平台。随着社会的发展和进步，涌现出了更加丰富和鲜活的资源和素材。例如党中央在抗击新冠疫情、扫黑除恶、发展经济双循环等过程中做出的重要决策，显示了中华民族万众一心、众志成城的坚强决心。这些在国家重大危难事件中逆向而行、负重前进的英雄的事迹就是一堂又一堂鲜活的、现实的、难忘的思政课。因此，我们要对这些资源和素材进行全面收集整理，构建丰富的信息库，并在这一基础上及时更新我们的课堂教学内容。

最后，搭建网络化教学模式的共治平台。要有效挖掘网络资源技术的教学优势，开发"四史"教育融入高职思政课的多元化网络教育功能，实现线上线下相结合的教育机制。打造网络云课堂，通过直播互动的形式，深入了解学生的需求，构建双向沟通的思政课协同体系，发挥网络媒体赋能思政课的重要价值。完善"四史"教育融入思政课的各项长效育人措施，是贯彻思政课立德树人教育宗旨的内在要求。不仅要强化制度性、规范性的协同机制，做到有章可循、有据可

① 陈盛兴，杨平. "四史"教育长效机制的构建［J］. 学校党建与思想教育，2022（16）：74-76.

查，还要在实际教学工作中，树立责任意识，避免形式化、表面化倾向①。

3. 转变实践教学观念，打通融合教育“最后一公里”

教学是教与学相互作用的过程，思政课程亦是如此。思政课程是在思政教师和青年学生一次次思想碰撞的过程中，实现“四史”教育融入思政课教学成效，探索思政实践的新模式。

坚持以人为本的教育理念，强调学生的主体地位。“四史”教育融入思政课要注意引发学生的共鸣，激活学生的内驱动力，通过平等的对话唤醒学生的主体意识，以便更好地实现思政育人的教学目标。要引导学生主动探索和发现身边的“四史”资源，向老一辈了解改革开放以来的历史沿革。透过老战士的回忆与讲述，穿透历史迷雾，拉近与那段峥嵘岁月之间的距离，“直击”党的百年光辉历程，在党的奋斗历史中感悟时代变化②。“四史”教育融入思政课要体现青年学生政治信仰的主体性，凸显因材施教的塑造力，实行个性化教育，做到因时而异、因势而异、因人而异。要将解答学生的思想困惑与解决学生的实际问题相结合，借助鲜活的历史诠释抽象的理论知识，坚定理想信念、矫正价值取向。在各类实践过程中通过多样化的形式挖掘学生思政学习潜力、培养学生思政学习兴趣，潜移默化地向学生传递主流意识形态和思想观念。

充分利用校园实践活动，打造思政教学“第二课堂”。青年学生群体正处于人生发展的黄金期，具有丰富的情感和想象力、创造力。因此，要积极组织开展丰富的校园实践，结合“四史”的具体内容和发展脉络，以立德育人为导向，通过话剧演出、辩论演讲、微电影拍摄、举办“四史”读书班等形式，推进“四史”教育融入校园文化

---

① 方雪梅．高职院校提升“四史”教育实效性的路径探析［J］．无锡商业职业技术学院学报，2022，22（3）：79-83.

② 谢士成．强化“四史”教育：青年正确历史观形成的必然要求［J］．才智，2022（18）：1-4.

活动①。要鼓励学生踊跃参与，让学生在实践中总结心得感悟，并将其内化于心、外化于行。通过这些优秀作品的制作开阔学生的视野，提升学生的思辨能力。在各类节日和纪念日等重大时间节点上，开展多样化的“四史”教育主题实践活动，例如诗歌诵读大赛或者红色歌曲传唱等，激发学生的爱国主义情怀，增强青年学生将自身理想与国家命运紧密相连的认识和领悟。不断强化教学的凝聚力，提升学生接受思想政治教育的悦纳感，提升“四史”教育融入思政课的广度和深度。

营造健康的社会实践环境，谱写“四史”教育“主旋律”。“四史”的发展历程和时代主线都是依托于中国大地这一载体，因此在全国各地都广泛分布着丰富、鲜活的“四史”实践资源，例如革命遗址、红色景区、烈士纪念展馆、博物馆、革命村等爱国主义教育基地。教师可以指导学生通过“红色之旅”，到这些地方进行实地感受、参观学习，传承革命精神、赓续红色血脉，使“四史”教育变得生动形象起来，提升这些教育素材的感染力。教师还可以引导学生主动承担历史故事的讲解工作，在对各类影像、图片、文物的解说中真切地体验中国共产党的奋斗历程；走访在“四史”发展过程中做出突出贡献的先进人物和集体，到见证和经历改革开放的杰出企业进行实地考察，了解改革开放过程中这些企业的蜕变。在实践中剖析和把握中国特色社会主义，推进“四史”教育融入日常，强化他们的政治责任感和公民意识，将中国特色社会主义信仰内化为个体的价值信念，并自觉践行。

（三）推进融合教育品牌化

思政课是高校铸魂育人的核心课程，“四史”教育融入思政课必须在守正创新的过程中探索出一条特色化、品牌化的教育路径，这是高职院校落实好立德树人根本任务及强化思政课教学成效的关键举

① 王利军. 推进“四史”教育与思政课深度融合［J］. 思想政治课教学，2022（6）：22-25.

措。党的峥嵘岁月、新中国的革命历程、改革开放的建设成就都充分证明，“只有中国共产党才能救中国，只有中国特色社会主义才能发展中国”。高职院校要用好用活红色资源、教育基地和教育媒介，打造知名“四史”教育品牌，引导青年学生学史明理、以史明志、知史践行，努力成为新时期中国特色社会主义事业的建设者和接班人。

1. 肯定高职院校融合育人成就

“四史”教育接受度显著提高。目前大部分青年学生对“四史”学习教育的意义已经有了正确的认识，说明大部分学生对“四史”教育具备一定的接受度，并且学习态度端正，但是依然存在部分学生出于应付考试需要而被动接受教育的情况。对此，我们必须不断调动其主观能动性，提升他们的思想素质，培养他们对社会理想的责任感和使命感。当代学生没有经历过战争和革命的洗礼，无法深刻感悟中国共产党带领中国人民艰苦奋斗的建设进程。但是历史是不断发展的，“过去”虽未能参与，“现在”和“未来”却由他们来见证和创造①。因此，对于青年学生而言，学习“四史”不仅能让他们明白今天的幸福生活来之不易，而且能使他们更加珍惜当下的幸福生活，在汲取中华优秀传统文化精华的过程中，弘扬我国的民族精神和时代精神，实现中华民族伟大复兴的中国梦。

“四史”教育成效性更加突出。高职院校是学生进行“四史”学习的重要渠道之一，对比阅读书籍、观看影视作品及通过网络平台等路径，校园内的“四史”更加系统化、规范化，但是同时欠缺一定的趣味性。为了进一步提高学生对“四史”学习的认可度，我们可以借助思政课这一平台，对学生有规划、有目标地进行“四史”教育。通过丰富的实践活动，开展特色化的爱国主义主题活动，带领学生通过更多实地考察的形式进行“四史”学习，从而提升“四史”教育成效。课堂教学和实践体验相结合的形式更能够激发教育潜能，提升学生的获得感。同时，要了解更加深层次的知识，只是单纯地依靠思政

① 郭芸，张琪，范越．加强高职院校学生“四史”教育路径探究［J］．河北能源职业技术学院学报，2022，22（2）：86-89.

教师的讲授很难获得切身的体会。因此，必须结合实践，全方位刺激学生的感官，使其接受历史文化的熏陶。

“四史”教育引导力明显增强。随着“四史”教育位置越来越突出，各大高职院校为了积极响应党的号召，不断推进“四史”教育全面开展，加强“四史”理论阐释的说服力，将“四史”学习作为帮助学生树立崇高理想、坚定建设国家信心的重要途径，促进学生主动关心和了解党和国家的大事。高职院校要贯彻落实“四史”教育的目标和任务，将“四史”学习成果转化为学生未来投身社会实现理想抱负的智慧和力量，增强他们在实践中坚守初心、勇于作为的思想自觉和行动自觉①。此外，一些关于“四史”的不良解读和错误认识企图动摇和扰乱青年学生的社会主义信念。教育工作者必须通过其扎实的理论基础和良好的教育能力，清楚剖析这些错误思潮的危害，对青年学生进行正向、积极的历史教育和价值观引导。

2. 强化特色品牌意识，推进融合教育文化的传承

内容铸“魂”，实现“四史”教育成果由点及面。“四史”教育融入思政课要强化其改革创新，通过特色品牌意识的引领，为思政课“铸魂塑形”。习近平总书记曾指出：“思政课的本质是讲道理，要注重方式方法，把道理讲深、讲透、讲活，老师要用心教，学生要用心悟，达到沟通心灵、启智润心、激扬斗志。”② 首先，要厘清“四史”教育内容之间的知识脉络和交叉内容，不仅要在思政课这一“点”上发力，更要依托当地红色资源优势，将“四史”所蕴含的家国情怀和社会责任意识结合起来，促进“四史”教育与思政课教学的深度融合。通过构建虚拟仿真中心和实践教学交互模式，实现“四史”教育空间的延伸，并促进全国范围的推广。在各个学科的学习过程中，在实践活动过程中，在各类志愿服务过程中，都可以融入“四史”知识。其次，打造具有文化特色的高职院校优质教育课程，例如旅游类

---

① 薛美华. 围绕立德树人，加强“四史”教育［J］. 教书育人，2022（17）：12-14.

② 新华社. 习近平在中国人民大学考察时强调 坚持党的领导传承红色基因扎根中国大地 走出一条建设中国特色世界一流大学新路［N］. 光明日报，2022-04-26（1）.

的高职院校可以结合自身的办学特色，强调以史塑旅、以美育人的品牌化教育理念，设计策划“大美中国”的特色“四史”教育课程，并通过邀请知名专家、旅游学者、党建人员、优秀学生等从不同视角诠释祖国山河之壮观①。新时代“四史”教育品牌化要始终坚持“内容为王”，在红色经典、文明中国、旅游景观等主题的映射下，形成一套独具优势、形式鲜活、结构严谨的内容体系。在探索美、发掘美、欣赏美的过程中讲好中国故事，为学生们呈现一个真实、生动的魅力中国。这不仅体现了丰富多样的文化传承之美，也借助动人的故事追溯“四史”教育的思想渊源。通过中国精神的传递，实现铸魂育人的重要教育目标，推广个性化、品牌化的教育政策。

模式赋“形”，营造积极向上的课堂教育氛围。“四史”教育不仅要具备理论性和应用性，更要兼顾娱乐性和趣味性。新形势下“四史”教育融入思政课要摒弃传统模式下教师“一言堂”的教育方法，通过加强师生之间的互动，实现思想知识的共同探索。创新课堂形式，运用学生喜闻乐见的方法来拓展“四史”教育立德树人的舞台空间和布景，进而激发学生的学习热情和主观能动性，实现理想信念的入脑入心，是“四史”教育融入思政课的重要切入点和最终目标。通过知识讲授和师生互动的教育模式，在课堂教学中引入访谈、讨论、表演等多元化的形式，对每一堂课精雕细琢，使课堂氛围时而安静肃穆，时而慷慨激昂，让学生体验到多层次、立体化的“四史”教育感受，引发学生的情感共鸣②。例如，通过讲述革命先辈用青春和热血开创新中国历程的感人之事，唤醒学生心中的敬仰之情；通过展示改革开放建设道路上的创新之举，激发学生胸膛里的敬畏之心；通过探索中国特色社会主义实践轨迹上的逆向之行，坚定学生意识里的无畏之志；通过一个个动人的故事与学生情感的交融，使“四史”教育的课堂学习成效得到升华，鼓舞青年学子为全面建设社会主义现代化国

① 孙婧，张慧茹. 甘肃红色文化资源开发对大学生“四史”教育的作用［J］. 社科纵横，2022，37（3）：157-160.

② 刘青. 从“知情意行”维度深化高校四史学习教育探析［J］. 佳木斯大学社会科学学报，2022，40（3）：192-194.

家做出自身贡献。

实践为“意”，推进校园内外的红色基地建设。“四史”品牌意识的践行，需要将地方文化和“四史”文化进行融合，开发校内校外实践教学基地，打造高职院校特色化的思政教学模式。首先，为了方便学校教学工作的开展，校内实践基地更有助于教师就地取材进行教学管理。一方面，要整合校内丰富的教学实践资源，逐步形成具有特色的品牌效应，将校园“四史”文化践行拓展成为校园风貌的关键组成部分。另一方面，定期在这一实践基地上组织各类“四史”教育活动，通过丰富的实践内容和教师的有效引导，发展学生多元化的能力和创新思维，提升他们的学习积极性。例如，构建红色经典阅读室、“四史”特色展馆、“模拟演绎”实训室、虚拟仿真教学区等教育基地。这些实践行为带来的品牌效应能够广为传播，不仅提升了校园内师生对这些基地的使用率，也扩大了这些基地在其他院校中的影响力和知名度，使其成为周围院校及全国范围内的“网红打卡地”①。其次，为了进一步深入挖掘具有地方特色的“红色资源”，要积极组建校外“四史”实践基地，努力打造社会化思政实践教学品牌，创设“党建展览馆”“文化学习日”等特色品牌模块，传承红色基因。同时，要将各类实践教学与高职院校学生的专业知识和社会生活相结合，坚持问题导向，及时了解学生的现实需求，突出“四史”教育的实践性，实现校园课堂与社会课堂的全覆盖。可以启动“老兵走访慰问”“迈进企业车间”“参观廉洁文化教育基地”等实践项目，传递抗疫精神、创业精神、抗震救灾精神等具有时代特色的“四史”精神，将其演化为鲜活的教育素材。还可以组建专门的“四史”学习宣讲团，通过社会实践的形式深入社会各个领域进行宣传讲解，联合打造实践教学品牌，使红色文化基因得到弘扬和传承。

成效注“神”，精心酿造“四史”专题品牌课。“四史”教育融入思政课是具有创新意义的一次教育改革，“四史”专题品牌课在开

---

① 刘亮. 用VR技术提高“四史”学习教育实效性探赜［J］. 保山学院学报，2022，41（3）：1-6.

设之初，经过了各位教职人员反复的课程方案打磨及深入全面的研讨。首先，“四史”专题品牌课是由学术专家引领，以专业教师队伍为主导，同时以社会各界知名学者或行业精英及创业者为研发团队重要组成部分的一项系统化课程内容。他们不仅保障了课程的逻辑严谨，更保障了内容的深度、故事的温度及传播的广度。其次，在课程讲解的过程中，学生的细心探索和挖掘提升了他们的获得感和幸福感，也增强了课程的吸引力，使其借助特有的课堂魅力和感染力迅速走红，进而成就了“四史”教育的品牌化效应①。利用引入品牌化经营理念所打造的思政课，通过潜移默化和润物细无声的形式，完成对学生思想品德和精神理念的引导和教化。最后，“四史”教育品牌化要完善学校、学院、科系的有效衔接，通过制定详细的教育目标，辅以相应的监督机制，健全“四史”学习的教育考核体系，并落实稳定的教育经费和实践经费的保障机制，同时持续挖掘“四史”教育资源，深化其学习效果，将“四史”教育品牌化推上一个新的台阶。

二、打造一流思政课教师队伍

开展思政课教学的教师是思政课堂、课程建设的主导力量，推动“四史”教育融入思政课的关键在教师。党的十八大以来，为了促进高职院校的思政教师队伍建设，中共中央和教育部联合颁布了多个政策文件，为新时代“四史”教育融入思政课确定了基本的政策方向，对如何建设高素质思政教师队伍提出了具体措施和明确要求，为我国人才强国战略的实施奠定了坚实的智力基础。作为培养时代新人的摇篮，高职院校肩负着为国家繁荣和民族复兴培养中国特色社会主义建设者和接班人的重要使命，要大力组建一批师德高尚、结构科学、充满活力的高素质教师队伍。我国高职院校思政教师队伍建设的发展历

① 孙建身，韩洪亮，黄清站．立德树人视域下青年学生“四史”学习教育提升策略研究［J］．中国多媒体与网络教学学报（中旬刊），2022（6）：241-244.

程根据其改革演变可以划分为整体规划、全面落实、提质增效三个阶段①。对此，我们要充分认识到高职院校教师队伍的建设必须健全标准化的科研体系，设立有利于教师发展的学科平台，提升教师队伍的师德素养，推进完善的人才培养机制。对于教师来说，想将学生培养成什么样的人，自己就要率先成为这样的人。思政教师队伍要始终不渝坚持党的统一领导，擦亮政治底色，不仅要精通专业知识，还要注重自身涵养德行，致力于成为“传道授业解惑”的“大先生”。结合习近平总书记在中国人民大学考察时的重要讲话，要成为思政课“大先生”，就必须将“经师”和“人师”进行有机统一，将思政课的道理讲好、讲活。

（一）优化师资队伍结构

深化高职院校的思政课程建设，必须着眼于落实立德树人的根本任务，推进教学改革创新，全面提升广大思政教师课程建设的能力和意识。通过各个院校的不断努力，目前全国范围内的思政教师数量显著提升，同时思政教师队伍结构的素质也明显优化。据了解，截至2021年，全国9万多名专职思政教师中，49岁以下的占比接近78%，研究生以上学历者占比达到73%。思政专职教师中具备博士学位的有17 866人，高学历、年轻化已经成为思政教师队伍的新趋势②。此外，思政教师队伍的社会影响也在不断扩大，2020年和2021年有近10位思政教师被评为“全国基层理论宣讲先进个人”。思政教师对“四史”教育创新理论向全社会辐射发挥了不容忽视的重要作用。

1. 新时期高职院校思政教师队伍建设的历程剖析

整体规划阶段。从2012年到2017年，为了从宏观视角上对高职院校的思政教师队伍建设进行有序指导，教育部对其教学管理、组织结构和学科建设等方面进行了规划布局。这一阶段，思政教师队伍建

① 童思思．课程思政背景下专业课教师教学能力提升路径探析［J］．才智，2022（28）：33-36.

② 闫伊乔．高校思政课专兼职教师超12.7万人［N］．人民日报，2021-12-13（13）.

设重点主要在于制定科学的培育计划和管理办法。首先，实施了专门的思政教师队伍培养计划。对各个院校的骨干教师培养体系进行了改革和完善，设置了思政教育专项研修项目，并规划了一批用于思政教师社会实践的研修基地，努力造就具有广泛影响的思政课名师。其次，出台了相关制度对思政课建设进行规范管理。明确了师资队伍的政治方向、表彰标准和培训机制，建设了一支理想信念坚定、知识能力扎实、教学水平突出、道德情操高尚的思政教师队伍，坚持将教书和育人相结合、言传和身教相统一、理论和实践相衔接的教学宗旨。

全面落实阶段。自 2017 年到 2019 年，中共中央和国务院相关部门联合出台了一系列关于思政教师队伍建设、思政教学基本要求、教师职业行为规范的相关政策，标志着高校思政教师队伍建设开始步入全面落实阶段。首先，在思政教师的整体素质方面，为了贯彻落实党的十九大精神，打造专业化、创新型教师团队，我国开始了全方位的针对高校教师的师德师风建设，不断提升教师的专业素养，实行教师管理综合性改革，提高了教师的福利待遇，强化了党的领导①。同时，对违反师德的行为进行严肃查处，进一步明确师德底线，从思想道德建设、职业行为规范和社会责任履行等方面提出了具体要求。其次，对思政课教学方面也落实了具体的制度。创新思政课的备课形式，采用科学的教学方法和完善的考核机制。落实教育主体责任，综合评价教学质量，强化国家政策的宏观指导作用。要将“为谁培养人、培养什么人和怎样培养人”作为思政教学的根本出发点和落脚点，践行“党的历史是最生动、最有说服力的教科书”这一重要论述。

提质增效阶段。以 2019 年习近平总书记组织召开学校思想政治理论课教师座谈会并发表重要讲话为标志，我国高校思政教师队伍建设开始步入提质增效阶段。首先，进一步明确了思政教师的重要地位，加强和改进师德师风建设，完善现代化教师管理制度，优化完善人才管理服务体系，全力扶持青年教师成长，强化高校教师队伍建设

① 李媛，刘昭. 课程思政建设中思政教师的角色定位探析——基于把关人理论［J］. 天津教育，2022（25）：19-20.

保障机制，激发教师主动成为“四有”好老师①。其次，对高校思政教师实行体系化管理，明确其岗位职责和人员配备要求，强化后备力量的培养，并延伸至各类型高职院校的统一化标准。要将师德师风作为评价教师队伍素质的第一要义，组织选取师德典型，推动实施选取制度建设的常态化和长效化。最后，将思政教育纳入人才培养的关键环节，达到课程育人的现实效果。根据学科专业特点，落实详细化的课程思政建设，实现课程思政贯穿课堂教学全过程，提升各学科教师课程思政建设的水平，健全各项评价机制和激励机制。

2. 建设高职院校思政教师队伍标准化体系

出台相关政策和制度，帮助思政教师完成角色定位和职责履行。办好思政课的关键在教师，新时代思政教师肩负着“四史”教育的关键任务，对此我们必须掌握科学的方法，对高职院校教师队伍建设提出具体的要求，使其能够在讲授和理解“四史”的过程中汲取丰富的营养，强化其政治定力，夯实理想信念，实现思政育人的更好效果②。完善的制度和政策是推动思政课程有序开展的奠基石，亦是促进思政教师明确自身职责、更好发挥角色作用的保障。因此，各高职院校的党政部门要统一部署，不断探索和总结高职思政教育及人才培养的规律。结合学校自身特点和专业课程特征，科学制定合理的思政教学方案，完善思政教材改进、教师培训和集体备课等各项保障制度。同时，将参与思政课程建设政策的制定作为思政教师工作的重要内容之一；在对思政教师进行绩效考核时，将思政教师参与课程思政建设的成效纳入考核范围，明确教学监管部门评估思政教学工作时的考核指标和教师职称评定的条件性要求。此外，推进高职院校的薪酬制度改革，推广更为健全的思政课教师分配激励机制。为了保障思政教师队伍的稳定，要适时出台相应的政策制度，构建以知识价值为导向的教师薪酬体系。在完善工资政策调整的基础上，科学制定和管理高职院

---

① 高丽．新时代民办高校思政课教师队伍建设研究［J］．才智，2022（25）：96-98．

② 张莉．新时代下筑牢高职院校思政课教师信仰之基的措施［J］．经济师，2022（9）：183-184．

校思政课教师的工资性收入，并推行将科研成果转化为现金奖励的科研项目激励机制，提升教师参与科研的主观能动性。同时，健全收入分配机制，促进绩效补贴向教学成绩突出的优秀教师倾斜，发挥收入分配政策的正确激励导向作用。

落实思政教师配比，提高高职思政教师的业务能力和专业水平。首先，随着学生数量的增加，高职院校的思政教师队伍也要及时扩充，要按照一定比例对思政教师队伍实行量化，确保思想政治教育工作能够顺利开展。要在坚持专职教师为主体的前提下，实行专职与兼职相结合的模式，鼓励更多辅导员、党务工作者、社会学者及各行业杰出人员参与到思政教师队伍中，保障思政教师队伍的多元化①。尤其是在“四史”教育融入高职思政课的关键时期，鼓励那些在“四史”发展历程中具有发言权的人群加入思政教师队伍，对构筑全面性的思政教育主体具有重要的推进作用。同时，为了充分调动更多教职工参与思政教学的积极性，要强化多方支持，培养思政课教师对时事政治的敏锐洞察力，构建科学平台，帮助他们深入开展科研工作。其次，为了进一步提升高职院校思政教师的业务能力和专业水平，必须依托于契合思政教师建设发展的学科平台，形成健全的教师发展体系，为思政课教师营造健康长远的发展环境。在当今网络信息全面覆盖的时代，各种新媒体形态充斥着我们的生活。思政教师要积极提升自身应用各类信息技术和智能化手段的能力，创新教育模式和方法，以便更好地适应时代发展要求，满足思政教学的现实需要。要深入把握当代青年的思维模式和心理特征，坚持个性化的教学理念，提升思政课的教学活力，使学生能够在潜移默化中逐渐形成符合现代社会发展的道德行为准则，进而成长为社会主义核心价值观的积极践行者。此外，要不断鼓励高职院校思政教师定期开展各类学术研讨活动和访问学习活动，拓宽自身的理论架构、政治视野和知识维度，加强国际化的交流与合作，通过多方机制的完善，实现高职院校思政教师队伍

---

① 黄成勇，薛明达．民办高校加强思政课教师队伍建设的机制构建［J］．黄河科技学院学报，2022，24（9）：13-19.

专业技术水平的全面提升。

增强思政育人意识，明确教书与育人相统一的思想政治素养。首先，思政教师要提升自身为党育人、为国育人的自觉意识，解决好“为谁培养人”这一根本性问题。由此，高职院校要始终坚持社会主义办学宗旨，作为思想意识形态教育的第一责任人和实施者，思政教师要切实履行党和人民的教育事业，自觉将党的教育方针和政策贯彻到教学管理工作的全过程。现阶段，当今世界正在经历百年未有之大变局，我国正处于实现中华民族伟大复兴的关键时期，思政教师要充分认识到人才理想信念教育对我国繁荣富强的重要意义，履行好坚守高校意识形态阵地的职责。其次，要将教书和育人相统一，自觉抵制教育的工具化和形式化，以及单纯理论、技能的传授。高职院校同样承载着碰撞思想、沟通心灵、启迪智慧的多元化功能。在新的时代背景下，为了更好地解决思政教育的新问题和新挑战，广大思政教师一定要深刻反思当前人才培养过程中的不足，做有深度的教育者。要强化学生品德修养和文化情怀等精神层面的政治认同，拓展学生思维的纵深发展，使学生将个人的“小我”融入国家整体建设的“大我”之中。同时，思政教师要通过不断潜心阅读经典，深刻体悟“四史”理论的现实指导意义；要结合实际情况，运用马克思主义的立场和观点来分析现实问题，提升自我认知水平。

（二）打造教师学习共同体

实现思政育人的良好效果，关键在于全面提升教师的专业能力。学习共同体是新时代高职院校高质量发展的必然要求，构建思政教师学习共同体是新时代思政教育改革创新的应有视野，更是教师专业化发展的现实需要。强化教师学习共同体建设，完善共同体学习机制，缔造教研文化新业态，对实现高职院校立德树人的教育愿景具有十分重要的实践意义。

1. 高职院校强化教师学习共同体的逻辑依据

思政教师是党的方针政策的宣传者，亦是中国特色社会主义核心价值观的传播者。教师在思政课程和课程思政的教育过程中具有目标一致性和集体协同性，作为教育改革深入发展的实践产物，学习共同体有助于思政教师专业发展水平的提升。

学习共同体能够全面激发教师专业发展的主观能动性。教师的专业发展应该是基于自身职业规划目标和人生价值追求的一种自发性行为。因此，要尊重教师在专业发展中的主体性地位，促进其自主发展。思政课程教学内容最为显著的特征就是其综合性和多学科的交互性，这要求思政教师要不断强化自身的理论素养，迈向专业发展之路。在教学实践中，教师要结合学生的成长规律，进行教育教学研究。但是教师的专业发展不能只限于个体的独立化发展，学习共同体为教师专业化、综合化发展提供了一个全新的突破口。在学习共同体中，教师要针对共同的主题进行研学，在增加理论知识和实践经验的过程中，不断激发自身专业发展的积极性和自觉性，确立思想政治教育的职业认同感和责任使命感①，延伸自主学习的“长度”，拓展实践行为的“宽度”，提升思想认知的“高度”，促进教师从“传统型”“经验型”向“创新性”“专家型”过渡。

学习共同体能够不断丰富和共享教师的各项教学资源。教师的专业化发展不仅是理论知识的积累，更是教学能力的提升。教师可以在不断学习进步的过程中，培养自身先进教育理念和综合化教学技能。学习共同体是一种学习形式，教师可以在加深知识理解和技能优化的同时，通过各主体之间的沟通和交流，实现经验的共享，进而研讨出新的知识和理论。这种教学模式创新的过程就是学习共同体智慧结晶诞生的过程。对思政课教师而言，教学的专业性、综合性要求越来越高，教师不仅承载着传播知识的重要责任，更肩负着塑造灵魂的艰巨使命。因此，增进教师之间的学术交流和信息资源共享，强化其协同效力，是坚持问题导向、了解学生需求、激发学生思维碰撞和探究兴趣的主要路径②。学习共同体不仅关注传统的理论问题，更加侧重在

---

① 耿云霄．构建学习共同体：新时代高校思政课师生协同发展新审视［J］．湖北成人教育学院学报，2021，27（6）：71-75．

② 陈鹤松．思政教师学习共同体发展的困境、成因及解决路径探析［J］．高教论坛，2020（11）：89-92．

思政教学过程中面临的现实梗阻和实践困扰，通过解开一个个难题，实现专业水平的强化和教学质量的提高。学习共同体不仅实现了教师个体能力的提升，也促进了集体的共同发展。

学习共同体有利于教师专业化培养体系的建设和完善。学习共同体通过营造开放式的学习业态，实行专业化的培训，促进教师的专业发展。在学习共同体之中，教师主体通过抒发自身的感悟、表达各自的意见及分享多样的信息，实现更高水平的智慧教学，从而丰富教学内容①，在这种互动、共享的合作学习氛围中，领会共同体的价值。随着近年来的发展壮大，高职院校逐步构建起了较为成熟的教师培训制度，例如骨干教师培训、入职教师培训、实践能力研修、教材审阅培训等，同时教育部也定期召开一定范围内的职业化培训。但在实际落实过程中，很多地区由于教师的参与动力不足，导致教师培训的成效大打折扣，使得教师培训逐渐流于形式化，难以促进教师的专业进步。学习共同体的构建对加强教师对专业的理解与认同具有重要指导意义，为创新教师培训形式、探索研学型的培训方法提供了改革的方向，同时学习共同体能够调动教师参与培训的主动性，增强教师培训的实际效能。在高校思政教学领域内，开启学习共同体，通过研修的方式，实行教师们的联合攻关，集中梳理教学中的共性问题，助力教师的专业发展。

2. 全面提升学习共同体的实效性，增强教育教学活力

优化学习共同体的发展平台，创新基层教研组织。通过怎样的路径强化教师间的合作，使其在互动与对话中实现共同发展，是构建学习共同体专业模式的重点和难点。学习共同体的顺利发展需要结构合理、有序运行和保障全面的合作平台来帮助教师消除学科壁垒。传统意义上的教研室就是早期的极具代表性的学习共同体雏形，其在集体备课、学术研讨、师资培育等方面发挥了积极的作用。现阶段，为了进一步提高教学质量，各个院校都设置了思政教学的科研组织，并按

---

① 季媛．“学习共同体”理论在高校课程思政建设中的应用策略研究［J］．中国多媒体与网络教学学报（上旬刊），2022（1）：81-84.

照不同学科和课程内容成立相应的思政教研室，持续推进教学思路、教学理念、教学材料、教学方法、教学环境等方面的优化。但是，随着一些高职院校“重科研、轻教学”的风气盛行，以及过度追求理论教学成绩的提升，教研室的功能被逐渐歪曲，变得越来越边缘化。因此，为了提高思政课教育教学的质量和水平，就需要对基层教研组织进行创新改革，使其摆脱行政化的束缚，探索多元化的管理机制，打造教师学习共同体①。在具体实践中，建立开放性的教学分享平台，打造建立于共同愿景基础之上的跨学科“德育共同体”，加强课程思政教师与思政课程教师之间多层次的合作。这一平台可以满足教师经验交流、集体研讨、教学现场观摩等需求，将思政教学理念渗入具体的合作活动之中，并将所在环境中富含的政治意蕴整合为自身的内在修养，同时在沟通交流中深化理解。要围绕思政课程与课程思政进行组织重塑，实行灵活化的管理机制，结合现代化的媒体工具和技术手段，打造具有时代属性的学习共同体。要充分发挥基层教研组织在教学改革、课程优化、思政资源汇总、教学水平提升等方面的重要作用，使其成为教师专业化发展的重要载体。

完善学习共同体的机制政策，助推教师专业发展。良好的机制政策是推动学习共同体有序开展的基石，更是促使思政教师明确自身职责、促进自身专业化发展的关键。为了使学习共同体的功能全面发挥，为教师的专业发展提供强大的资源支撑，我们要建立一套全面性的组织机制，进而保障共同体的可持续发展。首先，各高职院校的党委领导要在遵循人才培养规律的前提下，结合学校自身的特点和专业优势，科学制定实施方案，完善从抽象到具体、从理论到实践等各项机制政策。要提供用于分享和交流的平台或场所，强化在学习共同体中教师的自主沟通意识，在对问题进行梳理和提出有效解决措施的过程中为学习共同体的发展注入活力，实现“教—学—研”的良性循环。其次，要以项目式的行动研究为载体，构建基于教师专业成长的

① 马宁. 新媒体视域下“学习共同体”模式的“课程思政”协同育人创新路径研究［J］. 记者观察，2020（36）：86-87.

特色培训模式，贯彻从课题目标制定到项目研究拓展再到实践活动创新的专业发展道路。同时，整合校内外的优质资源，将实践活动项目逐步演化为学术研究项目，促使教师培育体系的构建能够立足于教师专业化发展实践。最后，建立健全思政课程和课程思政的相关激励机制。高职院校要结合教育部对教师的选择聘任、职务分配、福利待遇、表彰评优等进行具体要求，在各项机制政策中明确教师的角色和作用。改革思政教师评价机制，在对思政教学进行监管的过程中，将课程思政作为考核指标之一，鼓励思政教师主动参与课程思政的建设和教学。加大对思政课教师的激励力度，在满足物质需要的前提下，侧重于强调思政课教师自我价值实现的需要。此外，要进一步完善奖酬分配和服务保障机制，在坚持学术理念创新的基础上，提升教师的学术水平，发挥高职院校思政教师专业化发展的内外合力。

发挥学习共同体成员的作用，积蓄专业发展能量。学习共同体的健康发展依托于每一位成员，因此要发挥好学习共同体成员的作用，强化每一位思政教师的专业发展，夯实其自身的专业基础。思政教师的专业发展漫长而复杂，是一个系统化的过程，经历了由单纯关注生存发展到追求提升自我价值认同及职业获得感的过程。其一，教师要始终坚持不断学习的理念，保持长期的学习动力。学习是一个人丰富知识储备的重要路径，思政教师更是如此，只有不断学习，掌握时代发展趋势和最新资讯，才能满足自身发展的需要。历史是一个流动的过程，不仅要回顾过去，更要展望未来，永葆学习精神，才能在教学发展中不断释放能量①。而知识的学习和教学能力的提升需要整合团体的力量，在学习共同体的讨论中建立互相信任的合作关系，共享教育资源。其二，促进个人发展愿景与团体发展愿景相结合。学习共同体成员进行研讨时，要广泛听取每位成员的意见和建议，遵循共同愿景。要明确具体的职责，使每一位成员都能够在学习共同体发展中体验到获得感和参与感，培养积极的职业兴趣，激发他们融入共同体的

---

① 马宁. 网络“学习共同体”模式在“课程思政”中的探索与实践［J］. 湖北开放职业学院学报，2021，34（18）：77-78.

热情。其三，转变固有的思维模式。思政教师要拓展自身的思维视野，打破固有思维的束缚，要在求同存异的过程中寻找辩证性的学术精神，在学习共同体内进行自由、民主的辩论，强化思维的广度和深度，实现自身专业发展的升级和转化。其四，在学习共同体目标不断达成的过程中进行深刻的总结和反思。进行反思的目的是通过对自身在学习共同体中学习和掌握的知识及专业化技能进行客观评价，记录和监测学习过程，进而分析目标达成或失败的影响因素，持续突破自身的发展，寻找最佳的发展状态，明确未来的发展方向。

（三）努力培养高职大思政课“大先生”

思政教师不仅要传授书本知识，还要努力成为塑造学生精神品格、指导学生品行的“大先生”。2021 年 4 月，习近平总书记在走访考察清华大学时强调，教师要做学生为学、为事、为人的示范，促进学生成长为全面发展的人。在我国社会主义现代化建设的关键期，要致力于培育立大志、明大德、担大任的时代新人。思政教师要深入理解习近平总书记的重要讲话精神，争当高职大思政课“大先生”，坚持履行时代嘱托和历史赋予的伟大使命。

1. 明确思政“大先生”队伍建设的基本标准

要具有心怀“国之大者”的大胸怀。思政课是高职院校践行立德树人根本任务的重要课程，更是帮助青年学生扣好人生“第一粒扣子”的重要课程，是“四史”教育的前沿阵地。高职院校的大思政课就是要坚持用社会主义思想铸魂育人，增强中国特色社会主义的“四个自信”，做有深厚家国情怀的思政教师，将建设社会主义强国和实现中华民族伟大复兴刻印到思想意识之中。同时，思政教师要坚持大理想、大胸怀、大志向，坚定社会主义的精神信仰，将中国特色社会主义“百年大计”的规划目标植根于脑、扎根于心。因此，思政课的作用不可替代，思政教师的责任重大。高职院校要培养和打造一支有丰富学识、有道德情操、有坚定信念的“好老师”队伍，使其成为政治正确、思维开放、视野宽广、严于律己、品格高尚的“大先生”。要充分调动思政教师的积极性、创造性、批判性、启发性，提升教师对自身职业的认同感和使命感。国家的繁荣、民族的振兴、教育的进步，都需要依托于师德高尚、业务娴熟、结构科学的高素质、专业化教师团队，汇聚以教育强国、民族复兴为己任的“大先生”。

要具备力铸“国之重器”的大智慧。古往今来，任何一个民族或者国家教育的本质都是为了培养、培育人才，我国的历史文化具有自身的独特性，人才培养同样要立足于基本的国情。思政课的“好老师”“大先生”要坚持一定的建设标准，要坚持教书与育人相一致、言传和身教相统一、理论和实践相衔接的教育宗旨。要做精通学术知识的“经师”，做具备修行素养的“人师”。要植根中国大地，探索一条具有中国特色的思政教学模式，培养具有综合能力的社会主义建设者和接班人。教师要不断提升自身的马克思主义理论素养，培养听党话、跟党走的时代新人，同党中央保持高度一致，做意识形态领域的坚守者。高职院校要紧跟时代发展趋势，改革创新思政教学的方式方法。不同院校的办学特色和理念或许存在一定的差异，但是有一个共同之处，就是需要一支优秀的教师队伍。高职院校要主动引导学生运用马克思主义的立场和“四史”精神去看待社会发展，培养学生的创新思维和实践思维。在对历史与现实、理论与实践的全方位深化理解中，以史明鉴，分析世界发展局势，讲好中国故事。要明确教师是先行受教育者，能够将学生培养成什么样的人，就要先将自身塑造成什么样的人。因此，作为民族希望的承载者和学生发展的领路人，思政教师要有严于律己、以身作则的自觉，争当高职大思政课的“大先生”，进而影响和带动学生，促进学生全面发展。

2. 探索思政“大先生”的发展路径

要做“经师”和“人师”的协调统一者。思政教师肩负着培养有志青年的重要责任，正确的理想信念是教书育人、引领青年通往美好未来的指路明灯。思政教师要做一个“传道授业解惑”的称职教师，实现“经师”和“人师”的统一①。好老师要做到心怀国家和民

① 齐鹏飞. 思政课教师应努力成为“经师”与“人师”相统一的“好老师”“大先生”[J]. 中国高等教育，2022（9）：16-17，40.

族，要明确意识到自身的社会责任和教育使命，不断提升自身的道德修养，成为学生的学习表率和被社会尊重的楷模。作为思政课的“大先生”，除了要学问高和德行正，还要坚持将学术研讨作为自身专业发展的必经之路，不断寻求中国之问和时代之问的答案，在分析、研究和解决关系到国家发展的全局性、系统性和关键性问题上亮出真本事，赢得好成效，进而为思想政治教育资源的丰富提供源源不断的动力。此外，要成为思政课合格的“大先生”“好老师”，还要坚定一颗“仁爱之心”。习近平总书记曾指出，教育是一门“仁而爱人”的事业，有爱才有责任。一个好老师要对学生充满爱心、耐心和信心，在宽严相济、爱之有度的基础上，在日常的教育中做到“晓之以理，动之以情，导之以行，持之以恒”。要通过真挚的情感和仁爱的思想，缩短与学生之间的距离，浸润学生的心田，做呵护青年学子健康成长的“庄稼人”，承担好新时期对青年学生进行世界观、人生观和价值观“精准灌溉”的重任。要将自身温暖和煦的阳光投射到每一位学生的身上，发掘不同学生的个性化特点，赢得学生的信任，通过多样化的学术知识启迪学生的智慧，使他们在大思政教学中获得丰富的体验，帮助他们在未来社会主义建设中拥有坚实的力量。

要做思政课程的“讲述者”和“解说人”。思政课的本质是讲道理，因此要注意方式方法，严格遵照老师用心教、学生用心悟的教育理念，坚持培根铸魂和启智润心的时代主题，针对青年学生的发展特点，实施有针对性的思想政治教育。思政教师要以深厚的理论说服学生，用专业的思维引导学生，通过教学模式的创新，提升自身立德树人的能力，开展高质量的思政教学。要严谨治学、深耕科研，认真学习习近平总书记关于思政课程改革和思政教师队伍建设的一系列论述，立足课程和现实开展教学研究。好的老师必须具备扎实的理论知识、高水平的教学能力、勤恳的教学态度、先进的教学手段等综合素质，其中扎实的理论知识是最坚实的基础。思政课程具有一定的特殊性，好的思政教师不仅要具备深厚的专业知识，还要对我党的各项方针政策进行学理化、系统化的改造；不仅要能做到“照着讲”，还要能够实现“接着讲”“深入讲”。要掌握这些方针政策出台的背景、实施的过程，以及所体现的逻辑关系和所带来的长远影响。“大先生”要在大格局、大视野、大境界中勇争优秀、勇于进取，做智慧型的思政教师。在课堂教学中，教师要带领学生获得深刻的学习体验，引导学生树立正确的理想信念，坚持问题导向，及时回应学生的思想困惑。落实教学目标、课程设置、管理机制等方面的一致要求，重视发挥学生的主体性作用，将显性教育和隐性教育相结合，引导学生积极发现问题、分析问题和解决问题①。同时，利用好校园阵地的“第二课堂”，关注思政课的实践性，将思政小课堂和社会大课堂相结合，与时俱进，用多元化的实践技术和实践场域丰富学生的文化思想。要有大视野，教育要面向现代化、面向未来，将马克思主义理论和深厚的思政学术理论置于高层次的国际视野和深邃的历史观之中，引导学生树立正确的国际观和历史观，在青春的赛道上奋力奔跑出当代青年的最好成绩。

要做情怀深、境界高的民族精神追求者。首先，在对中国精神的理解中注入深厚的情感。中国精神主要是由以爱国主义为核心的民族精神和以改革开放为核心的时代精神构成的，在这一精神主体形成的过程中逐渐发展出了具有强大动力的内生性力量，这就是家国情怀。国家的繁盛、民族的复兴都离不开持续传承的精神支撑。思政课教师要以践悟中国精神的优秀教师为典范，强化自身为了教育事业不懈努力的坚韧品质，培育高尚的家国情怀。其次，要在“四史”学习中汲取家国情怀的力量，牢记历史是最好的教科书。要正确认识党的执政规律和社会主义发展规律，坚定共产主义的远大理想，实现中华民族伟大复兴的中国梦。新时代思政课教师要在对“四史”知识进行学思践悟的过程中融会贯通，增强自身的家国情怀。最后，在教书育人的全过程中践行情怀信仰。思政课教师要立足于自身的岗位需要，主动将对国家的热爱、对教育的热爱和对学生的热爱相统一，牢记为党育人、为国育才的伟大使命。要着眼于当前的时代背景，提升自身教书

① 廖仁梅.“大先生”理念在思政工作中的实现路径研究［J］. 黑龙江教育（高教研究与评估），2019（2）：7-9.

育人的能力，增强思政学理的厚度和文化理想的高度，引导学生在生动、鲜活的思政知识中，寻求家国情怀的获得感和幸福感。

三、强化质效评价

现如今，“四史”教育融入思政课正如火如荼地在全国范围内开展，思政教师也开始自觉投身于思政课程改革和课程思政建设。上好每一堂思政课是思政教师的首要任务，思政教学质量是评价思政教学效果和思政教师岗位能力的重要标准，也是多年来摆在教学管理者面前的一道难题。在研究怎样评价思政教学的过程中，不仅要考虑传统教育模式中的课堂教学评价标准，还要在遵循思政课程传承与创新的改革原则的基础上引入新形势下的教学设计体系，这也是课程思政改革成功的关键①。这一过程是一个不断深化、层层递进的发展路径，要结合思政课多元化、丰富化的显性特点和思想化、精神化的隐性特征，要立足于课程本身的教学目标和质量标准，通过评价思政教学效果，清楚地揭示思政课程实现学生思想政治素养“增值”的全过程。

（一）建立思政课融合发展效能评价模型

思政课程的开展对学生的知识传授、能力培养和价值引领具有重要作用，“四史”教育融入思政课的效能评价有助于提升思政课的时效性、体现评价目的的发展性、强化评价功能的激励性。教学质量评价是“四史”教育融入思政课程教学的关键环节，我们要深入探究评价模型建立的现实意义，分析各执行主体之间的逻辑关系，为思政课程改革和育人质量评价提供具有可操作性的参考意见②。

---

① 谭海林，王亮成，张治坤．高职院校专业教师课程思政教学能力评价体系构建探析［J］．中国现代教育装备，2022（11）：162-164.

② 胡洪彬．迈向课程思政教学评价的体系架构与机制［J］．中国大学教学，2022（4）：66-74.

1. 高职院校思政课程评价模型建设的逻辑基础

结合不同阶段的教学评价属性，评价模型大致可分为过程性评价和总结性评价两类。其中过程性评价主要是通过对教学过程中不同环节的优缺点进行分析，确定需要完善和改进的地方。而总结性评价是教学结束后所开展的评价，更侧重于对教学方案的整体效能做出清楚的判断。结合“四史”教育融入高职思政课复杂性、系统性的特点，其评价模型的建设重点在于通过对教学过程不同步骤资料信息的收集，实现动态化的全过程跟踪，提升思政课程改革的实效性。

其一，突出评价目的的发展性。教学课程评价的最终目标并不是为了论证什么，而是为了后续进一步的调整和改进。高职院校的思政教学评价更加具有引导性、监督性、激励性和发展性等价值。相对于总结性评价的遴选和奖优惩怠等功能，过程性评价侧重的是评价过程中所涵盖的激励性、发展性和增值性功能。高校思政课过程性评价坚持以人为本的评价理念，评价模型的建立亦是以评价主体的可持续发展为目标，关注评价对象的参与性与获得感。通过关注整个思政教育教学的每一个环节，从中得到及时的反馈，吸纳更多的改进意见，实现教学效能的“增值”，从而促进“四史”教育融入思政课的良性循环，促进青年学生的健康发展，促进思政教师的长远发展。

其二，提升评价效用的激励性。传统评价模型主要趋向于总结性评价，这种模型下的评价模式较为简单化、被动化和程序化。在这类评价模型中，往往忽略了评价主体的合理诉求和个性化差异，打击了评价对象参与到评价模型之中的主动性，影响了评价功能的有效发挥。高职院校的“四史”教育融入思政课的教学评价模型建设应该重点强调其激励性与适配性功能，要及时回应评价对象的疑惑和诉求①。在整个评价过程中建立完善的沟通机制，通过与评价对象不断的沟通与互动，实现评价模型中开放性、共享性的合作关系，进而达成更多理论知识、精神文化和思想情感的共鸣，激发教师和学生参与教学评

① 李蕉. 高校思政课课程评价的意蕴与困境［J］. 高校马克思主义理论教育研究，2020（1）：101-107.

价模型建设的积极性，实现思政教学效能的最大化。

其三，强化评价结果的实效性。“四史”教育融入思政课的教学评价具有一定的特殊性，其不仅涉及不同历史发展阶段的思想意识形态演变，更涉及精神文化的不同层面，具有教育过程显性化和隐性化的双重效应，以及学理知识和实践行为的叠加导向作用。传统评价模型中教育评价往往体现出的是“重结果轻过程”，在评价指标设置上往往采用一些容易量化的指标，如出勤率、优秀率或者其他评分性标准。这样就忽视了思政教学过程中最实质、最根本的价值，最终导致评价结果的异化应用。因此，我们在思政教学评价模型的建设和选择上要致力于解决思政教学的重点和难点问题，将评价范围拓展至课上课下、校内校外、线上线下等全覆盖，凭借量化与质变相结合、现代技术手段与传统评价模型取长补短的多元化思路，提升教学评价的科学性，实现高职院校思政教学的高质量发展。

2. 课程思政有效性评价模型构建

“四史”教育融入思政课是一项长期性、系统性的教学过程，在对学生的知识传授、能力培养和价值引领等方面起到了十分重要的现实作用。近年来，学术界和高职院校的教学管理部门对这一课程评价模型的建设提出了不同的想法和建议。通过综合对比和分析，可以总结出两种比较适合的评价模型，分别为多层次分析法和双螺旋结构法。

多层次分析法。这一评价模型最初是由美国的一位运筹学家提出的，这一办法主要是将与决策层有关的元素进行分解，形成目标、准则、方案等层次，在这一基础上实施定性和定量的分析①。该评价模型广泛应用于各个领域的资源规划部署、发展方案比较和人员素质测评，亦是现阶段评价模型研究的主流方向。“四史”教育融入高职思政课受到政策方针、职业环境、课程设置、师资结构等诸多因素影响，导致课程思政实施效能评价的指标多、层级复杂。

---

① 任晨晨，孙辉. 基于层次分析法的高校思政课教学评价应用研究［J］. 新疆职业大学学报，2021，29（4）：24-27.

运用层次分析法构建数据模型、计算指标权重、实现育人实效主要涉及几个步骤：首先，建立层次分析模型。这个步骤主要是分析系统内各个因素之间的联结关系，进而构建系统化的层阶递进结构。思政课的效能评价模型主要由三个层次构成，也就是目标层、准则层和方案层。目标层就是要明确科学有效的思政育人具体方向，而准则层就是要结合“四史”教育融入思政课的理论特点和实践规律，设定为课程内容设计、教师资源配比、学生认知评测、后续发展评估及政策制度保障等几个维度。同时，为了进一步拓展这几个维度实施的详细计划，综合考虑全面性的因素，还可以设立次准则层，用以指导具体的评价。而方案层主要作用于评价体系之外，用于解决相应的决策问题。其次，构建两两比较的判断矩阵。这亦是层次分析法中的关键环节，通过对思政教学效能评价模型这一层次的某一指标与上一层次的相关指标进行两两对比，判断其重要程度。在对具体课程进行育人效果评估时，可以参考所获得的评价数据，建立起各层级指标判断矩阵，对层次单排序或总排序进行一致性检验，通过科学的计算方法计算出某一层次元素对最高层次相对重要性的权重，进而得到相应的有效评价数据。

双螺旋结构法。高职院校思政教学评价模型建立的实质是用于增强师生间的互动，将教师的教学情况与学生的学习情况进行有机统一。因此，根据“四史”教学融入思政课的结构关系和功能特点，将教师活动和学生活动作为过程性评价的重点内容。其中，教师的教学活动涉及学理性知识的讲解、精神思想的引导和实践行为的转化等几个方面，学生的学习活动涉及课堂知识消化、课下实践能力和领会能力等关键要素①。这些模型内各要素之间相互融合、相互作用，呈现螺旋式上升状态，可以称之为双螺旋结构法。研究证实，双螺旋模型对构建相互影响、结构显著的二元关系模型及解决二元要素间的系统化问题具有很好的辅助作用。思政教学的两个链条，一条是教师教学

① 陆启越．高校思政课过程性评价模型与体系建构［J］．江苏高教，2021（10）：74-80.

链，另一条是学生学习链，这两条链既可以相互独立，又具备动态交互、耦合联结的功能，而过程性评价能够提升教学的实效性。此外，制度设计、理论优化和技术引进是用于支撑这一评价模型有序运行的重要保障，它们与模型中的各要素相互结合，参与到各个评价环节之中，共同实现“四史”教育融入思政课的良性发展。

那么，双螺旋结构法的功能是怎样发挥的呢？

首先，动态化的盘旋提升。“四史”教育融入高职思政课是思政课改革的关键内容之一，动态性是其中的重要特征。教师教学水平的提升和学生学习能力的增强都具有一定的波动性，因此是螺旋式上升的。在这一评价模型中，通过评价的导向和激励机制的作用，使评价成为激发学生学习动力和教师教学动力的重要源泉。一方面，过程性评价可以让教师随时了解学生的学习情况，遵循问题导向，及时调整教学策略，提高学生学习质量。另一方面，在这一过程中，教师可以通过“评价—总结—反馈—调整—再评价”的循环往复，实现更高水平的教学目标。

其次，协同性的挖潜增效。在一个由多要素组成的复合模型系统中，通过这些要素的相互作用、固本强基，实现“1+1>2”的效果，在良好的运行秩序和运行环境的作用下，实现有机联结、提质增效。一方面，通过制定科学的评价模型管理制度，对模型中的评价目标和具体方法进行细致的说明。另一方面，促进学生和教师的融合共生。在任何一个评价模型中，教师和学生都是最为关键的主体。他们之间的互动具有关联性和协调性，这些特征能够在双螺旋结构中得到全面证实。在双方往来评价的过程中，通过达成文化、思想、情感上的共识，实现师生共同进步的良好教学成效。

（二）优化思政课教学质量评价体系

思想政治教育课程肩负着立德树人的根本任务。一直以来，我党都将高职院校的思想政治工作摆在关键位置，为了有效推进思政教学改革，也陆续制定了一系列政策措施，进一步强调了思政教育的重要性。思政课教学质量的提升是一项系统性工程，而建立完善的教学质量评价体系是提升思政教学水平的重要手段。对此，我们必须明确思政课程评价的基本原则和主要特征，为优化思政教学质量评价体系提供理论依据①。

1. 思政课程评价的基本原则和主要特征

思政课程主要是围绕着如何提升学生的思想品德和文化素养这一核心教学目标开展的，因此思政课程教学质量评价同样要围绕学生的思想政治素养建设情况展开。首先，以强化学生思想政治素养为目标。为了贯彻党中央、国务院关于“三全育人”的教育方针，要切实发挥高职院校思政教育的主阵地功能，促进青年学生的思想政治素养“增值”。思政课程教学质量评价对其教学水平的提升主要体现在两个方面：一方面，思政课程的设计和教学模式的选择要充分激发学生的兴趣，调动学生的学习积极性；另一方面，教学管理要全面反映学生的学习诉求，使思政课程能够最大程度上发挥出价值引领的突出作用。其次，以夯实学生思想政治素养基础为前提。要立足于学生基本学习情况，并以此为参照标准构建教学评价机制。在教学质量评价体系的建设中要考虑到思政课程设计是否符合学校的基本教学情况和学生的学习习惯，以及是否能够深化学生的学习体验，进而获得更好的学习效果②。最后，以拓展学生思想政治素养维度为依据。思政课程教学质量评价体系遵循坚定学生理想信念这一建设方向，引导学生树立发散性思维。通过多元化评价手段的应用，全面了解思想政治教育中的各个要素，基于专业化角度评估思想政治教育要素的具体运用情况和学生理想信念的发展情况。

通过分析思政课程的教学形式、实践路径和成效表达上的特殊性，思政课程教学质量评价要突出其个性化的特点。其一，重视课程评价和教学评价的融合。思政教学具备一定的隐性教育性质，为了使其能够在评价体系中以显性的形式发挥作用，就必须立足于课程教

① 侯荣华. 新时代绩效管理视域下高职思政教学评价体系创新研究［J］. 才智，2021（27）：60-62.

② 李玉香，牛慧. 高职院校专业课课程思政教学评价体系构建研究［J］. 船舶职业教育，2020，8（3）：55-58.

学，将课堂评价和教学质量评价相融合。其二，思政课程评价与课程思政评价相统一。课程思政的教育模式主要是通过对专业课程中的思政元素进行深入挖掘和精准提炼，再将其注入专业课程之中。因此，在思政课程教学质量评价体系建设过程中，要将思想政治教育的评价与专业课程中学生的专业素养发展评价相统一。其三，将学理知识教育评价与成长实践相结合。思政教学质量评价体系的建设要考虑过程性、综合性和整体性。在思政课程开展过程中，不仅要明确对学生的思政启迪和价值引领的积极作用，更要注重培养学生运用这些理论知识分析和解决问题的能力。教育教学是一个具有延续性的过程，这就要求评价体系的建设要能够充分反映学生在成长过程中的各种问题，实现多维度的广泛关注。要知道，思政课程的教育与学生的专业知识、文化情感、生活态度等方面是相互作用、共同发展的，因此，思政教学要侧重于学生整体性的“增值”①。其四，思政课程与整个学校的思想政治工作具有一致性。要实现思政课程教学质量评价体系的优化，就必须与校党委和校园思政工作形成合力，促进科学化的发展政策与之相呼应，使学校的相关政策能够更好地服务于思政教学评价体系建设。综上，思政课程评价需要依靠多个主体协同配合、多个维度全面开展，只有这样，才能形成更为真实、准确的评价结论，从而进一步指导思政课程的健康发展。

2. 高职院校思政教学质量评价体系构建

思政教学质量评价体系所包含的两项主要内容是教师评价体系和学生评价体系。对这两大板块进行具体构建，借助综合化的过程性评价机制，形成完整的评价体系链条。

思政教师的教学评价体系构建。高职思政课从根本上讲是一种关于价值信仰的教育，其教学过程要做到知识讲授、思想引导和实践转化的统筹协调。在高校思政教学系统中，必须深度聚焦教学过程中的重点和难点，结合高校思政教学规律，切实促进高职院校思政教学高质量发展。

---

① 王盼. 学科交叉法在思政教学评价中的应用［J］. 散文百家，2018（5）：30.

首先，有关知识讲解的评价。意识形态属性是高职院校思政课与其他课程的根本差异所在，但是在强调思政课价值性的同时，也要重视其学理性，要满足学生对相关知识的需求。知识讲授过程质量评价是教师教学评价体系中的关键环节，具有基础性作用。因此，在评价过程中，要在立足于明确学生主体地位的前提，推进知识传授由教材体系向教学体系转化。在评价指标确立上，要明确教学目标的设定是否结合思政课程的特殊性，重点考察教师是否对思政教学进行了深入消化和掌握，是否了解青年学生的学习习惯和思维习惯，是否对教学模式进行了创造性的开发①。在评价方法的选择上，也要注意采用将课堂知识测试与课程调研问卷相结合的多元化手段。

其次，有关思想引导的评价。思政教学的知识性和价值性是教学内容的两个重要方面，对于思政教学而言，其价值性的功能作用不言而喻。因此，我们要坚持个体性与社会性的互融，也就是不仅要彰显社会政治属性，更要契合学生的个人发展需求。在评价主体选择上，为了保障评价的客观性，可设置由专家学者、学生和家长等多主体共同作用的评价机制。要注重课前备课、课中教学及课后指导相结合的评价内容，重点考察教师是否对青年学生进行了有针对性的思想引导、是否能够与时俱进地融入当下的热点话题、是否能够有效利用最新的教学技术实现教学方法的调整、是否能够帮助学生树立远大理想②。在评价方法上，可以通过个案追踪、观察记录及深度访问等评价调查形式。

最后，有关实践转化的评价。高职院校思政教学的最终目标是实现精神理念的内化于心、外化于行。其中，内化于心主要是指通过教师的讲授，学生能够将接收到的理论知识转化为其思想素质的一部分；外化于行是指学生能够将这些丰富的理论知识用于解决实际生活中的现实问题。只有将这两项内容进行深度融合，才能实现高职院校

---

① 徐海霞. 用好评价体系 指导思政教学［J］. 中学政治教学参考，2021（1）：62-66.

② 柳建安，闵淑辉，廖凯. 专业课课程思政教学评价体系构建的研究［J］. 黑龙江教育（高教研究与评估），2022（1）：26-27.

思政教学立德树人的根本任务，帮助青年学生成为有用之才。在评价体系中，要覆盖实践活动开展的全过程。例如：实践基地的建设是否具备稳定的建设条件和良好的教学环境；实践目标的设置能否促进课堂教学与实践教学的衔接；实践教学过程中教师的组织能力和其他保障措施的安排部署；等等。此外，在这一教学评价模式中要及时了解学生在实践中的情感培养和精神体验。

青年学生的学习评价体系构建。学生学习评价体系包含课内课外、线上线下、校园内外等多个层次，涉及课堂知识吸收、课外实践表现及自主学习情况等多个元素。

首先，课堂知识教学中的表现的评价。课堂教学的重要性在于通过理论知识的梳理发挥教育引领作用，课堂教学也是思政教学的关键环节。因此，要在坚持发展性评价理念的基础上客观、真实地评价学生在课堂教学中的表现。在评价主体上，除了教师之外，还要参考学生自我评价及同学评价等意见。通过考勤记录、课程内容参与程度等评价指标判断其学习质量，在这一过程中要借助一些现代化的技术手段，例如数字化、智能化、信息化设备等，全方位记录学生的出勤率、课堂表现等。

其次，课外实践活动中的表现的评价。思政教学质量评价除了考查学生对思政课程内容的学习情况，还需要结合他们对具体实践问题的解决态度和能力，这一表现往往更加客观、真实反映学生的思想政治素养。在评价理念上，要重视价值协商和意义构建，通过对学生学习的社会属性的分析和掌握，构建理论拓展、能力优化、价值导向、行为训练等综合性的考核评价体系。根据学生在实践调研活动中的积极性、志愿服务行为中的获得感、日常生活中的人际沟通等方面的具体表现，对他们的课外实践做出精准评价，同时要发挥评价体系中对于思想认识、政治态度、价值取向、精神情感的隐性功能①。

最后，自主学习情况的评价。构建良好的自律机制是高职院校思

① 郭巍巍，吴文彬．新时代高校思政课教学评价体系的建构与重塑［J］．湖北开放职业学院学报，2022，35（15）：61-63.

政教学质量评价体系建设的重要发展方向。思想政治文化素养的培育一定是伴随着自我意识的萌生和进步实现自我教育的过程。新时期，各种媒体技术日新月异，大大提升了学习方式的多样性，打破了思政学习的空间和时间限制，展现了更加个性化的学习特点。因此，学生可以在课下自主调配自己的学习时间和学习兴趣，并利用大数据时代的教学评价模式，提升评价的精准性，将个性化的学习评价作为强化学生思想政治素养新的价值增长点。打造依托于网络教学平台的综合化数据信息，开展精品线上课程和自媒体线上实践等，对这些收集来的信息进行分类汇总和数据分析，制定网格化的分析模型，对自主学习不同阶段、不同平台、不同行为等实施动态监管和实时研判，及时发现问题和解决问题，以便提升教学评价的整体性。

（三）健全思政课教学质量诊断与改进机制

高职院校的思想政治课程是巩固马克思主义在高职院校意识形态领域重要指导地位的前沿阵地，更是“四史”教育改革的重要落脚点，是帮助高职学生树立正确世界观、人生观、价值观的核心课程。健全思政课教学质量对高职思政教学模式创新具有重要意义，在这一过程中，我们不仅要关注教师的“付出”，更要关注学生的“获得”。要在贯彻落实国家和教育部门相关文件精神的基础上提高认识，客观地进行教学质量诊断，并探索新时代高职思政课教学考核的改进机制。

1. 目前部分高职院校教学质量诊断需要完善的因素

当前思政课教学质量诊断体系中存在着诸多限制因素，例如教学评价主体单一、教学评价方式不科学、教学评价内容不合理等，使得高职院校的教学评价体系具有较大的优化和改进空间。

教学评价主体单一。高职院校的传统考核评价模式下，考核主体较为单一，难以得到公正、客观、全面的评价。一般情况下，这种考核模式都是“以教师为中心”，而学生作为教育的实施对象和考核的被动接受者，很难做出正确的判断。一方面，这种诊断机制对学生的综合考核还不完善，缺乏学生的广泛参与。另一方面，这种诊断机制难以对高职学生实行全面性的评价。因为思政教育不仅体现在课堂上，也体现在生活的方方面面，而教师的评价只能反映课堂的教学情况。因此，合理分配各项评价主体在教学诊断机制中的比例，以及帮助思政教师清楚地认识到其所在院校的真实评价主体，是思政课教学质量诊断与改进机制完善的重点和难点。

教学评价方式不科学。调研显示，大部分高职院校的思政教师认为思政教学诊断形式与其他学科相比并无什么特殊的差别，也很少有学校真正做到开设思政课程专门的科研教学评价机制。由此可见，诸多院校还未采取符合思政课教学自身特点的单独性的考核诊断方法。在目前较为普遍的评价模式中，对高职学生思政课程学习情况的判定一般由平时成绩和期末考试成绩两部分组成。其不足之处在于，一方面，期末考试所应用的统一试卷无法综合考虑不同学生思想政治学习的个体差异，不利于个体的纵深评价。尤其是对那些考试前做了充分努力但考试结果不理想的学生来说，这种重结果轻过程的考核模式极大地打击了他们的学习积极性，使其逐渐淡化了对思政课的一腔热情。另一方面，所谓平时成绩的认定也多是思政教师依照学生的课堂出勤情况和课堂表现自主裁量的，更加缺乏公正、客观的衡量标准，难以真实反映学生的思政学习能力，对学生的横向评价产生了十分消极的影响。

考核评价内容不合理。首先，结合调查数据可知，在教学和科研的占比中，大部分思政教师觉得教学和科研需要并重，但是依然有一些高职院校存在重科研轻教学的现象，在教学质量评定中将课题项目、文论发表等固化指标作为重要评价指标。这种情况不仅损害了教师对于思政教学的积极性，也导致了科研与教学结构失衡的严重问题。其次，部分高职院校在考核机制中重理论轻实践，不仅降低了高职学生的理论自信，也不利于培养学生分析问题、解决问题的能力。在传统的教学质量评价机制中，理论成绩的大占比使得实践考核被逐渐弱化，导致学生通过实践检验理论的思政学习思维受到了极大的束缚，难以形成理论自信，甚至造成了理论知识与实践的脱节，无法科学应用马克思主义的指导思想去发现、分析和解决生活中的实际问题。最后，完善诊断标准的设定和评价结果的应用，发挥对思政教学的激励作用，是思政课教学质量诊断与改进机制构建的重要发展方向。

2. 制定合理的思政课教学质量改进机制

为了贯彻落实健全的思政教学质量改进机制，我们要深入领会国家和教育部的相关文件精神，实行多元主体评价机制，促进对高职学生学习思政课的情况进行全面、客观、公正的评价。采用完善的反馈激励措施，实行定性评价与定量评价相结合的优化机制。

全面落实国家和教育部的相关文件精神。首先，高职院校的各级领导部门要进一步提高认识，深入学习我国关于深入开展思想政治课程及提升教学评价水平的相关文件和政策，要在进一步领会相关政策文件精神的基础上，明确思政教学改进的新标准和新要求。各高职院校要结合自身的实际情况，全面执行这些改革政策意见，并加大监管力度，通过动员协调各方力量，确保这些改革措施能够取得良好成效。其次，通过开展相应的培训会议，组织思政教师积极学习最新的文件要求，并将这些内容作为教师评价体系中的重要组成部分，保障思政教师的教研行为能够与这些政策标准高度契合，进而持续提升思政教师的综合素养，更好地帮助青年学生实现全面发展①。思政教师是党的理论的讲解者，是“四史”文化的宣传者，更是国家正确意识形态的引领者，肩负着强化青年学生政治思想觉悟的重要责任。完善的思政课程诊断优化机制不仅有助于提升思政教师的整体素质，同时对构建专业化的师资团队也具有重要发展意义。思政课教学是高职院校培养社会主义建设者和接班人的重要课程之一，因此为了维护思政教学质量的实效性，校党委和各级主管部门必须加大力度优化思政课程的评估诊断机制。

探索多元主体协同配合的教学改进机制。高职思政课程诊断考核要构建由教育对象自身、同事、同学和校园领导及其他社会成员等共

① 谭海林，王亮成，张治坤. 高职院校专业教师课程思政教学能力评价体系构建探析［J］. 中国现代教育装备，2022（11）：162-164.

同配合的多元化主体结构，并采用由年级领导、学院领导和教学督导等协调一致的教学评价模式。首先，对于教师而言，对其进行评价的主体可以是自己、学生、同行及校领导等，教师自评是指思政教师对自身的科教情况及内心情感波动的清楚认知，而学生评价则是他们对思政教师的教学方法、教学效果的综合反馈，同行评价是在与其他教师的竞争合作中发掘对方的优点和不足之处，除此之外，校领导的评价则是通过各项教学指标的完成情况所得出的更为客观的诊断①。同时，思政教师还要将自己置身于社会大环境之中，与其他职业进行横向对比。思政教学质量改进机制要合理分配这些评价主体所占比例，使评价结果更具有科学性和说服力。其次，对于学生而言，要通过自我评价的纵向比较深刻了解自身在思政课程学习中需要完善的方面，激发思政学习的积极性。还要通过与同学、老师等的横向比较模式，对青年学生的思政课程实际表现、线上线下学习情况及社会实践参与情况等进行动态评价，进而使思政教师不断改进和完善理论教学和实践教学，帮助学生明确今后的社会发展方向。

促进教学诊断机制的激励效果最大化。考核诊断是手段，教学改进才是最终目的。要在对高职院校思政教学质量评价诊断的过程中发现思政教学及思政教师队伍建设中的各类问题，进而采取有效的改进措施，使教学评价能够更好地服务于未来思政教学工作，发挥思政育人的更佳效果。首先，健全相应的考核诊断反馈机制，及时反馈能够帮助思政教学组织收集更加全面、具体的针对性意见。例如，可以将考核诊断结果设置一段时间的公示期，在此期间，思政教师可以对相应的评测结果提出异议，并由相应的监管部门进行查证与核实②。同时，在公示期之后，还可以设置一定阶段的反馈期，监督组在这一时期内与思政教师进行双向沟通，对诊断机制中存在的问题进行协调改进。此外，还要保障相应的评价手段和评价指标能够顺应时代变化，

---

① 巩彦平，张芳芳，金文奖，等. 高等职业院校课程思政评价体系研究［J］. 高教学刊，2022，8（17）：151-156.

② 张德荣，刘晓莉，李春梅，等. 新时代高职思政课评价体系构建研究［J］. 绿色科技，2022，24（5）：269-275.

进而帮助思政教师对评价结果的具体描述进行及时反思和调整，构建一支专业化的高素质教师队伍。其次，补充合理的激励措施。很多高职院校都已经开始着手落实思政教师的专项补贴政策，设立与其他教学项目同样的活动经费和奖励经费。但是部分院校为了照顾一些资历较老的思政教师和维护思政教学队伍的稳定性，使实际绩效分配中的激励效果大打折扣。因此，必须完善思政教师的升职涨薪机制，这样才能进一步激发思政教师的科研创造力，调动其思政教学的积极性来践行科研与教学并重的教育理念。

结语

与知识目标相比，高职思政课的道德养成目标更具实质意义，这也是长久以来我党高度重视思想政治教育的根本原因所在。在新的历史条件下，高职教育要抵达“立德树人”的根本目标，必须充分发挥思政课引航铸魂的作用。中共党史、新中国史、改革开放史、社会主义发展史中蕴含着伟大建党精神、红色基因、马克思主义基本原理和社会主义发展规律，是驳斥历史虚无主义的锐利武器，是创新思政教育教学的资源载体，是拓展思政理论深度的鲜活例证。在思政课教学过程中融入“四史”教育内容，促进高职思政课融合发展，符合高职学生全面发展的客观要求，亦是高职思政课高质量发展的必然要求。

高职思政课与“四史”融合发展遵循两条主线，一是以现有课程为核心，将相关历史元素融入其中，树立融合课程发展目标，即了解历史真相、探究历史规律、汲取经验教训、培养历史核心素养，将历史融入思政课程群，史论结合，丰盈高职思想政治教育内容体系。二是以中共党史、新中国史、改革开放史、社会主义发展史为主线，推进学科发展的“大融合”，在融入、融合和融汇过程中，逐渐构建起大思政课程体系。不论是思政课融合发展课程群建设，还是大思政课程体系建设，其宗旨都是为了增强高职思政课融合育人的适应性。

高职思政课与“四史”融合发展遵循“三维立体”的行动范式。融合发展体现为理论课教学、实践课教学、校园文化建设的全方位融合，通过融合发展提升思政课的高度、深度和温度。在实践过程中，思政课融合发展需构筑坚实的育人载体，加强校企政社协同育人，打通线上线下、课内课外、校内校外的隔阂，形成“无界化”的教育新模式，即真正的全方位、全过程的融合。高职思政课与“四史”融合发展是主流趋势，具有必要性和必然性。而融合发展本身是一项十分复杂且系统的工程，需要高职院校更新管理制度，将融合教育推向常态化、长效化、品牌化，要求思政课教师锐意创新，组建融合育人教师群体，发挥协同力量。思政课融合发展的出发点和落脚点都是“人”，这也是高职教育发展的根本宗旨。融合发展既是路径也是方法，在融合之路的征程中，需要切实发挥思政课的引航铸魂作用。

参考文献

[1] 习近平. 思政课是落实立德树人根本任务的关键课程[J]. 求是，2020（17）.

[2] 习近平. 坚持党的领导传承红色基因扎根中国大地 走出一条建设中国特色世界一流大学新路[N]. 光明日报，2022-04-26（1）.

[3] 习近平. 高举中国特色社会主义伟大旗帜 为全面建设社会主义现代化国家而团结奋斗——在中国共产党第二十次全国代表大会上的报告[R]. 2022-10-16.

[4] 习近平. 在“不忘初心、牢记使命”主题教育总结大会上的讲话[J]. 求是，2020（13）：4-15.

[5] 习近平. 在庆祝中国共产党成立 100 周年大会上的讲话[J]. 求是，2021（14）：4-14.

[6] 习近平. 在党史学习教育动员大会上的讲话[J]. 求是，2021（7）：4-17.

[7] 习近平. 在纪念毛泽东同志诞辰 120 周年座谈会上的讲话[N]. 中国青年报，2013-12-27（6）.

[8] 习近平. 在庆祝中国共产党成立 95 周年大会上的讲话[J]. 求是，2021（8）：4-20.

[9] 习近平. 论中国共产党历史[M]. 北京：中央文献出版社，2021.

[10] 习近平. 辩证唯物主义是中国共产党人的世界观和方法论[J]. 思想政治工作研究，2019（2）：9-11.

[11] 习近平. 习近平总书记论生态文明建设[N]. 人民日报，2017-

8-4（1）.
［12］习近平. 在纪念全民族抗战爆发七十七周年仪式上的讲话［N］. 人民日报，2014-07-08（2）.
［13］习近平. 在同各界优秀青年代表座谈会的讲话［N］. 中国青年报，2013-05-05（3）.
［14］习近平在中共中央政治局第二十五次集体学习时强调：让历史说话 用史实发言 深入开展中国人民抗日战争研究［N］. 人民日报，2015-08-01（1）.
［15］王广义，胡靖. 以党史为重点的“四史”教育融入高校思想政治理论课路径探析［J］. 思想教育研究，2021（7）：111-116.
［16］王公龙. 构建人类命运共同体思想研究［M］. 北京：人民出版社，2019.
［17］中共中央文献编辑委员会. 邓小平文选（第三卷）［M］. 北京：人民出版社，1993.
［18］李星. 新时期高职院校加强党史教育的意义及对策［J］. 职教论坛，2013（35）：82-84.
［19］王玉. 高校思想政治理论课“四史”教学的整体性及其实践路径［J］. 思想教育研究，2021（1）：123-127.
［20］金卓，邢二涛. 新时代思想政治教育的新使命和新要求［J］. 重庆理工大学学报（社会科学），2019，33（9）：127-133.
［21］古宇飞. 中国共产党党史学习教育的百年历程与基本经验［J］. 思想战线，2022，48（3）：22-31.
［22］陈占安. 新中国 60 年大学生思想政治教育的历史经验［J］. 北京教育（高教版），2010（1）：27-31.
［23］张耀灿，陈万柏. 思想政治教育学原理［M］. 北京：高等教育出版社，2001.
［24］邓志良，宋建军. 提升高职院校软实力的思考与探索［J］. 高等教育研究，2009，30（11）：67.
［25］周建松. 高职院校“四史”教育研究［M］. 北京：中国人民大学出版社，2015.

［26］胡芝．校园文化视域下高职院校大学生思想政治教育工作实效性研究［J］．学校党建与思想教育，2013（8）：84-85.
［27］翁铁慧．加强历史学习 坚定理想信念［N］．人民日报，2020-09-18（9）.
［28］王利军．推进“四史”教育与思政课深度融合［J］．思想政治课教学，2022（6）：22-25.
［29］教育部课题组．深入学习习近平关于教育的重要论述［M］．北京：人民出版社，2019.
［30］CROWSON H M，DEBACKER T K．Political identification and the defining issues test：reevaluating an old hypothesis［J］．The Journal of Social Psychology，2008，148（1）：43-60.
［31］孙蚌珠．思想政治理论课要着力培养学生“三个认同”［J］．思想理论教育导刊，2019（5）：19-22.
［32］刘建军．论马克思主义信仰体系［J］．求索，2020（4）：5-13.
［33］殷海鸿，丁秋玲．政治认同视域下高校思政课有效教学路径探析［J］．理论观察，2018（9）：123-125.
［34］龚旗煌．深化“四史”教育 培养有志气、有骨气、有底气的时代新人［J］．中国高等教育，2022（08）：10-11，34.
［35］虞志坚．“四史”教育融入高校思想政治理论课教学的三重逻辑［J］．江淮论坛，2020（6）：17-21.
［36］冯霞，刘进龙．“四史”教育融入高校思想政治理论课的三维审视［J］．思想理论教育导刊，2021（2）：118-122.
［37］李卓，王永友．新发展阶段加强青年爱国主义教育的逻辑理路［J］．思想政治教育研究，2022，38（1）：141-147.
［38］韩振峰，张悦．“四史”学习教育融入高校思想政治理论课探析［J］．北京社会科学，2022（1）：4-12.
［39］李辉，林丹萍．新时代中国特色社会主义制度优势教育的经验［J］．北京工业大学学报（社会科学版），2022，22（5）：57-66.
［40］程美东，刘辰硕．从三个维度理解加强“四史”教育的重大意义［J］．思想教育研究，2020（12）：14-17.

［41］宇文利．党的最新历史决议的思想政治教育价值及其实现［J］．思想理论教育导刊，2022（1）：111-116．

［42］芮晓华，闫鸿斐．中国共产党伟大建党精神融入高校思政课教学研究［J］．当代教育实践与教学研究，2022（2）：134-136．

［43］康安莹．加强“四史”教育，提振大学生精神动力（二）［J］．西部素质教育，2021，7（6）：1-2．

［44］周建伟．画出新时代统一战线的最大同心圆——学习习近平总书记关于加强和改进统一战线工作的重要思想［J］．广东省社会主义学院学报，2020（1）：21-24．

［45］吴正东．慕课对我国高校思想政治教育影响的探析［J］．大学教育，2017（7）：103-104．

［46］中共中央马克思恩格斯列宁斯大林著作编译局．马克思恩格斯选集（第一卷）［M］．2版．北京：人民出版社，1995．

［47］杨延圣，郑斐然．“四史”教育融入高校思政教育的现实需求与路径优化［J］．学术探索，2021（5）：139-144．

［48］周文君．伟大建党精神融入高校思政课教学的探索［N］．山东教育报，2022-03-21（7）．

［49］任彩红．高校思政课加强“四史”教育的多维思考［J］．中国高等教育，2021（24）：36-37，55．

［50］郑洁，李晏沄．加强“四史”教育 创新思政课堂［J］．学校党建与思想教育，2021（20）：95-96．

［51］冯留建．新时代青年党史教育的目标和任务［J］．人民论坛，2021（26）：58-61．

［52］李寒梅．四史教育融入高校思政课教学的逻辑理路［J］．马克思主义与现实，2022（4）：110-116．

［53］周家彬．新中国成立以来高校“历史与理论相结合”类思想政治理论课的历史沿革［J］．思想教育研究，2022（6）：114-120．

［54］王哲．立足“四史”强化思政课教学的感性支撑力［J］．思想理论教育导刊，2022（3）：170-175．

［55］刘建军．《马克思主义基本原理（2021年版）》修订说明和教

学建议［J］. 思想理论教育导刊，2021（9）.
［56］刘迪，李中华. “四史”学习教育融入高校思想政治教育路径研究［J］. 思想政治教育研究，2021，37（5）：90-93.
［57］中共中央 国务院. 新时代公民道德建设实施纲要［N］. 人民日报，2019-10-28（1）.
［58］杨增岽，王博. 一体化背景下“四史”教育进课堂［J］. 思想政治课教学，2021（10）：12-16.
［59］习近平在中共中央政治局第十八次集体学习时强调 牢记历史经验历史教训历史警示 为国家治理能力现代化提供有益借鉴［N］. 人民日报，2014-10-14（1）.
［60］梁启超. 中国历史研究法［M］. 上海：上海古籍出版社，1998.
［61］闫方洁，李昊晟. 论“四史”学习中正确历史意识与科学方法论的养成［J］. 马克思主义与现实，2021（5）：162-169.
［62］张烁. 所有高校全面推进课程思政建设［N］. 人民日报，2020-06-06（4）.
［63］周华. 场域理论视角下高职思想政治理论课实践教学体系的构建［J］. 教育与职业，2018（7）：89-94.
［64］桂署钦，石晶晶. 高校实施“四史”教育的途径探讨［J］. 学校党建与思想教育，2021（8）：42-43.
［65］戴海容. 精准思政视角下新时代高职院校“四史”教育路径论析［J］. 学校党建与思想教育，2021（1）：72-74.
［66］刘兰明，郑永进，王佼. 基于《指导意见》的高职院校公共基础课课程设置实证调研［J］. 中国职业技术教育，2019（23）：24-30.
［67］张琳. 模式转换与创新：以“党史”为重点内容的思政课选择性必修课建设［J］. 思想战线，2021，47（5）：158-164.
［68］佘双好. “思想道德修养与法律基础”课建设历程和发展走向［J］. 学校党建与思想教育，2021（9）：8-14.
［69］杨盈盈，章小纯. 新媒体时代大学生“四史”学习教育的创新发展［J］. 人民论坛，2021（26）：65-67.

［70］谢少华，瞿维娜．高职院校党史教育的现状及创新路径［J］．学校党建与思想教育，2021（18）：50-51.
［71］王世恒．“四史”教育融入“纲要”课教学探析［J］．学校党建与思想教育，2021（23）：50-52.
［72］黄艳梅，黄庆旧，胡泊，等．“四史”教育融入高校思想政治理论课教学体系研究——以《中国近现代史纲要》课程为例［J］．广西教育，2022（3）：67-70.
［73］杨文圣，董丽萍．“四史”教育融入“中国近现代史纲要”课教学的思考［J］．求知，2021（1）：51-53.
［74］夏一璞．习近平新时代中国特色社会主义思想十大前沿问题研究（2021）［J］．马克思主义研究，2022（1）：139-156.
［75］熊建生，郭榆．新时代思想政治教育内容建设的新要求［J］．思想理论教育，2022（3）：59-65.
［76］石书臣．深刻把握“大思政课”的本质要义［J］．马克思主义理论学科研究，2022，8（7）：104-112.
［77］杨增崇，赵月．善用“大思政课”：深刻内涵、时代价值与建设理路［J］．学校党建与思想教育，2022（5）：19-23.
［78］夏永林．“大思政课”内涵的多维探讨［J］．思想理论教育导刊，2021（8）：110-114.
［79］高静毅．接受视角下“四史”教育入脑入心的思政课教学研究［J］．学校党建与思想教育，2022（7）：42-45.
［80］宫长瑞，张乃亮．“大思政课”的基本内涵、显著特点与发展路径［J］．中国德育，2021（19）：16-20.
［81］王资博．新时代“大思政课”的涵义、特性与价值研析［J］．中共南宁市委党校学报，2021，23（5）：16-21.
［82］张士海．关于“大思政课”建设的几点思考［J］．马克思主义理论学科研究，2021，7（7）：105-112.
［83］陶思睿，邓集文．党史教育融入思政课：逻辑与路径［J］．湖南人文科技学院学报，2022，39（3）：116-121.
［84］路成浩，龚超．党史学习教育融入高校“大思政课”的实践路

径［J］. 学校党建与思想教育，2022（7）：72-75.
［85］谢礼炮. 党史学习教育融入思政课的路径研究［J］. 武汉冶金管理干部学院学报，2021，31（3）：58-61，65.
［86］孔鹏文，牛贺源，坎迪叶·阿尔肯，等. 新时代高校推进党史学习教育的三维思考［J］. 襄阳职业技术学院学报，2022，21（4）：116-119.
［87］陈盛兴，杨平. “四史”教育长效机制的构建［J］. 学校党建与思想教育，2022（16）：74-76.
［88］苏妙玲. 线上与线下相结合，推动党史学习教育入脑入心［J］. 卫生职业教育，2022，40（15）：33-35.
［89］中共中央国务院印发《关于新时代加强和改进思想政治工作的意见》［N］. 人民日报，2021-07-13（1）.
［90］易新涛. 新时代深化新中国史研究的基本遵循［J］. 理论月刊，2021（6）：31-38.
［91］柯统佳. 文化自信与新时代中国特色社会主义文化创新方向研究［J］. 文化创新比较研究，2022，6（16）：183-186.
［92］程鹏，赵雨竹. 基于易班平台的高校网络思想政治工作协同创新机制研究［J］. 黑龙江教育（理论与实践），2022（5）：21-23.
［93］祝静若. 新中国史宣传教育背景下增强大学生政治认同的维度［J］. 办公室业务，2022（8）：63-65，109.
［94］韩剑锋，安佳佳. 正确党史观的理路探析［J］. 盐城师范学院学报（人文社会科学版），2022，42（1）：9-14.
［95］陈金龙. 阐释改革开放史的思路与视域［J］. 思想理论教育导刊，2021（5）：19-25.
［96］张稳刚，褚琼，闫丽红. 加强“四史”学习 践行初心使命［J］. 共产党员（河北），2021（4）：34-35.
［97］雷志松. 论新时代高校开展改革开放史教育的实施路径［J］. 牡丹江大学学报，2020，29（4）：102-106.
［98］王琳. 将改革开放史融入高校思想政治理论课的实施路径［J］. 天津城建大学学报，2021，27（3）：225-228.

[99] 韩凤荣. 对青年进行改革开放史教育的切入点探索［J］. 北京青年研究，2021，30（4）：83-88.

［100］胡安全，王峰. 新时代大学生改革开放史教育的三个问题［J］. 高校辅导员学刊，2021，13（5）：1-5，11.

［101］张莎，张思军. 论社会主义发展史的三条主线［J］. 绥化学院学报，2021，41（9）：12-14.

［102］郁雷. 党的十八大以来社会主义发展史研究述评［J］. 思想政治工作研究，2022（5）：40-44.

［103］郭春生，阳力安. 社会主义发展史上改革道路的创立及其深远影响［J］. 党政研究，2022（1）：82-88.

［104］赵德友. 学习社会主义发展史的若干思考［J］. 统计理论与实践，2021（8）：3-6.

［105］迪康热，彭姝祎. 基于社会主义发展史维度对中国道路的思考［J］. 世界社会主义研究，2021，6（12）：65-69，115.

［106］姚大力. "故事"在历史研究中的意义［N］. 北京日报，2021-02-22（12）.

［107］王炳林，张泰城. 高校红色文化资源育人发展报告（2017）［M］. 北京：人民出版社，2018.

［108］冯刚，高会燕. 新时代爱国主义的时代蕴含［J］. 西北工业大学学报（社会科学版），2020（1）：16-23.

［109］李懋君. 遵义红色文化资源转化为思政课校本课程的思考［J］. 遵义师范学院学报，2020（5）：1-3，9.

［110］冯留建，江薇. 深化高校思政课党史教育的实践逻辑［J］. 思想政治课教学，2022（3）：29-33.

［111］虞志坚. 伟大建党精神融入高校思想政治教育的价值意蕴和实践进路［J］. 湖北社会科学，2022（3）：155-161.

［112］崔龙燕，崔楠. 中国共产党精神谱系融入思想政治理论课的三重追问［J］. 中南民族大学学报（人文社会科学版），2022，42（7）：164-172+188.

［113］吴炜生. 高校思想政治理论课讲好党的百年成就经验的价值意

蕴、问题研判和可行路径［J］. 思想教育研究，2022（5）：131-136.
［114］李先伦，牛婷娴. 党史教育融入高校思政课教学微探［J］. 学校党建与思想教育，2022（5）：42-44.
［115］陈晓风. 党史观教育融入新时代高校思政课教学的思考［J］. 西安交通大学学报（社会科学版），2022（4）：113-119.
［116］徐振伟. 红色资源是思想政治教育的“活教材”［J］. 思想政治课教学，2022（6）：26-28.
［117］易修政，卢丽刚. 以红色文创产品为载体的红色文化传播研究［J］. 红色文化学刊，2018（2）：95-100，112.
［118］张耀灿，郑永廷，等. 现代思想政治教育学［M］. 北京：人民出版社，2006.
［119］庄晓东. 文化传播：历史、理论与现实［M］. 北京：人民出版社，2003.
［120］［美］乔纳森. 学习环境的理论基础［M］. 郑太年，等译. 上海：华东师范大学出版社，2002.
［121］贾钢涛，魏晨，赵普兵. “四史”教育与高校思政课建设高端论坛综述［J］. 社会科学动态，2020（11）：114-118.
［122］郭晶. 以党史教育推进新时代大学生爱国主义教育［J］. 学校党建与思想教育，2022（5）：53-56.
［123］梁冰. 新时代高校思政课强化党史学习的四个维度［J］. 思想政治教育研究，2022，38（1）：104-107.
［124］徐阳，徐文倩. 以党史学习教育深化大学生思想政治教育的三重视角［J］. 学校党建与思想教育，2022（3）：56-58+84.
［125］李飞龙. 中共党史党建一级学科理论体系构建刍议［J］. 思想理论教育，2022（2）：66-71.
［126］心有所信 方能行远 习近平给复旦大学《共产党宣言》展示馆党员志愿服务队全体队员的回信［J］. 雷锋，2020（7）：1.
［127］苏霍姆林斯基. 少年的教育和自我教育［M］. 姜励群，等译. 北京：北京出版社，1984.

［128］中共中央马克思恩格斯列宁斯大林著作编译局．马克思恩格斯选集（第四卷）［M］．2版．北京：人民出版社，1995．
［129］张晓静．自我教育论［M］．哈尔滨：黑龙江教育出版社，2004．
［130］琚亮，章根平．党史教育的“味”与“道”——以“伟大的改革开放”一课为例［J］．思想政治课教学，2022（7）：29-31．
［131］刘万海．近二十年来国内外教育叙事研究回溯［J］．中国教育学刊，2005（3）：13-16，18．
［132］潘莉，代长彬．高校思想政治理论课叙事教学法研究［M］．合肥：合肥工业大学出版社，2016．
［133］齐鹏飞．努力打造具有影响力和引领力的思想政治理论课“金字招牌”［J］．思想教育研究，2022（6）：3-7
［134］郑敬斌，刘敏．思想政治教育话语亲和力提升问题研究［J］．思想理论教育导刊，2020（3）：133-137．
［135］陈宇翔，冯帆．党的十九届六中全会《决议》是思政课高质量发展的重要遵循［J］．思想理论教育导刊，2022（6）：93-97．
［136］李中华，刘翠芬．基于学习进阶的高校思政课程资源开发初探［J］．黑龙江高教研究，2022，40（2）：110-115．
［137］班永杰．建立党史学习教育常态化长效化制度机制［J］．红旗文稿，2022（2）：23-25．
［138］杨有平，彭秋艳．思政课讲好党史故事的四维度——以“始终坚持以人民为中心”为例［J］．思想政治课教学，2022（1）：14-16．
［139］王传峰．党史教育融入高校思政课教学的三个向度［J］．中国职业技术教育，2022（2）：30-34．
［140］胡永强，王宇．图书馆党史学习教育与红色文化推广融合路径探究［J］．图书情报工作，2022，66（2）：66-73．
［141］齐卫平．加强思想政治课教学的党史资源利用［J］．学校党建与思想教育，2022（1）：22-26．
［142］吴林龙．高校思政课讲好百年党史的有效进路［J］．中国高等教育，2021（23）：26-28．

［143］刘雨亭．党史学习教育融入高校思想政治理论课的沿革、经验与优化路径［J］．思想理论教育导刊，2021（11）：89-94.
［144］王管．伟大建党精神融入大学生思想政治教育的理论审思和实践路向［J］．国家教育行政学院学报，2021（11）：46-52.
［145］胡秋梅，傅安洲，束永睿．讲好百年党史“思政大课”略论［J］．学校党建与思想教育，2021（21）：56-58.
［146］李静宜，刘宏达．党史学习高标准赋能思政课高质量发展的基本逻辑［J］．学校党建与思想教育，2021（21）：65-67.
［147］辛艺萱，盛林．“中国近现代史纲要”课用好红色资源传承红色基因的教学思考［J］．思想教育研究，2022（7）：3-8.
［148］高山，胡杨．网络思想政治教育创新与实践——以中南大学网络思想政治教育探索为例［J］．思想理论教育导刊，2015（3）：116.
［149］中共中央马克思恩格斯列宁斯大林著作编译局．马克思恩格斯文集（第一卷）［M］．北京：人民出版社，2009.
［150］杨勇．高校思政课交互主体性师生关系的基本内涵［J］．前沿，2010（10）：23-25.
［151］蔡志梅，肖行．伟大建党精神何以融入思政教育［J］．中学政治教学参考，2022（28）：68-71.
［152］王日升．新时代高校网络思想政治教育新探［D］．长春：东北师范大学，2009.
［153］余胜泉．技术何以革新教育［N］．中国教育报，2015-02-08（3）.
［154］潘加军，孙品．习近平总书记关于社会大课堂重要论述的生成逻辑与践行路径［J］．毛泽东研究，2022（5）：44-52.
［155］周新民．习近平兴党强国的情怀力量［J］．人民论坛，2019（23）：48-50.
［156］何珊．新时代大学生思政课获得感的生成与提升［J］．社会科学家，2022（9）：121-127.
［157］邱吉．培育职业精神的哲学思考——从职业规范的视角看职业伦理［J］．中国人民大学学报，2012，26（2）：75-82.

[158] 宋海儆. 伟大建党精神融入新时代高校思政课教学的三维探讨［J］. 理论导刊，2022（12）：123-127.

[159] 吴增礼，李亚芹. “大思政课”视域下“社会大课堂”的多维阐释［J］. 思想理论教育，2022（12）：73-78.

[160] 苏百泉. 思政课核心概念的论证式教学［J］. 思想政治课教学，2022（11）：39-43.

[161] 胡中月. 思政课教学话语的一体化建设［J］. 思想政治课教学，2022（11）：22-26.

[162] 魏倩，师吉金，陈立新. “四史”融入高校思想政治教育课问题研究述评［J］. 公关世界，2022（16）：150-152.

[163] 杨菲，彭军林. 基于“四史”学习教育的高校思政课改革探析［J］. 科教文汇，2022（16）：28-31.

[164] 张俊生，苏敏. 大历史观视域下“四史”学习教育的三重维度［J］. 安庆师范大学学报（社会科学版），2022，41（4）：66-71.

[165] 吴言. 高校“四史”教育的要义、挑战及路径［J］. 淮阴师范学院学报（自然科学版），2022，21（3）：229-232.

[166] 杨镜雅，丁飞，于泓. 浅析“四史”育人原则与途径激励民族精神情怀［J］. 现代企业，2022（9）：126-128.

[167] 赵铮. “四史”教育对中国发展的辩证启示和唯物演进［J］. 晋阳学刊，2022（4）：29-35.

[168] 孙莹. 高职院校开展“四史”教育的思考［J］. 辽宁高职学报，2022，24（7）：98-101.

[169] 叶福林，高哲. 构建大学生党史学习教育常态化长效化机制探析［J］. 思想理论教育，2022（9）：100-105.

[170] 陈盛兴，杨平. “四史”教育长效机制的构建［J］. 学校党建与思想教育，2022（16）：74-76.

[171] 方雪梅. 高职院校提升“四史”教育实效性的路径探析［J］. 无锡商业职业技术学院学报，2022，22（3）：79-83.

[172] 谢士成. 强化“四史”教育：青年正确历史观形成的必然要

求［J］．才智，2022（18）：1-4.
［173］王利军．推进“四史”教育与思政课深度融合［J］．思想政治课教学，2022（6）：22-25.
［174］郭芸，张琪，范越．加强高职院校学生“四史”教育路径探究［J］．河北能源职业技术学院学报，2022，22（2）：86-89.
［175］薛美华．围绕立德树人，加强“四史”教育［J］．教书育人，2022（17）：12-14.
［176］孙婧，张慧茹．甘肃红色文化资源开发对大学生“四史”教育的作用［J］．社科纵横，2022，37（3）：157-160.
［177］刘青．从“知情意行”维度深化高校四史学习教育探析［J］．佳木斯大学社会科学学报，2022，40（3）：192-194.
［178］刘亮．用 VR 技术提高“四史”学习教育实效性探赜［J］．保山学院学报，2022，41（3）：1-6.
［179］孙建身，韩洪亮，黄清站．立德树人视域下青年学生“四史”学习教育提升策略研究［J］．中国多媒体与网络教学学报（中旬刊），2022（6）：241-244.
［180］童思思．课程思政背景下专业课教师教学能力提升路径探析［J］．才智，2022（28）：33-36.
［181］闫伊乔．高校思政课专兼职教师超 12.7 万人［N］．人民日报，2021-12-13（13）.
［182］李媛，刘昭．课程思政建设中思政教师的角色定位探析——基于把关人理论［J］．天津教育，2022（25）：19-20.
［183］高丽．新时代民办高校思政课教师队伍建设研究［J］．才智，2022（25）：96-98.
［184］张莉．新时代下筑牢高职院校思政课教师信仰之基的措施［J］．经济师，2022（9）：183-184.
［185］黄成勇，薛明达．民办高校加强思政课教师队伍建设的机制构建［J］．黄河科技学院学报，2022，24（9）：13-19.
［186］耿云霄．构建学习共同体：新时代高校思政课师生协同发展新审视［J］．湖北成人教育学院学报，2021，27（6）：71-75.

[187] 陈鹤松. 思政教师学习共同体发展的困境、成因及解决路径探析 [J]. 高教论坛，2020 (11)：89-92.

[188] 季媛. “学习共同体”理论在高校课程思政建设中的应用策略研究 [J]. 中国多媒体与网络教学学报 (上旬刊)，2022 (1)：81-84.

[189] 马宁. 新媒体视域下“学习共同体”模式的“课程思政”协同育人创新路径研究 [J]. 记者观察，2020 (36)：86-87.

[190] 马宁. 网络“学习共同体”模式在“课程思政”中的探索与实践 [J]. 湖北开放职业学院学报，2021，34 (18)：77-78.

[191] 齐鹏飞. 思政课教师应努力成为“经师”与“人师”相统一的“好老师”“大先生” [J]. 中国高等教育，2022 (9)：16-17，40.

[192] 廖仁梅. “大先生”理念在思政工作中的实现路径研究 [J]. 黑龙江教育 (高教研究与评估)，2019 (2)：7-9.

[193] 谭海林，王亮成，张治坤. 高职院校专业教师课程思政教学能力评价体系构建探析 [J]. 中国现代教育装备，2022 (11)：162-164.

[194] 胡洪彬. 迈向课程思政教学评价的体系架构与机制 [J]. 中国大学教学，2022 (4)：66-74.

[195] 李蕉. 高校思政课课程评价的意蕴与困境 [J]. 高校马克思主义理论教育研究，2020 (1)：101-107.

[196] 任晨晨，孙辉. 基于层次分析法的高校思政课教学评价应用研究 [J]. 新疆职业大学学报，2021，29 (4)：24-27.

[197] 陆启越. 高校思政课过程性评价模型与体系建构 [J]. 江苏高教，2021 (10)：74-80.

[198] 侯荣华. 新时代绩效管理视域下高职思政教学评价体系创新研究 [J]. 才智，2021 (27)：60-62.

[199] 李玉香，牛慧. 高职院校专业课课程思政教学评价体系构建研究 [J]. 船舶职业教育，2020，8 (3)：55-58.

[200] 王盼. 学科交叉法在思政教学评价中的应用 [J]. 散文百家，

2018（5）：30.

［201］徐海霞. 用好评价体系 指导思政教学［J］. 中学政治教学参考，2021（1）：62-66.

［202］柳建安，闵淑辉，廖凯. 专业课课程思政教学评价体系构建的研究［J］. 黑龙江教育（高教研究与评估），2022（1）：26-27.

［203］郭巍巍，吴文彬. 新时代高校思政课教学评价体系的建构与重塑［J］. 湖北开放职业学院学报，2022，35（15）：61-63.

［204］谭海林，王亮成，张治坤. 高职院校专业教师课程思政教学能力评价体系构建探析［J］. 中国现代教育装备，2022（11）：162-164.

［205］巩彦平，张芳芳，金文奖，等. 高等职业院校课程思政评价体系研究［J］. 高教学刊，2022，8（17）：151-156.

［206］张德荣，刘晓莉，李春梅，等. 新时代高职思政课评价体系构建研究［J］. 绿色科技，2022，24（5）：269-275.

［207］王炳林，刘奎. 关于“四史”融入思想政治理论课的思考［J］. 思想教育研究，2021（8）：100-106.

［208］李娜. 红色基因融入高校大学生思想政治教育路径研究［D］. 成都：西南科技大学，2021.

［209］赵李叶. 新时代高校思想政治教育生态系统建设研究［D］. 济南：山东大学，2022.

［210］谈振好. 新时代高校“四史”教育的方法论原则与实践路径［J］. 社科纵横，2021，36（2）：13-17.

［211］高雷雷，徐俊. 新时代“四史”教育的治理功能与实践遵循［J］. 齐齐哈尔大学学报（哲学社会科学版），2022（1）：14-19.

［212］张翠翠. 新时代提高高职院校思政课教学吸引力研究［D］. 济南：山东中医药大学，2021.

［213］邢亮. “四史”教育融入高校思政课教学体系探究［J］. 思想政治课研究，2021（3）：92-101.

［214］朱金利. “四史”教育融入高职思想政治理论课的路径［J］. 船舶职业教育，2021，9（5）：47-50.

［215］李正兴，陈惠萍．“四史”教育融入高校思想政治理论课的实践路径［J］．江西师范大学学报（哲学社会科学版），2021，54（6）：11-16.
［216］樊梦吟．“四史”教育融入高校思想政治理论课的价值意蕴与实践路径［J］．无锡商业职业技术学院学报，2021，21（5）：10-14.
［217］汪秀霞．“四史”教育融入高职院校思想政治理论课教学路径探究［J］．开封文化艺术职业学院学报，2021，41（8）：96-98.
［218］吴吉圣．党史学习教育融入“原理”课教学探析［J］．云南大学学报（社会科学版），2022，21（2）：135-144.
［219］王海威．思政课要把道理讲深讲透讲活［N］．光明日报，2022-05-25（6）.
［220］周文翠．精准思维与协同机制：“四史”教育有效融入高校思政课教学的理念与行动［J］．云南大学学报（社会科学版），2021，20（6）：134-141.
［221］黄磊．民办高职院校学生思想政治教育现状、问题及对策研究［D］．南京：南京师范大学，2018.
［222］邓裕芬．“四史”融入高职院校思政课的策略研究［J］．大众文艺，2021（14）：180-181.
［223］程媛媛，胡延龄．基于 OMO 实践式育人模式打造思政金课路径探究［J］．遵义师范学院学报，2022，24（2）：132-135.
［224］雷文静，红色资源融入高校思政课程育人研究［D］．长沙：湖南师范大学，2019.
［225］谭萍．将“四史”教育融入高职高专院校思政课教学的思考［J］．和田师范专科学校学报，2021，40（5）：28-33.
［226］赵本燕，王建新．习近平关于“四史”学习教育重要论述的多维审视［J］．广西社会科学，2021（11）：176-181.
［227］赵媛媛，徐立业．“四史”教育融入高职院校思政课教学的“三三三”模式实践与探索［J］．晋城职业技术学院学报，2021，14（6）：15-18.

[228] 郭翠翠. 政治认同视域下“四史”学习教育融入高校思想政治理论课路径建构［J］. 济南职业学院学报，2021（4）：60-63，67.

[229] 查广云. 高职思政课“虚实融合、理实一体”体验式教学模式探析［J］. 中国职业技术教育，2021（14）：64-69.

[230] 温玲子，许新国. 高职院校“互联网+思政育人”的机遇、挑战与对策［J］. 教育与职业，2021（4）：100-103.

[231] 许传洲，鞠静. “四史”教育融入大学思想政治教学体系建设［N］. 光明日报，2021-07-23（12）.

[232] 李青. 网络环境下高职院校学生思想政治教育对策研究［D］. 长沙：湖南大学，2013.

[233] 蒋晓云. 新时代背景下高职院校思政课教学质量评价研究［D］. 石家庄：河北师范大学，2021.

[234] 秦兵. 红色文化融入高职院校学生职业理想教育研究——以贵州高职院校为例［D］. 贵阳：贵州师范大学，2020.

[235] 郭巍巍. “四史”教育在高校思政课教学中的深度融合［J］. 湖北开放职业学院学报，2022，35（6）：69-70，75.

[236] 杨文圣. 找准“四史”教育的着力点［N］. 中国教育报，2021-03-04（5）.

[237] 甘艳. 新时代高校思政课教师队伍建设的历程、经验与启示［J］. 湖北社会科学，2021（8）：151-156.

[238] 王倩桃. 四川省高职院校思想政治理论课教师队伍建设研究［D］. 成都：西华大学，2020.

[239] 刘丽明. 高职院校思想政治理论课教育教学的现状分析及对策研究［D］. 昆明：云南大学，2014.

[240] 苏小菱，洪昀. 基于层次分析评价模型的课程思政有效性评价探索［J］. 教育教学论坛，2020（22）：150-152.

[241] 鲁继平. 新时代高职思政课考核评价模式创新探究［J］. 教育与职业，2019（3）：108-112.

[242] 朱香雨. 新媒体背景下加强大学生党史教育的路径研究［D］.

成都：西南财经大学，2022.
[243] 李丽娜，武智. 高职思政课实践育人共同体建设研究 [J]. 教育与职业，2022（11）：85-89.
[244] 武智，戴静. 高职院校课程思政的内涵与实践路径研究 [J]. 镇江高专学报，2021，34（4）：50-53.
[245] 武智. 蔡元培兼容并包办学理念的历史溯源、践行逻辑及时代价值 [J]. 教育评论，2020（10）：145-152.
[246] 武智. 习近平新时代中国特色社会主义思想的马克思主义意蕴与中国智慧 [J]. 云南行政学院学报，2020，22（1）：83-88.
[247] 武智. 红色文化传承与社会主义核心价值观双向融合路径研究 [J]. 镇江高专学报，2019，32（4）：50-52.
[248] 武智. 论生活化视阈下的思政课改革 [J]. 学校党建与思想教育，2019（16）：36-37.
[249] 武智，鲁东海. 革命：五四新文化运动的源与流——以《新青年》陈独秀文章为理解和解释线索 [J]. 历史教学（上半月刊），2019（5）：42-51.
[250] 武智. 民族团结教育中的包容策略 [J]. 贵州民族研究，2018，39（10）：192-195.
[251] 武智. 关于构建高职教育政企校协同育人共同体的思考 [J]. 教育与职业，2018（10）：49-52.
[252] 武智，孙兴洋，赵明亮. 教育生态学视域下高职教育内涵式发展对策研究与实践 [J]. 黑龙江高教研究，2018，36（4）：127-130.
[253] 武智，徐华. 大力推进社会主义核心价值体系融入高等教育 [J]. 教育与职业，2015（31）：52-54.
[254] 武智，曹必文，傅伟. 高职院校开展现代学徒制的探索与实践 [J]. 教育与职业，2015（25）：21-23.
[255] 武智，张爱武. 整体构建高校“大思政”教育模式新探 [J]. 湖北第二师范学院学报，2015，32（1）：99-101.
[256] 武智，曹雨平. 论“四位一体”的高校思想政治教育课堂体系构建 [J]. 黑龙江高教研究，2012，30（12）：141-143.